21世纪经济管理精品教材 工商管理系列

"十三五"江苏省高等学校重点教材（编号：2017-2-079）

U0368474

企业经营诊断和决策
理论与实训教程

奚国泉　盛海潇◎主编
印文郁　徐林海◎副主编

清华大学出版社
北京

内 容 简 介

本书基于企业经营管理需要，从战略管理的高度系统地阐述了企业的经营战略管理、组织管理、人力资源管理、市场营销管理、生产运作管理和财务管理六大关键领域的诊断与决策的理论和原理。在理论和原理的引导下，精心编写了企业经营管理诊断与决策的实训典型案例；在案例学习和分析的基础上开展经营管理诊断与决策实训操作实验。实验训练采用定性分析和量化分析相结合的方法，从问题的剖析、问卷调查的设计、诊断指标体系的构建、数据的采集和分析、诊断结论的确定到决策方案的设计与制定，环环相扣地分析、设计和练习，有效地培养学生对企业经营管理咨询能力和创新创业能力。

本书是一本集理论与实训紧密结合的综合实验教材，理论与原理的介绍深入浅出，经营管理诊断与决策的实训采用仿真模拟的方法，实操性极强。本书采用的相关软件既可应用于实验室教学与实训，也可独立应用于课堂的课程教学。本课程的开设不仅满足了相关专业学生的综合性实验与实训的需要，而且作为一门重要的与专业相融合的创新创业教育类课程，为培养学生生产实习和毕业实习的专业应用能力奠定基础。

图书在版编目（CIP）数据

企业经营诊断和决策理论与实训教程/奚国泉，盛海潇主编. —北京：清华大学出版社，2020.9
（2025.2重印）

21世纪经济管理精品教材. 工商管理系列

ISBN 978-7-302-54842-3

Ⅰ. ①企…　Ⅱ. ①奚…②盛…　Ⅲ. ①企业经营管理-高等学校-教材　Ⅳ. ①F272.3

中国版本图书馆 CIP 数据核字(2020)第 017658 号

责任编辑：杜　星
封面设计：李召霞
责任校对：王荣静
责任印制：杨　艳

出版发行：清华大学出版社
　　　　网　　　址：https://www.tup.com.cn，https://www.wqxuetang.com
　　　　地　　　址：北京清华大学学研大厦 A 座　　　　　　邮　　编：100084
　　　　社 总 机：010-83470000　　　　　　　　　　　邮　　购：010-62786544
　　　　投稿与读者服务：010-62776969，c-service@tup.tsinghua.edu.cn
　　　　质 量 反 馈：010-62772015，zhiliang@tup.tsinghua.edu.cn
印 装 者：三河市铭诚印务有限公司
经　　销：全国新华书店
开　　本：185mm×260mm　　　印　张：18.25　　　字　数：416千字
版　　次：2020年9月第1版　　　　　　　　　　印　次：2025年2月第2次印刷
定　　价：55.00元

产品编号：068879-01

FOREWORD | 前 言

　　企业经营管理是市场经济条件下企业重要的经济控制活动。企业经营管理有生产管理和经营管理两个方面。随着社会主义市场体制的建立，企业不再是政府的附属物。企业要成为自主经营、自负盈亏、自我发展、自我约束的独立法人单位。企业面临着一个范围越来越大、竞争越来越激烈的市场，要通过充分发挥市场机制的调节作用，增强活力，不断扩大产品的生产、销售，提高经济效益。在这样的背景下，企业经营管理的重点由生产管理转变为经营管理。企业经营管理诊断与决策的中心问题是根据市场的不断变化适时地做出正确的经营管理决策。

　　企业经营管理诊断与决策是市场经济中企业特有的管理活动。企业同一切生命机体一样，在成长过程或运营过程中，会发生各种各样的问题，即"疾病"。经营诊断与决策是运用各种科学方法，找出企业经营管理中存在的问题并分析其原因，提出切实可行的改善方案，并帮助指导实施，以推动企业的健康发展。企业是社会经济的细胞，是一个独立的商品生产者和有活力的经济实体，是有一定的权利义务和起诉应诉资格的法人。它必须有强健的经营素质，才能有旺盛的经营力，以适应社会经济环境的变化。人体为了改善健康状况，就要由医生进行检查，确诊病症，下方治病，以保证器官功能的正常发挥。同样，企业也会像人一样，可能出现各种各样的病态，通过管理诊断，消除企业生产经营功能中存在的各种问题，保证它能正常地进行生产经营活动，并力求降低消耗，增加盈利。

　　企业经营管理中的病症可能涉及企业经营和管理的各个领域和部门，有效的诊断要求不仅仅是考察外部环境、企业的技术和经济特性，还要深入地思考、发掘这些现象背后的原因。如：执行总裁所做出的某些决策为什么现在会成为一个错误？为什么管理者常常会忽略一些现在看起来非常重要的因素？通过这些问题的思考，可以对管理诊断有进一步认识。企业经营诊断与决策是从企业管理学中派生出来的一门学科，它以如何科学地搜集诊断材料、确定诊断主题、制订改善方案和指导方案实施为自己的研究对象，通过对有关企业诊断的一系列原理、原则、行为、方法和手段进行理论上和逻辑上的研究来达到创造性地指导企业改善经营管理的特定目的。

　　对于工商管理类大学生来说，企业经营管理诊断与决策是一项重要的专业能力，企业管理工作往往是从诊断开始的，没有正确的诊断，就没有正确的决策；没有正确的决策，就没有正确的管理行动。企业经营管理诊断与决策是工商管理类专业的知识综合运用性、实践训练性课程，以往我国各大院校工商管理类专业是作为理论课程开设的，教学内容经常容易重复，学生的管理诊断咨询能力没有得到提高。所以，将企业经营管理诊断与决策开设成实验实训课程，可以加强学生专业知识的综合运用能力，有利于学生在发现问题和解决问题方面的能力得到进一步全面提高。

目前各大院校工商管理类人才培养中没有同类实验教材，仅有本课程的理论教学教材，内容与专业相关课程教材重复性很多，学生学习情绪不高，缺少实践能力的培养，有许多学校甚至取消了该课程的教学。本教材教学内容有了极大改革，首先阐述诊断与决策的理论和原理。从战略管理的高度系统阐述了企业的经营战略、组织管理、人力资源管理、市场营销管理、生产运作管理和财务管理六大关键领域。然后，在相关诊断、决策理论和原理的引导下，精心编写企业经营管理诊断与决策典型企业案例，作为实验实训的实践材料。最后，在案例学习和分析的基础上开展经营管理诊断与决策实训操作。实训采用定性分析和量化分析相结合的方法，从问题的剖析、问卷调查的设计、诊断指标体系的构建、数据采集和数据分析、诊断结论的确立到决策方案设计与制定。本教材的编写重点在于解决了该课程的实践性教学问题。

《企业经营诊断和决策理论与实训教程》的编写是一项创新性教学改革活动，编写中得到了校内外教师的参与和帮助，参编人员主要有马卫东、吴海兵、林振洲、刘志铭、汪争、刘飒、金玉健、付帅等，在此一并感谢。书中可能有一些不完善或不成熟的地方，我们希望加强合作。

奚国泉

2019-06-30 于南京财经大学

CONTENTS 目　录

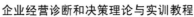

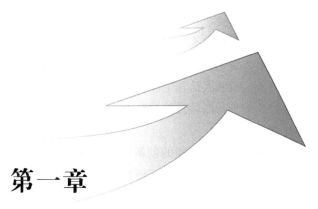

第一章
企业经营管理诊断与决策概论

第一节　企业经营管理诊断与决策的概念

一、企业经营管理诊断的概念

企业经营管理诊断，即诊断者为了达到一定的目的，采取一定的方法，对诊断对象在企业经营范围内所进行的一系列发现问题并解决问题的活动。其中，诊断者是企业经营诊断的主体，主要指经营管理专家等。诊断对象是企业经营诊断的客体，指某个企业。采取一定的方法，是指经常运用的一些定性或定量的方法。要达到的最终目的，是指提高企业的经营管理水平和经济效益。

"诊断"是借用医疗人员对病患者的病症诊断行为来形象地说明企业在经营管理中对问题进行调查分析和解决的过程。具体地说，企业经营管理诊断是根据经营者的要求，由具有管理理论知识和丰富实践经验的诊断人员深入企业现场，运用科学方法，在调查分析的基础上，找出在企业经营管理中存在的问题，有针对性地提出改进方案并指导实施的一系列活动过程。企业经营管理诊断是现代企业管理的重要手段之一。

企业经营管理诊断实质上是一种管理咨询活动。这种管理咨询活动，是企业借助管理专家或研究人员的力量，为改善管理、增强竞争力而进行的一项专业活动。管理咨询一般由具有丰富经营管理理论知识和实践经验的专家，与企业有关人员密切配合，运用科学的方法对企业进行调研、诊断，找出存在的问题，分析问题产生的原因，提出解决方案并指导方案的推行实施，以达到解决问题、达成企业的经营目标、推动企业健康稳定发展的目的。

企业经营管理诊断具有科学性、相对独立性、合作性、创新性等特点。科学性是企业经营诊断的基础，是企业经营管理诊断赖以生存的根本。一方面，整个经营管理诊断过程都遵循管理学、经济学以及其他相关学科的基本原理；另一方面，企业经营管理诊断过程符合由表及里、去伪存真、由局部到全局的事物认识过程。

相对独立性是企业经营管理诊断的重要条件。诊断人员应客观、中立地看待和思考企业存在的问题并提出独立见解。诊断人员的意见和建议，是依据深入调研、科学分析而得出的结论，不应被企业领导者的意见或企业职工的情绪所左右，也不应被企业外部其他因素的影响而改变。

合作性是保证企业经营管理诊断效果的重要前提。在整个经营管理诊断过程中，一方面，诊断人员之间需要相互协作，发挥各自的专长，形成团队优势，保持团队的一致性；另一方面，诊断人员和企业有关人员要密切配合，相互沟通，相互信任。良好的合作性是企业经营管理诊断项目能够取得成功的必要条件，也是对诊断人员和企业有关人员素质的基本要求。

企业经营管理诊断的创新性体现在两个方面。首先，企业经营管理诊断得出改良方案的创新。诊断人员要从管理理念、管理体制和机制、管理方法等方面多层次、多角度提出有益于提高企业绩效的方案。其次，诊断方法的创新。诊断人员在提供管理咨询服务时，不断地运用新的思维方式、新的观点去观察新的客户，采用不同的方法和工具分析其存在的问题及原因，以创新精神去设计切实可行又有所突破的改良方案。

二、企业经营管理决策的概念

企业管理的中心是经营，经营的中心是决策。所谓企业经营管理决策，是指企业对未来经营发展的目标及实现目标的战略或手段进行最佳选择的过程。经营管理决策是企业管理工作的核心内容。在企业全部的管理工作中，决策正确与否直接关系到企业的兴衰成败。

经营管理决策的内容，主要包括两部分：一是经营管理分析，即企业领导者运用科学的方法，对企业各项生产经营活动目标、企业内部资源条件、外部环境和经济效益等，列出可行的计划方案；二是经营管理决策，即企业领导者结合企业自身因素，进行综合分析和考量，对经营目标和手段做出科学的判断和选择。

经营管理决策贯穿企业管理过程的始终，是管理的核心和基础，具有广泛性的特点。企业的各个管理阶层都会面临决策的问题。企业的每一项生产经营活动也都会面临决策问题，例如，销售活动要做出销售库存计划和决策，诸如以销定产、迅速销出产品、回收货款，以及如何开辟市场、提高市场占有率、搞好售后服务工作等。此外，生产活动、研发活动和融资活动等，均受经营方针和经营决策的影响。可见，企业经营决策贯穿整个经营管理的全过程，在企业的生产经营活动中处于举足轻重的地位。

三、企业经营管理诊断与决策的联系与区别

企业经营管理诊断是经营管理决策的前提，为经营决策提供科学依据，企业经营管理决策是经营管理诊断的目的和延续。企业经营管理诊断在科学调查分析的基础上，找出企业经营管理中存在的问题，并有针对性地提出改进方案。企业进行经营管理决策，必须考虑当前经营管理中存在的问题，并在未来进行改善。企业经营管理决策不能由领导者"拍脑袋"决定，特别是涉及企业长期发展战略的决策，而是要在科学调查研究的基础上，综合考虑企业内外各种因素，做出最适合企业自身条件的决策。

企业经营管理诊断运用科学的方法对企业进行调研、诊断，找出企业经营管理中存在的问题，并提出解决方案。领导者要对经营管理诊断提出的解决方案做出决策。企业领导者在对企业未来经营进行规划时需要考虑企业当前经营中存在的问题，并在规划中有计划

地进行改善。从这个意义上来说，企业经营管理决策是经营诊断的目的，也是经营管理诊断的延续。

一般而言，企业经营管理决策由企业领导者或内部人员做出，企业经营管理诊断既可以由企业内部人员进行，也可以由独立的管理咨询机构或人员进行。企业经营管理决策一方面要参考管理专家或诊断人员的意见和建议；另一方面也需要领导者综合考量企业内部和外部各种因素，独立思考并做出决策。此外，企业经营管理诊断和决策对企业影响程度也各不相同。企业经营管理诊断是指找出企业经营中存在的问题，并有针对性地提出解决方案，其具体实施与否还需要由企业领导者来决定。企业经营管理决策是对企业经营方向、细节等做出的具体安排，对企业直接产生影响。因此，企业领导者在决策时需要谨而慎之。

四、企业经营管理诊断与决策的内容

企业经营管理涉及经营发展战略、组织管理、人力资源管理、市场营销、生产运作和财务管理六个主要方面，企业经营管理诊断与决策的内容主要包括这六个方面，并根据企业的具体特点而有所侧重。

（一）分析企业经营发展战略

公司经营发展战略是企业面对激烈竞争与严峻环境，为求得长期生存和不断发展而进行的总体性谋划。它是企业战略思想的集中体现，是企业经营范围的科学规定，同时又是制订规划（计划）的基础。企业经营发展战略涉及企业经营发展过程中的全局性、长远性的重大问题，诸如企业的经营方向、市场开拓、产品开发、科技发展、组织规划、资本筹措等。企业经营发展战略分析是指运用科学的工具和方法，对企业经营发展现状进行诊断，找出企业当前经营发展战略中存在的问题，并对企业战略管理中存在的问题进行深入剖析，找出制约企业未来发展或实现战略目标的关键问题，分析产生问题的原因，提出改进方案。具体而言，企业经营发展战略分析包括战略分析诊断、战略制定诊断、战略实施诊断和战略评价诊断。

（二）分析企业组织管理状况

企业组织管理，即为了有效地配置企业内部资源和实现一定的共同目标，按照特定规则和程序构成的一种责权结构安排与人事安排，其目的在于确保以最高的效率实现组织目标。哈罗德·孔茨认为，为了使人们能为实现目标而有效地工作，必须按任务或职位设置一套合适的职位结构，这套职位结构的设置有就是组织。组织的管理功能就是要设计和维护一套良好的职位系统，以使人们能很好地分工协作。组织管理分析是诊断人员在充分把握企业现有组织存在的不足的基础上，有针对性地拟定改进方案并帮助组织实施，以达到提高管理效率、实现经营目标的活动。组织管理包括组织管理体制、组织结构和组织运行规定，组织管理分析的内容正是围绕这三个方面而展开的。

（三）分析企业人力资源管理状况

企业人力资源管理分析是指企业诊断人员通过对企业人力资源管理诸环节运行、实施的实际情况和效果进行调查评估，分析企业人力资源工作中存在的问题，并提出合理改进方案，从而使企业人力资源管理工作达到"人"与"事"动态适应的目的的一种顾问服务活动。企业人力资源管理分析是帮助企业人力资源管理人员改进工作、提高管理效率和引导企业人力资源有效配置的重要途径。考虑人力资源管理问题时，首先应该有一个明确的前提，那就是企业管理本身是一个系统工程。企业遇到的人力资源问题不仅仅是人力资源管理的问题，其中有些问题的根源可能在于企业管理的其他方面。在这个观念指导下，才能较为合理地定义解决人力资源管理问题的边界，然后从相对宏观层面分析这些问题。

（四）分析企业市场营销过程及状况

市场营销分析是指企业在目前的条件以及竞争环境下，通过全面的营销检查，找出当前存在的营销问题，并找到解决方案的过程。市场营销分析就好像给企业"看病"一样，要找出症结所在，对症下药才能使企业"病体"恢复健康和正常。企业市场营销包括分析市场机会、选择目标市场、确定市场营销策略和市场营销活动管理四个步骤，以及市场营销计划、市场营销组织、市场营销控制三方面内容。市场营销的首要目的是发现、获取和维持顾客。企业市场营销实践只有注重市场调研，收集并分析大量的信息，才能在环境和市场变化日趋复杂的情况下做出正确决策。企业经营决策人员必须全面地了解本企业的市场营销状况，才能做出符合客观规律的正确决策，以使企业的产品或劳务在激烈的市场竞争中立于不败之地。

（五）分析企业生产运作状况

生产运作是企业投入各种生产要素，通过一系列的转化，最终产出有形产品和无形服务的过程。生产运作是企业经营的基本职能，其关键在于如何把投入的人、财、物、信息以及时间等要素结合好。生产运作是企业创造价值的主要环节，也是形成企业核心竞争力的一个重要方面。企业间的竞争最终体现在产品和服务上，生产运作的改善直接影响企业的绩效。生产运作管理分析是指企业诊断人员通过与企业员工访谈和资料收集对企业整个生产运作系统的全过程或者相关环节进行深入调查，把握企业生产运作管理现状，运用科学的方法和工具，找出企业生产运作系统在设计、运行、维护和改进过程中存在的问题，分析问题产生的可能原因，提出改善对策，以使企业建立起按质、按量生产和按期交货的运行系统，提高生产效率。

（六）分析企业财务管理状况

财务管理分析是指对企业财务经营状况进行全面的调查分析，找出企业在财务管理方面的问题，并提出相应的改进措施，指导改善企业财务管理的过程。财务诊断既是企业诊断的重要组成部分，也是企业财务管理的重要环节。财务诊断是一种改进企业财务管理的先进的、科学的方法，它克服了目前企业财务分析一般化、公式化等缺点，是财务分析的深化和发展，而且更具有科学性、广泛性和实用性。财务诊断与财务分析是两个不同的概念。首先，财务分析只是财务诊断的工具，且不是唯一的工具。财务诊断除使用财务分析方法之外，还要使用其特有的方法。其次，财务分析的目的一般是查明企业财务存在问题的原因，而财务诊断必须在财务分析的基础上提出解决问题的措施和方案，并指导企业实施改善方案。再次，财务分析的内容一般限于企业财务活动，即资金筹集、资金运用、资金收回和资金分配，而财务诊断的内容不仅包括财务活动，还包括财务目标、财务体制等各个方面。最后，财务分析一般由企业内部人员进行，而财务诊断较多由企业外部诊断人员进行。

五、企业经营管理诊断与决策的方法论

对企业经营管理进行科学诊断，需要运用科学、合理的方法与技术。目前，对于企业经营诊断与决策的方法和技术的研究主要集中在具体项目与具体方法上，如战略管理诊断的 PSET 分析、营销诊断的 1234 模型、财务管理诊断模型等，但缺少在方法论意义上的归纳与总结。方法论是一种以解决问题为目标的体系或系统，通常涉及对问题阶段、任务、工具、方法技巧的论述。方法论会对一系列具体的方法进行分析研究、系统总结并最终提炼出较为一般性的原则。对企业经营诊断与决策而言，方法论即是对企业经营诊断与决策过程中使用的一系列具体方法和技术的一般性总结。

马强（2015）认为，基于管理咨询公司的性质，结合管理咨询实践，借鉴中医"四诊法"（望、闻、问、切），管理咨询方法论中也应构建其特色的"望闻问切四诊法"，从而立足于市场环境，贴近企业实际，准确把脉企业，针对其存在的问题，提供具体的解决方案。具体如下。

望，即诊断人员要深入企业内部和业务一线，全方位、有目的、有重点地观察企业内部环境（厂容厂貌、文化环境、企业简介和发展史、员工行为和精神面貌、组织结构及职责、管理制度流程、产品及服务等）、具体业务（采购、生产、物流、销售等）的作业运行环境、实际操作方式方法等。通过"望"，对企业有一个初步概念性和全局性的感受、了解和认知。

闻，即诊断人员要听企业内部及利益相关者的声音，正面的、反面的、内部的、外部的都要听，正所谓"兼听则明，偏听则暗"；要听企业各级员工在正常上班及茶余饭后期间都在聊哪些与公司有关的话题；要听企业会议上各级人员在说什么，如何说的；要听企业所在产业的上游供应商和下游客户如何议论、评价；要听同行业圈子内的人员对这家企业是如何进行评价；等等。通过"闻"，从多方面倾听各方对企业的"声音"，以此对企业有一个更广泛、深刻的了解，认知和判断。

问，即诊断人员要通过专业访谈、小组讨论、问卷调查等多种方法，对企业各级员工和其他利益相关者进行样本抽样，有重点、有导向性、有技巧地问询，从专业角度收集各类相关信息和数据。同时要对收集的信息和数据进行专业化处理、分析和模型构建。通过"问"，对企业经营管理状况出具一个科学的、专业的、本质性的"化验检查"结果，以此作为"病情"诊断的科学依据。

切，即诊断人员基于以上"望、闻、问"三个阶段信息和数据的收集、分析、处理结果，结合自身的岗位管理工作经验、咨询管理经历、理论管理知识及行业标杆企业的运营管理经验，准确把脉和诊断并出具诊断报告。

真正掌握企业经营诊断与决策的方法论，必须有深厚的管理理论功底，对企业管理要有本质性、全局性的认知，即要有强大的"内功"支撑；同时，必须有丰富的咨询管理经验和管理岗位工作经验为基础，即要有实战经验；此外，既要能跳出企业，客观地看待企业存在的问题，同时也要能回到现实企业中来解决问题，即诊断解决方案既必须以系统的专业知识为指导思想，又必须切合企业实际情况。

第二节　企业经营管理诊断与决策的支持系统

一、经营管理诊断与决策支持系统的概念

　　企业经营管理诊断与决策需要在客观调研的基础上进行，对事实情况的精确掌握是企业经营管理诊断与决策的核心。在经济全球化背景下，企业面对世界范围内的竞争者和消费市场，经营环境更加复杂多变；随着企业规模的增长，业务范围的不断扩大，企业组织架构也日趋复杂。无论是否愿意，诊断人员和管理者在进行诊断和决策时都需要考虑更多、更复杂的因素。在信息爆炸时代，管理者迫切需要一种计算机化的诊断与决策支持系统；虽然每个企业的状况都不相同，但是它们却有着共同的需求。

　　（1）快速的计算。及时的决策在许多情况下都非常关键，如股票交易、市场营销策略等。

　　（2）克服人在处理和存储上的不足。人的智力受制于处理和存储信息的能力并且人不可能随时都可以准确无误地回想起信息。

　　（3）认知极限。当需要面对以及处理许多不同的知识和信息时，个人解决问题的能力将受限制。计算机系统不仅能够帮助人快速访问和处理大量存储的信息，还有助于减少工作中的协调和沟通。

　　（4）削减费用。计算机化的支持系统能削减人员，并允许员工在异地交流，提高诊断和决策支持人员的工作效率，也意味着成本的减少。

　　（5）信息支持。通过计算机技术，管理者可以获得正确的、及时的和最新的信息来进行决策。

　　（6）质量支持。计算机能提高决策的质量。例如，计算机可以评价更多的备选方案，快速进行风险分析，许多专业知识可以直接导入。利用计算机，决策制定者可以执行复杂的模拟，检查各种可能发生的情况，快速经济地评定不同方案的影响。

　　经营管理诊断与决策支持系统可以很好地满足上述需求，可以减少决策的盲目性，更加有效地利用信息资源，从而提高企业经营诊断与决策的质量。

　　企业经营管理诊断与决策支持系统的概念是从决策支持系统衍生而出的。Keen 和Morton 认为，决策支持系统（decision support system，DSS）将个人的智力资源和计算机的能力结合起来改进决策的质量，它是基于计算机的支持系统，帮助管理决策制定者处理半结构化问题。这个定义经过不断完善后，概括为："决策支持系统是以管理科学、运筹

学、控制论和行为科学为基础，以计算机技术、模拟技术和信息技术为手段，面对半结构化的决策问题，支持决策活动的具有智能作用的人机计算机系统。能为决策者提供决策所需要的数据、信息和背景资料，帮助明确决策目标和进行问题的识别，建立或修改决策模型，提供各种备选方案，并对各种方案进行评价和优选，通过人机对话进行分析、比较和判断，为正确决策提供有益的帮助。"

决策支持系统经过不断的发展，也逐渐被一些管理咨询机构应用，用以解决企业经营管理诊断中的某些问题。决策支持系统具有较好的信息处理能力和问题分析识别能力，因此也逐渐被越来越多的管理咨询机构采用。本书所指的企业经营诊断与决策系统，主要是指决策支持系统，即 DSS。

二、企业经营管理诊断与决策支持系统的构成

决策支持系统通过结合个人的智力资源和计算机的能力来提高决策的质量。它是一个基于计算机的支持系统，服务于处理半结构化问题的管理决策制定者。

赖景和周运森（2004）认为，一个决策支持系统包括如下典型的组件，如图 1-1 所示。

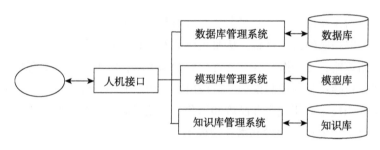

图 1-1　决策支持系统结构

（1）数据管理子系统。DSS 的数据库通常包含在数据仓库中。数据仓库是集成的、面向主题的数据库集合，它用来支持决策支持系统，其中每个数据单元都不随时间改变。数据仓库的数据通常从内部数据和外部数据源中抽取。内部数据主要来自组织的交易处理系统。外部数据包括行业数据、市场调查数据、人口普查数据和国家经济数据等。

（2）模型管理系统。一个包含有财务、统计、运筹和其他定量模型的软件包，能够提供系统的分析能力和合适的软件管理能力。在模型库中的模型可以分为战略性的、策略性的、运营性的等。

（3）知识管理系统。许多非结构化和半结构化的问题较为复杂，以至于除了通常的DSS 能力外，它们还需要特别的专业知识。这些知识可以由专家系统或者其他智能系统提供。因此，更高级的 DSS 系统还包含知识管理的组件。

（4）用户界面子系统。是指用户与 DSS 应用之间的交流，如交互式界面、报表打印，为了实现组织内的信息共享，还应包括 Intranet/Internet 的发布方式。

（5）用户。用户可看作系统的一部分。DSS 的用户主要是企业各层次的管理者和商业分析人员。

三、企业经营管理诊断与决策支持系统的应用

决策支持系统在实践中对于解决决策问题,特别是复杂系统和问题的求解,具有重要作用和意义。经过不断发展,决策支持系统在理论探讨、系统开发和实际应用等方面取得了令人瞩目的进步。目前,决策支持系统已逐步推广应用于大、中、小企业的预算与分析、预测与计划、生产与销售、研究与开发等各个方面。企业可以根据自己的情况实施不同的DSS 应用。最主要的应用有以下方面。

（一）销售支持

每日按地区、部门、销售员和产品生成销售情况的汇总,给高级经理提供支持。这些报告标识了丢失的业务、挽回的业务和新的业务。根据需要还可以定制额外的周期报表,这些特殊的报表给经理提供比较和趋势分析,有助于确定问题和把握机会。决策支持系统能够分析和评价以往产品的销售情况来确定产品成功或失败的因素。借助决策支持系统,可以利用全公司的数据来预估一个决策所隐含的利润和收入。

（二）客户分析和市场研究

应用决策支持系统的统计工具来分析每天收集的交易数据,以确定各种类型客户的消费模式,然后采取相应的营销措施,从而实现最大利润。对于重点客户要提供更好的服务和更优惠的价格策略;对于潜在客户要进行促销以争取;对于易流失的客户要分析原因以挽回。市场研究包括:利用预测模型分析得出每种产品的增长模式,以便做出终止或者扩张某种产品的适当决定;研究企业品牌和形象,以便提高企业和品牌的知名度和美誉度;分析客户满意度;研究市场规模和潜在规模等。

（三）财务分析

按年、月、日或其他自定义周期来进行实际费用和预计花费的比较;审查以往现金流的趋势,并预测未来的现金需求量;复杂项目的预算计划和成本分摊;整合各分支机构的财务数据,形成正确、一致的财务报表。

（四）运筹和战略计划

基于资源和时间的限制来确定最优的项目时间表;制订工厂每日的生产计划;确定大型连锁机构中分支网点的设立地点,如连锁店、加油站、通讯中继站等;协助制订大规模资本投资计划,并计算投资风险。

（五）企业分析

为了达到组织的目标所必须考虑的因素被称为关键成功因子（critical success factor, CSF）。CSF 是企业级分析的焦点,这样的因子可以是战略性的或者操作性的,主要从三个来源导出:组织性因素、行业因素和环境因素。关键性能指标（key performance index, KPI）提供了 CSF 在公司层次上的度量,典型的 KPI 包括盈利能力、财务、市场、人力资源、计划、经济分析和消费者趋势等。

第三节　企业经营管理诊断与决策的发展历程

一、西方企业管理咨询的兴起与发展

企业经营诊断与决策兼顾企业管理咨询和内部决策。实际上，企业进行经营决策的过程，同样需要遵循管理咨询的原理、步骤和方法等，二者之间的区别主要在于实施主体不同。因此，本书从企业管理咨询的角度来分析企业经营诊断与决策。

美国哈佛《企业管理百科全书》对管理咨询的定义为："对现行的事业实行确实的诊断，进而针对经营环境的变化，确立现行事业的基本方针与有关未来事业结构的方针，然后根据方针来制定计划并切实执行。"日本著名的经营学家占部都美在其所著的《经营学辞典》一书中对企业经营诊断的定义是："所谓经营诊断，是指调查企业的实际经营状态，诊断经营方面的问题，提出具体的改善建议，或者在此基础上对改善建议的落实给予指导。"从管理咨询的定义来看，管理咨询的实质即企业经营诊断。管理咨询不仅要分析企业经营管理过程中存在的问题，而且要提出针对性的解决方案，这正是其与企业经营决策的相似之处。

从历史的角度看，管理咨询产生于19世纪末的美国。当时，以泰勒为代表的"效率"顾问工程师将其科学管理理论运用于企业之中，不仅从事改善企业管理的研究活动，而且深入企业生产组织领域，为企业提供有效的咨询服务，赢得了客户的信赖，从而很快被社会所接受和承认。

20世纪30年代，美国又形成一代新型的管理咨询顾问队伍，他们具有多方面才能，提供各种专业的服务，并向经理委托人提供所需的目标及其实现方法。1935年心理学家博思（Booz）建立了博思咨询公司，管理学教授兼注册会计师麦肯锡（Mckinsey）创建了麦肯锡咨询公司。在这些管理咨询公司中，管理咨询顾问间形成了强有力的管理专家集团，他们通过具有独立性和开创性的管理咨询活动，帮助企业经理作出客观、有利的选择。通过把专门的管理知识转变为高效生产力的方式，使得管理咨询组织为管理咨询建立了信誉，并且扩大了应用范围，促进了管理咨询业的发展。在此期间，由于西方国家出现了经济大萧条，管理咨询业又开创了一个新的重要的活动领域——对处境困难的公司的组织结构进行改组。从此，管理咨询顾问的作用又增加了一项挽救"病态"企业。时至今日，虽然管理咨询组织在机构的改进健康和良好经营方面能相当有效地发挥巨大作用，但挽救病态企业的咨询业务仍占相当比例。

20世纪50年代后期，西方国家先后进入了经济发展的新时期。科学技术和工业生产迅速发展，企业规模进一步扩大；同时，企业间的竞争空前激化，以用户为中心的买方市场逐渐形成，企业经营环境进一步复杂化。许多大企业经营管理者深切感受到信息的匮乏、经营管理知识和经验的不足，远远不能适应经济发展和市场竞争的需要。特别是那些为数众多的中小企业，更是普遍地感到提高经营管理水平是关系到企业生死存亡的大问题，迫

切需要有经验的管理专家帮助他们改善经营管理，提高经济效益。良好的经济环境和旺盛的市场需求，极大地刺激了西方管理咨询业的迅速发展。在美国，越来越多的管理专业人员、注册会计师、经济和管理学院的教授进入管理咨询服务行业，专业化的管理咨询机构如雨后春笋般地涌现出来。在日本，随着经济的恢复和发展，从事企业诊断（即企业管理咨询）的社会学术团体和民间咨询公司应运而生，各级政府也相应地成立了专门负责管理企业诊断事务的机构。20 世纪 50 年代初期日本政府相继颁发了《中小企业诊断实施基本纲要》及《中小企业指导法》等法令，对企业诊断给予了法律保障。此外，英国、法国、联邦德国等工业发达国家也建立起管理咨询顾问培训和注册制度，有效地促进了管理咨询业的发展。

自 20 世纪 90 年代以来，全球经济发生了更加深刻的变革，世界市场瞬息万变，经济和科技竞争日益加剧，信息流动的速度不断加快，电子商务和网络公司如雨后春笋，企业跨国经营迅速发展。这种变革不仅给社会进步和经济发展带来了巨大的影响，而且极大地促进了西方管理咨询业的飞速发展。在世界范围内，咨询业连续 5 年以两位数的高速度增长，1994 年咨询业在全世界的从业人员达到了 250 万人，总收入为 500 亿美元，其中，西方发达国家的管理咨询约占 40%左右。以美国为例，1994 年咨询业的营业额达到 195 亿美元，其中企业经营管理方面的咨询营业额为 79 亿美元，而且管理咨询业的增长速度大大高于国内生产总值的增幅。欧洲的咨询服务业近年来也以 15%的速度增长，其中以英国的发展最快。

经过几十年的发展，西方管理咨询业已经成长为一个发展迅速的知识型产业。目前，管理咨询已经成为近年来世界上发展较快的一个行业，其影响渗透到政治经济生活的许多领域。在世界 500 强的企业中有 50%左右的公司拥有自己长期合作的国际著名咨询公司。美国的 AT&T 公司有 1 000 多家咨询公司为其提供全方位、多层面的咨询，每年投入的咨询费用高达 3 亿多美元。并且，管理咨询的触角已伸向各行各业，包括医疗保健、文化娱乐、教育、求职等一切需要咨询的服务。咨询的内容日趋丰富，既有生产管理咨询，也有战略咨询，还有管理方法的咨询等。

二、我国管理咨询的发展历程

我国的管理咨询基本上是从 20 世纪 80 年代开始的，从借鉴日本和欧美企业管理咨询的理论、方法和经验逐步发展。我国管理咨询业的发展历程大致可分为 3 个时期。

（1）萌芽期（1981—1992 年）。在这个阶段，由于企业自身对管理咨询的需求不大，因而管理咨询发展较缓慢，从业人员素质也不高。

（2）创业期（1993—1999 年）。在这个时期，一批有专业技术的高智力人员进入这个行业，但他们既不是 MBA，也不是企业家。这时，外国咨询公司开始介入。

（3）稳健发展期（2000 年至今）。在这期间，一大批 MBA 专业人才和企业家转入这个行业，成立了全新结构的合伙人制公司。他们真正懂业务，在经营理念、人才结构、经营机制、服务内容上更具前瞻眼光，加之国外咨询公司规范做法的传入，使我国管理咨询业迅速产生了一批能适应市场需求的快速成长的公司。

据相关资料显示，2010—2020 年，我国咨询业市场预计年均增长率约为 20%，到 2020 年，中国咨询业的业务收入将达到 2 500 亿元，从而成为全球十大咨询市场之一，其中管理咨询收入大约可达 250 亿元。另据资料显示，截至 2014 年，我国国内管理咨询公司达到 4 500 多家，从业人员超过 20 万人，国外咨询公司的前二十已有大部分落户中国。根据这些数据不难发现，我国的管理咨询业已经取得了长足的进步，但是必须清醒地认识到，现阶段我国管理咨询业的发展水平和国外同行依旧存在相当大的差距。据统计，在中国的咨询市场上，目前 100 万元量级以下的项目占到了 80%以上，真正上千万元、上亿元的项目较少。另外，目前国内上市公司、大型国企及政府的主要咨询业务，几乎被麦肯锡、罗兰·贝格、波士顿等跨国咨询机构垄断。

因此，虽然我国管理咨询业已进入了稳健发展时期，但与国际先进的管理咨询公司相比，我国管理咨询公司的发展任重道远，管理咨询业还存在诸如行业制度不完善、市场运作不规范等问题。

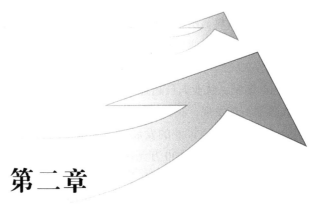

第二章
企业经营管理诊断与决策流程与方法

第一节 企业经营管理诊断与决策的前期工作

一、预备调查

诊断机构接到企业的诊断委托后,对诊断课题的选择是否恰当,需要通过预备调查才能得知,这是因为不可能保证企业自身对问题的感觉和描述都是正确的。因此,在正式确定诊断问题之前,诊断机构还需要根据企业经营现状进行独立的问题调查,以求得到完整、公正的信息,找出企业经营管理主要的、关键的问题,最后共同确认诊断课题。所以进行预备调查是很有必要的。这时,诊断机构需选择有经验的专业人员组成调研组,对企业经营现状进行初步调查和分析,形成总体印象。根据紧迫性、可行性和实效性的原则,对企业经营中存在的各种关键问题分类排队,先在内部形成对诊断课题的统一认识,然后与企业领导交换意见,统一双方对关键问题及诊断课题的认识,最终确定正式诊断课题。只有当最终诊断课题确定后,才可根据诊断课题制定相关的操作步骤和操作流程。预备调查的目的并不是提出解决问题的措施,而是要确定和规划诊断任务或项目,为最终解决问题铺平道路。

预备调查的基本过程如下。

（一）与企业领导或主管人员的沟通

诊断人员和企业领导或主管人员沟通是预备调查的第一步,须注意以下内容。

（1）诊断人员根据企业对管理咨询、诊断机构的了解程度和常见的疑虑,适当介绍一些管理咨询的做法、诊断机构的业绩和承诺,让企业有一个好的印象。

（2）咨询人员应尽可能多地和企业领导沟通,了解企业情况、提出企业经营诊断的想法与要求和斟酌企业领导层对本次诊断的意见。

（3）根据面谈现场气氛,可以适当地交流一些客户感兴趣的其他问题,比如说该诊断项目在国内外其他公司的成熟做法等。

（二）现场参观

对于初次接触的企业,通过现场参观的方式建立对企业的感性认识,初步了解企业的生产过程、业务流程和员工精神状态，感受企业的管理水平是很有必要的。在征得企业同意的基础上，诊断机构应与企业共同确定参观的范围。

（三）收集必要的资料

收集资料的目的在于以下几点。

（1）对企业建立起框架性认识。通过对企业业务、组织和人员等基本情况的了解，建立对企业一个初步的、全景式的认识。

（2）了解企业的一般经营情况，对企业当前整体经营状况有一个基本的判断。例如企业是亏损还是盈利，未来发展前景如何。

（3）了解企业基本的战略思想与管理模式，判定存在的管理问题。针对初定的诊断内容，收集相关数据，以便判定问题是否存在，以及问题的重要性和紧迫性，未来诊断的成效性和难易度。

（四）询问调查

（1）了解企业的组织机构、运营现状、员工感受和企业领导者对问题的看法等。

（2）沟通和诊断内容相关的其他问题。

（3）如果诊断的内容比较少或时间允许，可以访问主管人员或领导，了解一下该项工作目前是如何开展的等有关问题。

（五）信息汇总、整理与分析

通过对预备调查中所得信息资料的整理分析，诊断人员应当做出如下判断。

（1）企业希望进行咨询的项目是否有必要？

（2）该项目在企业内部的重要性、紧迫性、成效性和难易度如何？

（3）诊断机构能否接受该诊断项目？

（4）如果接受该项目，应该如何进行、如何安排以及如何报价？

在对上述问题做出判断的过程中，有些问题可能不够清楚，可以通过补充调查或经验判断等方式予以明确。

二、提供诊断建议书

这是企业经营诊断与决策操作流程和基本步骤正式开始的标志。一般来说，当企业与诊断机构双方确认诊断课题后，诊断调研组要把预备调查的基本结论形成书面文件。它是提交给企业进行审批和决定的第一个重要文件，把拟议的任务做出详细说明。诊断建议主要内容如下。

（1）企业经营诊断背景和经营状况初步分析。

（2）企业在经营管理上存在的主要问题。

（3）确定诊断内容及预估目标。

（4）诊断的步骤、方法和时间安排。

（5）诊断小组人员的背景介绍，包括职务、职称、咨询经历以及在课题中担当的角色。

三、诊断准备

在企业接受诊断机构提供的诊断建议书并确认进行诊断后，诊断机构与企业都要做好进入诊断前的准备工作。

（一）诊断机构准备工作

1. 组建诊断项目小组

为完成诊断课题任务，诊断机构要选好项目小组成员，明确项目组长，原则上曾参加过调研组的人员，也应是项目小组的成员。诊断项目小组成立后，应由项目组长组织召开诊断成员第一次预备会议，向大家介绍企业的基本情况、本次诊断的重点、需要达到的要求和注意事项；项目小组成员介绍本人的经历，自己最擅长的咨询领域或项目，诊断过的重点企业和担任的角色，便于在新的项目分工中，发挥自己的特长；由项目组长宣布项目的调查计划和分工，计划应包括调查内容、目的、方法、对象、时间和责任人等。

2. 设计职工意见调查问卷

为了深入了解员工对企业经营状况，或与项目内容有关的评价，找出企业经营管理中的优势和劣势，特别是对战略、营销、人力资源和物力资源、生产和质量，都有必要倾听员工的意见和建议。因此，进入企业前应先设计好职工意见问卷调查表，问卷设计内容要简单明确，不能模棱两可，使员工能做出肯定选择，这样有利于统计分析。

（二）企业的准备工作

选好参加诊断活动的联络员，该人员应熟悉企业的经营管理业务，在企业中有一定威信。负责协调项目小组与企业管理部门之间的联系；提供项目小组需要的企业历史资料：准备项目小组进驻的办公条件；约请咨询面谈对象等。参与诊断全过程的活动，及时向企业领导汇报诊断活动的进展情况，起到项目小组与企业之间的沟通作用。

第二节　企业经营管理诊断与决策的过程管理

在做好准备工作后，经营管理诊断项目小组即可正式进驻企业。在预备调查的基础上，围绕诊断项目展开深入调查，以弄清问题的细节和各种因素之间的关系，分析问题产出的原因，探讨问题解决的办法。正式诊断分为深入调查、原因分析、拟订改善方案和指导方案实施四个阶段。

一、深入调查阶段

任何诊断工作都应以事实为依据，不能凭主观臆断或经验估计而做出判断。每个企业均有其独特的管理方式和企业文化，同样问题在不同企业有不同的处理方法。因此，必须调查清楚与问题有关的历史、现状、标准、管理模式、内部条件和外部环境等各方面的资料，才能为下一阶段的原因分析提供充分的有价值的资料。收集资料是企业经营诊断与决策中最费神费力的工作，同时也是最重要的基础工作。诊断工作成败的关键，在于对事实有无深入的调查。

调查数据的来源有各种会议记录形成的决议文档资料、财务报告、统计报表、现场观察记录以及有关的原始凭证和台账、职工问卷调查和面谈调查所得资料等。对客户提供的资料数据，应经过多重审查和核对，力争数据真实可信。

二、原因分析阶段

分析是指通过对所获得的各种资料进行整理、归纳、分类、判断与推理的过程。分析问题的基本程序是认识问题—界定问题—查证原因。通过这个程序，可以帮助诊断人员把握分析的过程，并了解为完成诊断任务应该掌握什么资料、还缺什么资料，从而进一步调查取证所需资料。因此，分析之前必须对所获取资料的性质、来源和可靠性进行核对并筛选，剔除不真实的数据。分析工作要遵循企业经营现状，以事实为依据，寻找产生问题的真正原因，判断问题的性质，通过定量和确有论据的定性相结合的分析，从管理上找到产生问题的因果关系及其内在联系，从观念体制或机制上找到产生问题的根源。尽管各个诊断阶段互有交叉，难以截然分开，但分步工作有利于使诊断工作的条理和思路更加清晰，切忌在对问题和原因还没有确切的认识和界定、所了解的情况还不足以说明事实的情况下，就匆忙提出改善建议。

三、提出改善方案

针对问题产生的原因设计改善方案是诊断过程最后阶段的重要工作，改善方案的质量直接影响诊断工作的实际效果。因此在设计企业经营改善方案时，一定要在原因分析的基础上，经过项目小组全体人员的充分讨论和论证，集思广益，形成多个方案，然后根据先进性、可行性、效益性和可操作性等原则进行比较，最终提出比较满意的建议。

在设计改善方案时，应邀请企业有关人员参加。一方面，项目小组和他们交流调查的情况、分析的结论以及改善思路，广泛地听取他们的意见，可以避免片面性，使得对问题的认识和结论的分析更趋准确；另一方面，企业人员更为了解企业的状况，可能提出更好的见解和建议，丰富改善方案的内容，使改善方案更切合实际，也有利于方案的实施。任何一个好的改善方案，都是项目小组与企业共同合作的成果。在形成比较满意的建议后，就可以向企业领导者或领导层全面汇报（预发表），听取意见，修改完善，得到确认。

在正式形成诊断报告后，一般要组织项目小组发表会。报告会是项目小组向会议参加者汇报这次诊断的成果，加深企业人员对问题的认识，是推动企业变革的宣传会，也是实施方案的动员会。至此，可以认为本次诊断任务已经完成。如果企业在实施方案时，要求诊断机构提供帮助，项目小组应责无旁贷地承担起帮助实施的任务。

四、方案实施指导

落实方案应以企业为主，诊断机构派出参加过正式诊断并得到企业认可的诊断人员参加，组成方案落实小组。诊断人员的主要任务是协助企业拟订具体实施计划；按照方案内容进行培训；在实施过程中给予具体帮助和指导；当发生偏离计划或方案有不妥之处时，应及时调整和纠正，直至企业能独立承担其全部工作后，诊断人员才可适时撤离。

对企业来说，诊断方案的落实是企业经营诊断与决策的核心阶段，实施的效果好坏影响方案能否发挥作用，也最终决定着诊断项目的成败。在方案落实阶段，企业和诊断小组很重要的一项工作是要做好变革管理，企业应会同诊断小组做好以下工作。

（一）组建方案实施小组

通常，企业要建立三种类型的方案实施小组：方案领导小组、行动小组和辅助小组。其中，领导小组主要负责实施计划的审核、相关事项的协调和制度的颁布等工作；行动小组负责具体的方案实施工作；辅导小组由诊断人员组成，负责为领导小组和行动小组提供指导和培训，并参与计划工作。

（二）诊断人员对领导小组进行变革管理培训

在制订方案实施计划前，诊断人员要对领导小组进行变革管理和领导力等方面的培训，使其掌握变革管理的要点，从而更好地领导方案实施工作。

（三）行动小组制订方案实施计划并由领导小组审批确认

方案实施计划应细化到每一周甚至每一天的行动安排，包括领导小组、行动小组、辅导小组分别从事的工作，需要实现的目标，其他相关部门应该协助的事项以及方案实施阶段的绩效考评办法等。方案实施计划审批通过后，要以文件形式在公司内部发布。

（四）召开方案实施动员大会

召开动员大会是方案正式开始实施的标志。会上，企业高层和诊断人员要分别对方案的意义和计划进行讲解，对方案实施工作进行宣传，并组织公司员工内部讨论。

1. 诊断人员对公司各级管理人员和员工进行相关培训

诊断人员对管理人员的培训要重点使其了解所属部门在方案实施中的职责和作用，而对员工的培训则应以制度和方案的操作方法为主。除开展正式培训外，诊断小组还要编制方案操作指导手册，为相关人员提供指导。

2. 选择方案试点单位，试运行方案及评估

完成上述工作后，领导小组要在诊断人员的指导下确定试点单位，并由行动小组进行试点工作。在方案试运行过程中，领导小组要定期监测方案运行效果，识别运行中存在的问题，并在结束后和诊断人员一起对试运行效果进行评估。

3. 修改方案和正式运行

如果方案在大体上实现既定目标，则应在解决方案存在的问题之后，正式运行新的方案。反之，则应对方案进行修正，并重新进行上述步骤，直到方案可以正式运行。

第三节　企业经营管理诊断与决策的后期总结

当方案基本落实后，在诊断小组撤离前，要组织有关人员进行方案实施情况的验收和总结。总结报告由三部分组成：一是对整个咨询过程进行总结；二是对实施效果予以评价；三是如何巩固诊断项目成果及今后应采取的措施。此时，整个诊断任务才算全部结束。

在这一阶段，企业要对诊断项目的所有成果进行验收，并与诊断人员一起对项目进行评价。企业要确保在项目正式结束前所有预期的目标得到实现，以及所有遗留问题得到适当处理。主要工作包括以下方面。

（一）成果验收

企业组织公司相关人员对项目成果进行验收，诊断人员对验收中发现的问题予以解决。

（二）项目评价

评价的内容应主要包括两部分：一是项目的经验和教训；二是双方人员在项目中的表现。前者将成为双方的共同知识资产，为以后开展类似的工作提供参考，后者则有助于双方发现人才，为各自人员的奖惩和调整提供依据。

（三）与诊断机构约定案后服务

在诊断人员离开后，企业在执行方案时可能还会遇到其他问题。因此，企业应在项目结束前与诊断人员就后续服务进行协商，以备未来需要。

（四）召开项目结案典礼，对项目进行总结

企业诊断项目要有始有终，在完成上述事项后，企业要和诊断人员一起召开项目结案典礼。会上，企业高层要对项目总体情况进行总结，并对在项目中表现优异的部门和员工进行表彰。结案典礼结束后，企业要按约定向诊断机构支付相应款项，并对合同进行相应的处理。

总之，对企业进行经营诊断与决策，要以正确的管理思想和方法为基础，遵循一定的流程，有侧重地在不同的诊断阶段采用合适的诊断方法，把握企业经营管理的现状，找出存在的问题，并采取有针对性的措施来改善企业经营现状。

第四节　企业经营管理诊断与决策的基本方法和工具

一、观念和思维方法

（一）头脑风暴法

头脑风暴法出自"头脑风暴"一词。所谓头脑风暴，即无限制的自由联想和讨论，其目的在于产生新观念或激发创新设想。在群体决策中，由于群体成员心理相互作用的影响，使得成员易屈于权威或默许大多数人意见，形成所谓的"群体思维"。群体思维削弱了群体的批判精神和创造力，降低了决策的质量。为了保证群体决策的创造性，提高决策质量，管理层改善了一系列群体决策的方法，头脑风暴法是较为典型的一个。

头脑风暴法通过一定的讨论程序与规则来保证创造性讨论的有效性，由此，讨论程序成为头脑风暴法有效实施的关键因素。从讨论程序的角度来说，组织头脑风暴关键在于以下几个环节。

1. 确定议题

一个好的头脑风暴从对问题准确的阐明开始。因此，必须在讨论前确定一个目标，使参与者明确通过这次会议需要解决什么问题，同时不要限制可能的解决方案的范围。一般而言，比较具体的议题能使与会者较快产生设想，主持人也较容易掌握；比较抽象和宏观的议题虽然引发设想的时间较长，但设想的创造性也可能较强。

2. 会前准备

为了使头脑风暴畅谈的效率较高、效果较好，需要在会前做一点准备工作。如预先收集一些资料给大家参考，以便参与者了解与议题有关的背景材料和动态。就参与者而言，在开会之前，对于要解决的问题一定要有所了解。会场可作适当布置，座位排成圆环形往往比教室式的环境更为有利。此外，在头脑风暴畅谈会正式开始前还可以出一些创造力测验题供大家思考，以便活跃气氛，发散思维。

3. 确定人选

一般以 8~12 人为宜，也可略有增减（5~15 人）。参与者人数太少不利于交流信息、发散思维；而人数太多则不易掌握，并且每个人发言的机会相对减少，也会影响会场气氛。只有在特殊情况下，参与者的人数可不受上述限制。

4. 明确分工

要推定一名主持人，1~2 名记录员（秘书）。主持人的作用是在头脑风暴畅谈会开始时重申讨论的议题和维持纪律，在会议进程中启发引导，掌握进程。如通报会议进展情况、归纳某些发言的核心内容、提出自己的设想、活跃会场气氛，或者让大家静下来认真思索片刻再组织下一个发言高潮等。记录员应将与会者的所有设想都及时编号并简要记录，最好写在黑板等醒目处，让与会者能够看清。记录员也应随时提出自己的设想，切忌持旁观态度。

5. 规定纪律

根据头脑风暴法的原则，可规定几条纪律，要求参与者遵守。例如：要集中注意力积极投入，不消极旁观；不要私下议论，以免影响他人的思考；发言要针对讨论议题，开门见山，不要客套，也不必做过多地解释；与会者之间要互相尊重，平等相待，切忌相互褒贬；等等。

6. 掌握时间

会议时间由主持人掌握，一般来说，以几十分钟为宜。时间太短与会者难以畅所欲言，太长则容易产生疲劳感，影响会议效果。经验表明，创造性较强的设想一般要在会议开始10~15 分钟后逐渐产生。美国创造学家帕内斯指出，会议时间最好安排在 30~45 分钟之间，倘若需要更长时间，就应把议题分解成几个小问题分别进行专题讨论。

（二）德尔菲法

德尔菲法是一种综合多名专家经验与判断的方法，该方法自 20 世纪 60 年代由美国兰德公司提出以来，被广泛应用到各个领域的综合评价实践中。德尔菲法能充分发挥各位专家的长处，集思广益，准确性高。同时又能表达出各位专家意见的分歧点，取各家之长，避各家之短。具体而言，德尔菲法在操作过程中要求专家之间彼此互不相识、互不往来，克服了在传统的专家会议中经常发生的专家们不能充分发表意见、权威人物的意见左右其他人的意见等弊病，从而各位专家能真正充分地发表自己的预测意见。

德尔菲法的操作流程如下。

（1）确定调查题目，拟定调查提纲，准备向专家提供的资料（包括预测目的、期限、调查表以及填写方法等）。

（2）按照课题所需要的知识范围，确定专家。专家人数的多少可根据预测课题的大小和涉及面的宽窄而定，一般不超过 20 人。

（3）向各位专家提出所要预测的问题及有关要求，并附上有关这个问题的背景材料，同时请专家提出还需要什么材料，然后由专家做书面答复。

（4）各个专家根据他们所收到的材料，提出自己的意见，并说明是怎样根据这些材料提出意见的。

（5）将各位专家第一次判断意见汇总，列成图表后进行对比，再分发给各位专家，让专家比较自己和他人的不同意见，然后修改自己的意见和判断。也可以把各位专家的意见加以整理，请身份更高的其他专家加以评论，然后把这些意见再分发给各位专家，以便他们参考后修改自己的意见和判断。

（6）将所有专家的修改意见收集起来，汇总后再次分发给各位专家，以便做第二次修改。逐轮收集意见并为专家反馈信息是德尔菲法的主要环节。收集意见和信息反馈一般要经过三四轮。在向专家进行反馈的时候，只给出各种意见，但并不说明发表各种意见的专家的具体姓名。这一过程重复进行，直到每一个专家不再改变自己的意见为止。

（7）对专家的意见进行综合处理，得出专家小组最为认同的方案。

（三）名义群体法

名义群体法，又称名义群体技术，是管理决策中的一种定性分析方法。随着决策理论和实践的不断发展，人们在决策过程中所采用的方法也不断地得到改进和完善。名义群体技术是指在决策过程中对群体成员的讨论或沟通加以限制，但群体成员是独立思考的。在群决策中，如出主意、鼓励成员参与和贯彻议程的过程中会遇到很多问题，经常会有一些成员被排除在外，少数成员垄断讨论以至会议的结果并非群体的意见。在开会时，每个人或者发言或者聆听，没有时间思考相关议题，基于此，名义群体法被提出用以解决群决策中出现的这些问题。

具体而言，管理者先选择一些对要解决的问题有研究或者有经验的人作为小组成员，并向他们提供与决策问题相关的信息。小组成员各自先不通气，请他们独立思考，要求每个人尽可能把自己的方案和意见写下来。然后再按次序让他们一个接一个地陈述自己的方案和意见。在此基础上，由小组成员对提出的全部备选方案进行投票，根据投票结果，赞成人数最多的备选方案即为所要的方案，当然，企业决策者最后仍有权决定是接受还是拒绝。

二、分析工具

（一）鱼骨图

鱼骨图（见图 2-1），又名因果图、特性因素图、石川图，由日本管理大师石川馨所发明出来，是一种发现问题"根本原因"的分析方法。鱼骨图原本用于质量管理，现在也被广泛应用于各种类型的管理中。一般而言，问题的特性总是受一些因素的影响，通过头脑风暴找出这些因素，并将它们与特性值一起，按相互关联性整理而成的层次分明、条理清楚，并标出重要因素的图形就叫特性因素图。因其形状如鱼骨，所以又叫鱼骨图，它是一种透过现象看本质的分析方法。鱼骨图形象地表现了探讨问题的思维过程，利用它分析问题就能取得顺藤摸瓜、步步深入的效果。

鱼骨图一般分为三种类型：整理问题型鱼骨图（即要素与特性值间不存在原因关系，而是结构构成关系）、原因型鱼骨图（鱼头在右，特性值通常以"为什么……"来写）、对策型鱼骨图（鱼头在左，特性值通常以"如何提高/改善……"来写）。

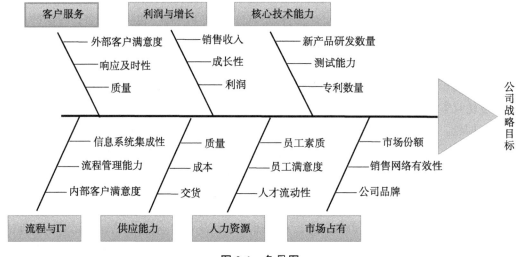

图 2-1　鱼骨图

鱼骨图的使用步骤如下。

（1）查找要解决的问题。

（2）把问题写在鱼骨的头上。

（3）召集人员共同讨论问题出现的可能原因，尽可能多地找出问题。

（4）把相同的问题分组，在鱼骨上标出。

（5）根据不同问题征求大家的意见，总结出正确的原因。

（6）拿出任何一个问题，研究为什么会产生这样的问题？

（7）针对问题的答案再问为什么？这样至少深入五个层次（连续问五个问题）。

（8）当深入到第五个层次后，认为无法继续进行时，列出这些问题的原因，而后列出至少 20 种解决方法。

（二）问题树

问题树（见图 2-2），又称逻辑树、演绎树或分解树等，是一种以树状图形系统地分析存在的问题及其相互关系的方法。

问题树是一种常用的分析问题的方法，它的原理是将问题的所有子问题分层罗列，从最高层开始，逐步向下扩展。把一个已知的问题当成树干，然后开始考虑这个问题和哪些相关问题或者子任务有关。每想到一点，就给这个问题（即树干）加一个"树枝"，并标明这个"树枝"代表什么问题。一个大的"树枝"上还可以有小点的"树枝"，以此类推，找出问题的所有相关项目。

问题树目的是帮助诊断和决策人员理清自己的思路，不进行重复和无关的思考。问题树能保证解决问题过程的完整性，它能将工作细分为一些利于操作的部分，确定各部分的优先顺序，明确地把责任落实到个人。问题树是所界定的问题与议题之间的纽带，它能在解决问题的小组内建立一种共识。

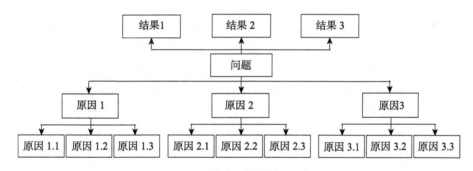

图 2-2　问题树

问题树的实施步骤如下。

（1）找出诊断问题中存在的"核心问题"或"起始问题"。

（2）确定"核心问题"或"起始问题"产生的主要原因。

（3）确定"核心问题"或"起始问题"导致的主要后果。

（4）根据以上因果关系画出问题树。

（5）反复审查问题树，并根据实际情况加以补充和修改。

问题树的方法主要用在结构化问题的分析上。问题树可以清晰地描述整个问题的构成，从而可以对问题展开全面地调查研究和分析。虽然做了全面分析可以保证不放过任何一个问题症结，但是这也增加了收集和分析数据的工作量。而非结构化的方法往往并不需要很细致地进行问题分解，当问题产生后非结构化分析的方法首先是根据个人的经验先假设可能产生问题的分支和要素，再通过收集数据和分析去论证自我假设的正确性，这种方法在我们有较多的经验积累的时候往往更加有效。

（三）关键路径法

关键路径法（critical path method，CPM）（见图 2-3），又称关键线路法，最早出现于 20 世纪 50 年代，是一种计划管理方法。关键路径法用网络图来表示各项工作之间的相互关系，找出控制项目进度的关键路线，在一定的时间、成本、资源条件下获得最佳的计划安排，以达到缩短进度、提高工效和降低成本的目的。因此，关键路径法是一种网络分析技术，确定网络图当中每一条从起始到结束的路线，找出工期最长的那条，即整个项目的完成时间是由最长的线路来决定的。

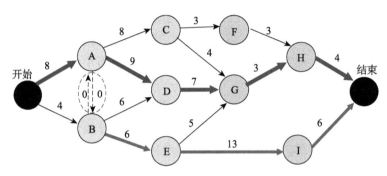

图 2-3　关键路径法

关键路径法是时间管理中很实用的一种方法，其工作原理是：为每个最小任务单位计算工期，定义最早的开始和结束日期、最迟的开始和结束日期，按照活动的关系形成顺序的网络逻辑图，找出必需的最长的路径，即为关键路径。时间压缩是指针对关键路径进行优化，结合成本因素、资源因素、工作时间因素和活动的可行进度因素对整个计划进行调整，直到关键路径所用的时间不能再压缩为止，从而得到最佳时间进度计划。

关键路径法适用于有很多作业而且必须按时完成的项目。关键路线法是一个动态系统，它会随着项目的进展不断更新，该方法采用单一时间估计法，其中时间被视为一定的或确定的。

关键路径法的使用步骤如下。

（1）画出网络图，以节点标明事件，由箭头代表作业，这样可以对整个项目有一个整体概观。习惯上项目开始于左方终止于右方。

（2）在箭头上标出每项作业的持续时间。

（3）从左方开始，计算每项作业的最早结束时间，该时间等于最早可能的开始时间加上该作业的持续时间。

（4）当所有的计算都完成时，最后算出的时间就是完成整个项目所需要的时间。

（5）从右边开始，根据整个项目的持续时间决定每项作业的最迟结束时间。

（6）最迟结束时间减去作业的持续时间得到最迟开始时间。

（7）每项作业的最迟结束时间与最早结束时间，或者最迟开始时间与最早开始时间的差额就是该作业的时差。

（8）如果某作业的时差为零，那么该作业就在关键路线上。

（9）项目的关联路线就是所有作业的时差为零的路线。

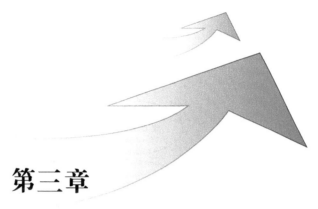

第三章
企业经营战略管理诊断与决策

第一节　企业经营战略管理诊断与决策原理

一、企业经营战略管理概述

（一）企业战略

1. 战略

从企业未来发展的角度来看，战略表现为一种计划（plan）；从企业过去发展历程的角度来看，战略则表现为一种模式（pattern）；如果从产业层次来看，战略表现为一种定位（position）；而从企业层次来看，战略则表现为一种观念（perspective）；此外，战略也表现为企业在竞争中采用的一种计谋（ploy）。这是关于企业战略比较全面的看法，即著名的5P模型。

2. 企业战略

企业战略是指企业根据环境的变化、自身的资源和实力选择合适的经营领域和产品，形成自己的核心竞争力，并通过差异化在竞争中取胜。企业战略是企业设立远景目标并对实现目标的轨迹进行的总体性、指导性谋划，属宏观管理范畴，具有指导性、全局性、长远性、竞争性、系统性和风险性六大主要特征。

图3-1为企业战略框架。

3. 战略管理

战略管理是企业确定其使命，根据外部环境和内部资源设定企业战略目标，制订企业战略规划，并依靠企业内部能力将这种谋划和决策付诸实施，以及在实施过程中进行监督、分析与控制，特别是对企业的资源配置与事业方向加以约束和引导，最终促使企业顺利达成战略目标的一个动态管理过程。战略管理包括战略规划（或战略制定）、战略执行（或战略实施）及战略评价与控制三个部分，如图3-2所示。

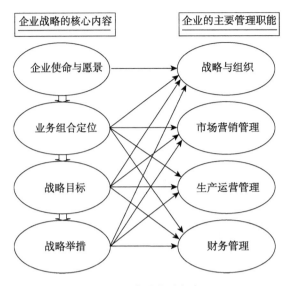

图 3-1　企业战略框架

图 3-2　战略管理层级

4. 战略目标

战略目标是对企业战略经营活动预期取得的主要成果的期望值。战略目标的设定是企业宗旨的展开和具体化，也是企业宗旨中确认的企业经营目的、社会使命的进一步阐明和界定，更是企业在既定的战略经营领域中展开战略经营活动所要达到的水平的具体规定。

战略目标是企业制定战略的基本依据和出发点，也是战略实施的指导方针和战略控制的评价标准。

5. 战略规划

战略规划就是制订组织的长期目标并将其付诸实践，它是一个正式的过程和仪式，一些大企业都有意识地对大约 50 年内的事情做出规划。

制定战略规划分为三个阶段。第一个阶段就是确定目标，即企业在未来的发展过程中，在应对各种变化时所要达到的目标。

第二阶段就是要制订规划，当目标确定了以后，考虑使用什么手段、什么措施、什么方法来达到这个目标，这就是战略规划。

最后，将战略规划形成文本，以备评估、审批，如果审批未能通过的话，还需要多个迭代的过程并考虑怎么修正。

6. 战略执行

战略实施就是将公司战略付诸实践的过程。企业战略的实施是战略管理过程的行动阶段，是一个自上而下的动态管理过程。所谓"自上而下"，主要是指战略目标在公司高层达成一致后，再向中下层传达，并在各项工作中得以分解、落实。所谓"动态"主要是指战略实施的过程中，常常需要在"分析—决策—执行—反馈—再分析—再决策—再执行"的不断循环中达成战略目标。

经营战略在尚未实施之前只是纸面上的或人们头脑中的东西，而企业战略的实施是战略管理过程的行动阶段，因此它比战略的制订更加重要。

7. 战略评估

战略评估是指以战略的实施过程及其结果为对象，通过对影响和反映战略管理质量的各要素的总结与分析，判断战略是否实现预期目标的管理活动。战略评估作为动词而言，其意义是评判战略价值；作为名词而言，其意义是对战略价值进行评判的结论。

（二）企业战略的结构层次

企业战略分为三个层次，即公司战略、业务单位战略和职能战略（见表 3-1）。企业战略是对企业各种战略的统称，其中既包括竞争战略，也包括营销战略、发展战略、品牌战略、融资战略、技术开发战略、人才开发战略和资源开发战略等。企业战略是层出不穷的，例如，信息化就是一个全新的战略。企业战略虽然有多种，但基本属性是相同的，都是对企业的谋略，对企业整体性、长期性和基本性问题的计谋。例如：企业竞争战略是对企业竞争的谋略，是对企业竞争整体性、长期性和基本性问题的计谋；企业营销战略是对企业营销的谋略，是对企业营销整体性、长期性和基本性问题的计谋；企业技术开发战略是对企业技术开发的谋略，是对企业技术开发整体性、长期性和基本性问题的计谋；企业人才战略是对企业人才开发的谋略，是对企业人才开发整体性、长期性和基本性问题的计谋。以此类推，都是一样的。各种企业战略有同也有异，相同的是基本属性，不同的是谋划问题的层次与角度。总之，无论哪个方面的计谋，只要涉及的是企业整体性、长期性和基本性问题，就属于企业战略的范畴。

表 3-1　企业战略结构层次

战略层次	主要责任人	内容和作用	举例（雀巢）
公司战略	最高管理层（首席执行官、董事会成员、公司总经理、其他高级管理人员和相关的专业人员） 公司董事会是公司战略的设计者，承担公司战略的终极责任	● 内容：规定了企业使命和目标、企业宗旨（现在和未来从事的业务）； 建立和管理好一个高业绩的业务组合； 资源分配； ● 作用：协调各业务部门或职能部门	2002 年，宣布"将在今后 5 年内实行全球业务优化战略，核心业务将集中在巧克力糖果、矿泉水、宠物食品及冰淇淋等回报率较高的领域，要放弃已经发展成型的香精、香料和医疗器械的激光外科设备等业务。 目前为止主要业务包括奶制品、糖果点心、饮料、冰淇淋、食品、宠物护理和食品服务
业务单位战略（经营战略或竞争战略）	业务单位经理/领导	● 内容：在选定的业务范围内或选定的市场——产品区域内如何进行竞争。 ● 作用：统一协调重要职能部门所采取的战略行动。	雀巢并购了美国第三大冰淇淋企业德雷尔。在美国拥有哈根达斯品牌，还将拥有德雷尔旗下的 Dreamery 和星巴克（Starbucks）。这三大品牌的产品占美国近六成的市场份额，超过了冰淇淋老品牌"联合利华"和"和路雪"等
职能战略	职能部门领导/经理	● 内容：侧重于企业内部特定职能部门的运营效率。 ● 作用：制定恰当的行动方案和策略，以支持业务单位战略	生产、研发、人力资源和营销等

（三）企业使命与目标

1. 企业存在的理由

企业存在的理由有两种，即营利和非营利。营利组织的首要目的是为所有者带来经济价值；非营利性组织的首要目的是提高福利、促进政治和社会变革。

营利性企业一般追求利润最大化或股东价值最大化，例如每股价值的增加值、预计自由现金流的现值和经济利润等。但这忽视了投资者所能承受的风险和投入的资本，也没有指出计算利润的时间段。

2. 企业使命的要素

在确定企业使命时，应当注意的是企业使命至少该具备五个要素。

（1）反映企业定位。包括营利方式、企业的社会责任以及市场定位的企业价值。

（2）有导向作用。明确的企业使命能够明确企业未来发展方向，能为有效分配和使用企业资源提供一个基本的行为框架，避免向某些严重偏离企业发展方向的领域进行投资，从而做到方向明确，力量集中。

（3）说明业务范围。即生产什么产品，在哪个领域经营。

（4）有利于界定企业自身形象，加深顾客对企业的认识。

（5）企业使命取决于影响战略决策的利益相关者的相对能力。

企业愿景是使命的基础，企业使命比愿景更加具体。例如：中国移动的愿景为"成为卓越品质的创造者"，使命为"创无限通信世界，做信息社会栋梁"。

3. 战略目标

企业在实现使命过程中所追求的结果，构成了企业的战略目标，是对企业使命的进一步具体化。例如，中国移动的企业"十五"规划战略目标："争创世界一流通信企业"。根据公司的长远目标，也制定了包括经济效益、业务发展、网络发展、网络服务质量和技术发展等具体的目标。

战略目标是企业制定战略的基本依据和出发点，是战略实施的指导方针和战略控制的评价标准。在确定战略目标时一般使用 SMART 基本原则：S（specific，目标要具体）、M（measurable，目标可以量化）、A（attainable，目标要可以达到）、R（relevant，目标与使命一致）、T（time-based，目标要有完成期限）。例如，德国大众汽车 2009 年 2 月发布的"2018 战略"核心目标：每年引进 4 款新车；车型总数从目前的 43 款增加到 50 款以上；年销量达到 200 万辆。

二、企业经营战略管理诊断

（一）企业经营战略诊断模型（见图 3-3）

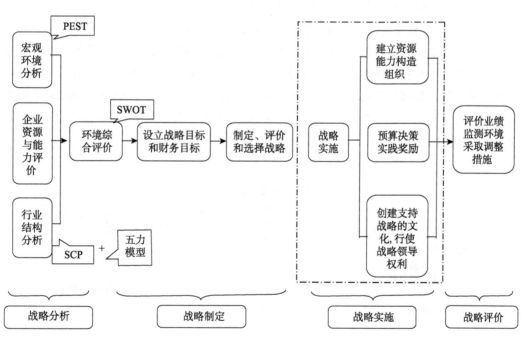

图 3-3　战略诊断模型

1. 战略分析诊断

战略分析诊断主要包括以下 3 个层次。

（1）宏观环境分析诊断。宏观环境中有哪些机会和威胁。

（2）企业资源与能力诊断。企业有哪些优势和劣势，明确核心竞争力，目前经营状况是否利于战略的贯彻执行。

（3）行业结构诊断。行业发展形势如何，企业在行业中所处地位。

2. 战略制定诊断

战略制定诊断的内容主要包括战略规划定位是否明确、内容是否全面、战略目标是否符合 SMART 原则。

3. 战略实施诊断

战略实施诊断的内容主要包括战略实施的内外部条件是否完全具备，员工对战略是否了解且有无较高积极性，战略实施分阶段目标是否有进行统筹安排，各阶段是否有相应措施和策略，战略实施过程中组织架构是否合理，人员素质是否匹配，沟通渠道是否顺畅。

4. 战略评价诊断

战略评价诊断的内容主要包括预订期限能否完成既定战略，花费资金是否在预算范围内，有无对战略实施的结果进行全面衡量。

（二）企业经营战略的外部环境分析诊断

外部环境分析通常从外部宏观环境、行业环境和竞争环境三个层次进行。

1. 外部宏观环境（产业）分析——PEST 分析

PEST 分析是战略咨询顾问用来帮助企业检阅其外部宏观环境的一种方法，PEST 分析是指对宏观环境的分析。宏观环境又称一般环境，是指影响一切行业和企业的各种宏观力量。对宏观环境因素作分析，不同行业和企业根据自身特点和经营需要，分析的具体内容会有差异，但一般都应对政治（political）、经济（economic）、技术（technological）和社会（social）这四大类影响企业的主要外部环境因素进行分析。简单而言，称之为 PEST 分析法（见图 3-4）。

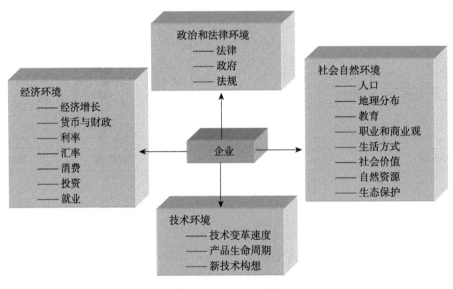

图 3-4　PEST 分析法

2. 行业环境分析——SCP 方法

SCP（structure-conduct-performance，结构—行为—绩效）模型是由美国哈佛大学产业经济学权威乔·贝恩（Joe S. Bain）、谢勒（Scherer）等人于 20 世纪 30 年代建立的。该模型构建了一个既能深入具体环节，又有系统逻辑体系的市场结构（structure）—市场行为（conduct）—市场绩效（performance）的产业分析框架。SCP 框架的基本含义是，市场结构决定企业在市场中的行为，而企业行为又决定市场运行在各个方面的经济绩效。

SCP 模型（见图 3-5）从对特定行业结构、企业行为和经营绩效三个角度来分析外部冲击的影响，分析在行业或者企业受到表面冲击时，可能的战略调整及行为变化。外部冲击主要是指企业外部经济环境、政治、技术、文化变迁和消费习惯等因素的变化。行业结构变化包括行业竞争的变化、产品需求的变化、细分市场的变化、营销模型的变化等。SCP 模型中的企业行为主要是指企业针对外部的冲击和行业结构的变化，有可能采取的应对措施，包括企业方面对相关业务单元的整合、业务的扩张与收缩、营运方式的转变和管理的变革等一系列变动。经营绩效是指在外部环境方面发生变化的情况下，企业在经营利润、产品成本和市场份额等方面的变化趋势。

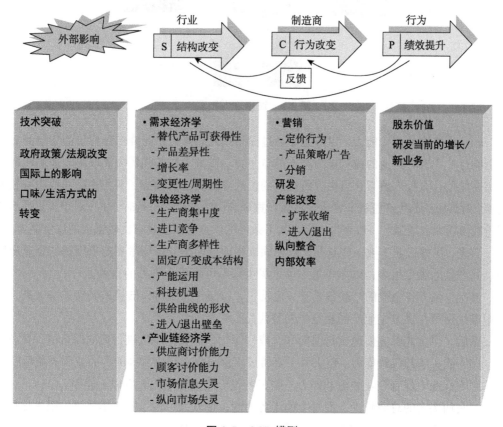

图 3-5　SCP 模型

SCP 模型在行业分析上具有较强的优势，其要求一个更加严格的战略分析过程，而不仅是定性的和描述性的，并且着重把行为作为取得业绩的关键，有清晰的动态模式来解释为什么及如何业绩随时间而改变。

3. 竞争环境分析——波特五力模型

五力分析模型（见图 3-6）是迈克尔·波特（Michael Porter）于 20 世纪 80 年代初提出，对企业战略的制定产生全球性的深远影响。波特的五力模型用于竞争战略的分析，可以有效地分析客户的竞争环境。五力模型中的五种力量是指供应商的议价能力、购买者的议价能力、潜在竞争者进入的能力、替代品的替代能力和行业内竞争者现在的竞争能力。五种力量的不同组合变化，最终影响行业利润潜力变化。

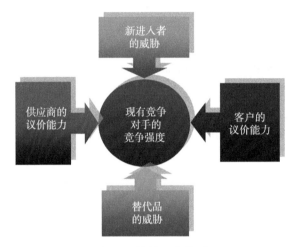

图 3-6 波特五力模型

（1）供应商的议价能力。供方主要通过提高投入要素价格与降低单位价值质量的方法来影响行业中现有企业的盈利能力与产品竞争力。供方力量的强弱主要取决于他们所提供给买主的是什么投入要素，当供方所提供的投入要素其价值构成了买主产品总成本的较大比例、对买主产品生产过程非常重要或者严重影响买主产品的质量时，供方对于买主的潜在议价能力就大大增强。一般来说，满足如下条件的供方集团会具有比较强大的议价能力。

首先，供方行业不被一些具有比较稳固市场地位而不受市场激烈竞争困扰的企业所控制，其产品的买主很多，以至于每一单个买主都不可能成为供方的重要客户。

其次，供方各企业的产品各具有一定特色，以至于买主难以转换或转换成本太高，或者很难找到可与供方企业产品相竞争的替代品。

最后，供方能够方便地实行前向联合或一体化，而买主难以进行后向联合或一体化。

（2）购买者的议价能力。购买者主要通过压价与要求提供较高的产品或服务质量的方法来影响行业中现有企业的盈利能力。购买者议价能力影响主要有以下原因。

一是购买者的总数较少，而每个购买者的购买量较大，占了卖方销售量的很大比例。

二是卖方行业由大量相对来说规模较小的企业所组成。

三是购买者所购买的基本上是一种标准化产品，同时向其他业务多个卖主购买产品在经济上也完全可行。

四是购买者有能力实现后向一体化，而卖主不可能前向一体化。

（3）新进入者的威胁。新进入者在给行业带来新生产能力、新资源的同时，也希望在已被现有企业瓜分完毕的市场中赢得一席之地，这就有可能会与现有企业发生原材料和市场份额的竞争，最终导致行业中现有企业盈利水平降低，严重的话还有可能危及这些企业的生存。竞争性进入威胁的严重程度取决于两方面的因素，即进入新领域的障碍大小与预期现有企业对于进入者的反应情况。

进入障碍主要包括规模经济、产品差异、资本需要、转换成本、销售渠道开拓、政府行为与政策、不受规模支配的成本劣势、自然资源和地理环境等方面，这其中有些障碍是很难借助复制或仿造的方式来突破的。预期现有企业对进入者的反应情况，主要是采取报复行动的可能性大小，而这取决于有关厂商的财力情况、报复记录、固定资产规模和行业增长速度等。总之，新企业进入一个行业的可能性大小，取决于进入者主观估计进入所能带来的潜在利益、所需花费的代价与所要承担的风险这三者的相对大小情况。

（4）替代品的威胁。两个处于同行业或不同行业中的企业，可能会由于所生产的产品是互为替代品从而在它们之间产生相互竞争行为，这种源自于替代品的竞争会以各种形式影响行业中现有企业的竞争战略。

替代品价格越低、质量越好和用户转换成本越低，其所能产生的竞争压力就强。而这种来自替代品生产者的竞争压力的强度，可以通过具体考察替代品销售增长率、替代品厂家生产能力与盈利扩张情况来加以描述。

（5）同业竞争者的竞争程度。大部分行业中的企业，相互之间的利益都是紧密联系在一起的。作为企业整体战略一部分的各企业竞争战略，其目标都在于使得自己的企业获得相对于竞争对手的优势，所以在战略实施中就必然会产生冲突与对抗现象，而这些现象就构成了现有企业之间的竞争。现有企业之间的竞争常常表现在价格、广告、产品介绍和售后服务等方面，其竞争强度与许多因素有关。

一般来说，出现下述情况将意味着行业中现有企业之间竞争的加剧。

①业进入门槛较低，势均力敌竞争对手较多，竞争参与者范围广泛。

②市场趋于成熟，产品需求增长缓慢。

③竞争者企图采用降价等手段促销。

④竞争者提供几乎相同的产品或服务，用户转换成本很低。

⑤一个战略行动如果取得成功，其收入相当可观。

⑥行业退出门槛较高，即退出竞争要比继续参与竞争代价更高。在这里，退出门槛主要受经济、战略、感情以及社会政治关系等方面考虑的影响，具体包括：资产的专用性、退出的固定费用、战略上的相互牵制、情绪上的难以接受、政府和社会的各种限制等。

（三）企业经营战略的内部环境分析诊断

企业内部环境分析诊断主要通过内部因素评价矩阵来进行。内部因素评价矩阵（internal factor evaluation matrix，IFE 矩阵）是一种对内部因素进行分析的工具。其做法是从优势和劣势两个方面找出影响企业未来发展的关键因素，根据各个因素影响程度的大小确定权数，再按企业对各关键因素的有效反应程度对各关键因素进行评分，最后算出企业的总加权分数。通过 IFE 矩阵，企业就可以把自己所面临的优势与劣势汇总，找出企业的全部引力。

IFE 矩阵可以按如下五个步骤来建立。

（1）列出在内部分析过程中确定的关键因素。采用 10~20 个内部因素，包括优势和劣势两方面的。首先列出优势，然后列出劣势。要尽可能具体，并采用百分比、比率和比较数字。

（2）给每个因素以权重，其数值范围由 0.0（不重要）到 1.0（非常重要）变化。权重标志着各因素对于企业在产业中成败的影响的相对大小。无论关键因素是内部优势还是劣势，对企业绩效有较大影响的因素就应当得到较高的权重，所有权重之和等于 1.0。

（3）为各因素进行评分。1 分代表重要弱点；2 分代表次要弱点；3 分代表次要优势；4 分代表重要优势。值得注意的是，优势的评分必须为 4 分或 3 分，弱点的评分必须为 1 分或 2 分。评分以公司为基准，而权重则以产业为基准。

（4）用每个因素的权重乘以它的评分，即得到每个因素的加权分数。

（5）将所有因素的加权分数相加，得到企业的总加权分数。

无论 IFE 矩阵包含多少因素，总加权分数的范围都是从最低的 1.0 分到最高的 4.0 分，平均分为 2.5 分。总加权分数大大低于 2.5 分的企业的内部状况处于弱势，而分数大大高于 2.5 分的企业的内部状况则处于强势。

（四）企业经营战略规划诊断

1. 战略规划的内容

战略规划的内容由三个要素组成。

（1）方向和目标。对战略规划的方向和目标进行诊断时要考虑企业领导者的主观因素。企业领导者在明确方向和设立目标时要有自己的价值观和自己的抱负，但是他又不得不考虑到外部的环境和自己的长处，因而最后确定的目标总是这些东西的折中。这往往是主观的，一般来说最后确定的方向目标绝不是一个人的意愿。

（2）约束和政策。战略规划中的约束和政策的目的是找到环境和机会与自己组织资源之间的平衡。要找到一些最好地活动集合，使它们能最好地发挥组织的长处，并最快地达到组织的目标。这些政策和约束所考虑的机会是现在还未出现的机会，所考虑的资源是正在寻找的资源。

（3）计划与指标。计划考虑的是现在的情况，或者说是不久的将来的情况。计划的责任在于进行机会和资源的匹配。由于是短期，有时可以做出最优的计划以达到最好的指标。

战略规划内容的制定处处体现了平衡与折中，都要在平衡折中的基础上考虑回答以下四个问题。

我们想要做什么？ What do we want to do？ ——确定目标

我们可以做什么？ What might we do？ ——确定方向

我们能做什么？ What can we do？ ——找到环境和机会与自己组织资源之间的平衡

我们应当做什么？ What should we do？ ——做出计划

这些问题的回答均是领导者个人基于对机会的认识、对组织长处和短处的个人评价以及自己的价值观和抱负而做出的回答，所有这些不仅限于现实，而且要考虑到未来。

2. 战略规划的框架结构

战略规划是分层次的，正如以上所说战略规划不仅在最高层有，在中层和基层也应有。一个企业一般应有三层战略，即公司级、业务级和执行级。每一级均有三个要素：方向和目标、政策和约束以及计划和指标。这九个因素构成了战略规划矩阵，也就是战略规划的框架结构（见图3-7）。

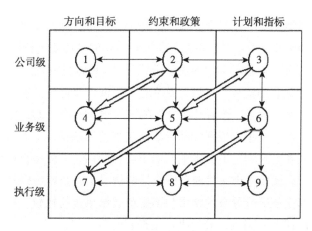

图 3-7　战略规划的框架结构

这个结构中唯一比较独立的元素是①，它的确定基本上不受图内其他元素的影响，但是仍然受到图外环境的影响，而且和图中④也有些关系。因为当考虑总目标时不能不考虑各种业务目标完成的情况，例如在确定总的财务目标时不能不了解公司财务的现实状况。

其他的元素都是互相关联的，当业务经理在确定自己的目标④的时候，他要考虑上级的目标①，也要考虑公司的约束和政策②。尤其当公司活动的多样性增加的时候，公司总目标所覆盖的范围相对地降低，必然需要下级有自己的目标。一个运行得很好的公司应当要求自己的下属做到"上有政策，下有对策"，而不是那种"上有政策，下无对策"的下属。同样，这样的公司领导也应当善于合理地确定自己的目标，以及发布诱导性的政策和约束。执行经理的目标⑦不仅受到上级目标④的影响，而且也受到上级的约束和政策⑤的影响。

战略规划矩阵总的结构是：上下左右关联，而左下和右上相关，上下级之间是集成关系。这点在"计划和指标"列最为明显，这列是由最实在的东西组成，上级的计划实际上也是下级计划的汇总。左右之间是引导关系，"约束和政策"是由"方向和目标"引出，"计划和指标"则是由"约束和政策"引出。

3. 战略规划的制定方式

制定战略规划的方式有五种。

第一种是领导层授意，自上而下逐级制定，很多企业里都运用这种方式。

第二种是自下而上，以事业单位为核心制定。

第三种是领导层建立规划部门，由规划部门制定。

第四种是委托负责、守信和权威的咨询机构制定。当然这里所说的负责、守信和权威是一些必要的条件，可能还会有更多的条件，如果咨询机构不具备这些必要的条件，那么对企业来说是非常危险的。

第五种是企业与咨询机构合作制定。

在实际制定规划的过程中，这五种方式往往是相互结合在一起来操作的。

4. 确定战略目标的步骤

企业制定战略规划主要经过三个步骤，首先确定战略目标；其次制定战略规划；最后对制定好的战略规划文本进行评估、审批，如果有需要的话还要进行修改，如图3-8所示。

确定战略目标的第一步是对企业的现状进行分析，最常见的是进行 SWOT 分析。所谓 SWOT 分析就是分析企业的优势、劣势、竞争对手是谁以及竞争对手的长处和短处、机会在什么地方和市场状况，等等。然后基于分析的结果给出一个判断，考虑在这样一个分析结果下，在未来的三年、五年（根据所制定战略规划的周期长短）如果企业不进行变革，那么企业的领导者或者股东们会不会满意？如果满意的话，就保持企业现有战略，不做变革；如果不满意，那么就要考虑在目前分析结果的情况下，企业可以对内部和外部做哪些变革。将内部和外部变革所能导致的结果与不变革的结果进行比较，寻找变化和差别。这些变化和差别能否能使企业满意，最后决定是否要变革，怎么变，并确定变革的目标。当企业决定变革，而且考虑好怎样变革后，就把这些变革的决定写成正式的文件。以上就是确定战略目标的步骤。

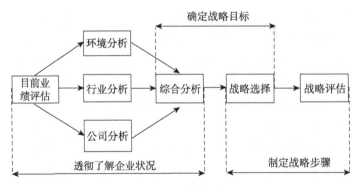

图 3-8　战略规划步骤

（五）企业经营战略的提出、评估和选择的诊断

企业经营战略的提出、评估和选择要考虑企业内部和外部的多种因素，一般采用 SWOT 矩阵、BCG 矩阵、战略地位与行动评价（SPACE）矩阵和内部—外部（IE）矩阵等工具提出、评估和选择企业经营战略。这里主要介绍常用的 SWOT 分析和 BCG 矩阵。

1. SWOT 分析

SWOT 分析（见图3-9）是用来确定企业自身的竞争优势、竞争劣势、机会和威胁，从而将公司的战略与公司内部资源、外部环境有机地结合起来的一种科学的分析方法。

SWOT 分析是基于内外部竞争环境和竞争条件下的态势分析，即把与研究对象密切相关的各种主要内部优势、劣势和外部的机会和威胁等，通过调查的方式列举出来，并依照矩阵形式排列，然后用系统分析的思想，把各种因素相互匹配起来加以分析，从中得出一系列相应的结论，而结论通常带有一定的决策性。

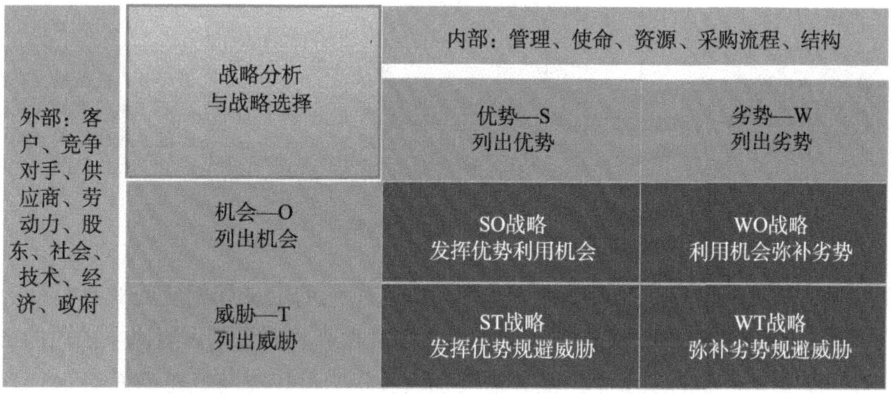

	战略分析与战略选择	内部：管理、使命、资源、采购流程、结构	
外部：客户、竞争对手、供应商、劳动力、股东、社会、技术、经济、政府		优势—S 列出优势	劣势—W 列出劣势
	机会—O 列出机会	SO战略 发挥优势利用机会	WO战略 利用机会弥补劣势
	威胁—T 列出威胁	ST战略 发挥优势规避威胁	WT战略 弥补劣势规避威胁

图 3-9　SWOT 分析

SWOT 分析中，S（strengths）是优势、W（weaknesses）是劣势、O（opportunities）是机会、T（threats）是威胁。按照企业竞争战略的完整概念，战略应是一个企业"能够做的"（即组织的强项和弱项）和"可能做的"（即环境的机会和威胁）之间的有机组合。

优势是组织机构的内部因素，具体包括：有利的竞争态势、充足的财政来源、良好的企业形象、技术力量、规模经济、产品质量、市场份额、成本优势和广告攻势等。劣势也是组织机构的内部因素，具体包括：设备老化、管理混乱、缺少关键技术、研究开发落后、资金短缺、经营不善、产品积压和竞争力差等。机会是组织机构的外部因素，具体包括：新产品、新市场、新需求、外国市场壁垒解除和竞争对手失误等。威胁也是组织机构的外部因素，具体包括：新的竞争对手、替代产品增多、市场紧缩、行业政策变化、经济衰退、客户偏好改变和突发事件等。

SWOT 分析是一种优点在于考虑问题全面的系统思维，而且可以把对问题的"诊断"和"开处方"紧密结合在一起，条理清楚，便于检验。运用 SWOT 分析，可以对研究对象所处的情景进行全面、系统和准确地研究，从而根据研究结果制定相应的发展战略、计划以及对策等。

2. BCG 矩阵

波士顿矩阵（见图 3-10）是由美国大型商业咨询公司——波士顿咨询集团（Boston Consulting Group）首创的一种规划企业产品组合的方法。BCG 矩阵将组织的每一个战略业务单位标在一种二维的矩阵图上，从而显示出哪个业务能提供高额的潜在利益以及哪个业务是组织资源的漏斗，进而区分出 4 种业务组合，即明星型业务、现金牛型业务、问题型业务和瘦狗型业务。

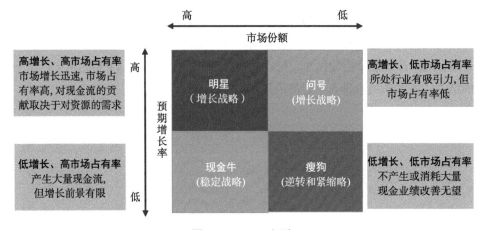

图 3-10　BCG 矩阵

波士顿矩阵对于企业产品所处的四个象限具有不同的定义和相应的战略对策。

（1）明星产品（stars）。明星产品是指处于高增长率、高市场占有率象限内的产品群，这类产品可能成为企业的现金牛产品，需要加大投资力度以支持其迅速发展。

对明星类产品采用的发展战略是：积极扩大经济规模和发现市场机会，以长远利益为目标，提高市场占有率，提高竞争地位。对于明星产品的管理与组织最好采用事业部形式，由对生产技术和销售两方面都很内行的经营者负责。

（2）现金牛产品（cash cow）。现金牛产品又称厚利产品，是企业回收资金、支持其他产品尤其明星产品投资的后盾。对这一象限内的大多数产品，市场占有率的下跌已成不可阻挡之势。

对现金牛类产品可采用收获战略：所投入资源以达到短期收益最大化为限，把设备投资和其他投资尽量压缩，采用榨油式方法，争取在短时间内获取更多利润，为其他产品提供资金支持。对于这一象限内销售增长率仍有所增长的产品，应进一步进行市场细分，维持现存市场增长率或延缓其下降速度。

现金牛业务指低市场成长率、高相对市场份额的业务，它是企业现金的来源，也是成熟市场中的领导者。由于市场已经成熟，如果市场环境一旦变化导致这项业务的市场份额下降，公司就不得不从其他业务单位中抽回现金来维持现金牛的领导地位，否则这个强壮的现金牛可能就会变弱，甚至成为瘦狗。

（3）问题产品（question marks）。问题产品是处于高增长率、低市场占有率象限内的产品群。前者说明市场机会大，前景好，而后者则说明该类产品在市场营销上存在问题。其财务特点是利润率较低、所需资金不足和负债比率高。例如在产品生命周期中处于引进期以及因种种原因未能开拓市场局面的新产品即属此类问题的产品。

对问题类产品应采取选择性投资战略，即首先确定对该象限中哪些经过改进可能会成为明星的产品进行重点投资，提高市场占有率，使之转变成"明星产品"；对其他将来有希望成为明星的产品则在一段时期内采取扶持的对策。因此，对问题产品的改进与扶持方案一般均应列入企业长期计划中；对问题产品的管理组织，最好是采取智囊团或项目组织等形式，选拔有规划能力，敢于冒风险、有才干的人负责。

（4）瘦狗产品（dogs）。瘦狗产品也称衰退类产品。它是处在低增长率、低市场占有率象限内的产品群。其财务特点是利润率低、处于保本或亏损状态，负债比率高，无法为企业带来收益。

对瘦狗类产品应采用撤退战略：首先应减少批量，逐渐撤退，对那些销售增长率和市场占有率均极低的产品应立即淘汰；其次是将剩余资源向其他产品转移；最后是整顿产品系列，最好将瘦狗产品与其他事业部合并，统一管理。

（六）企业经营战略实施诊断

图 3-11 为企业战略实施金字塔。

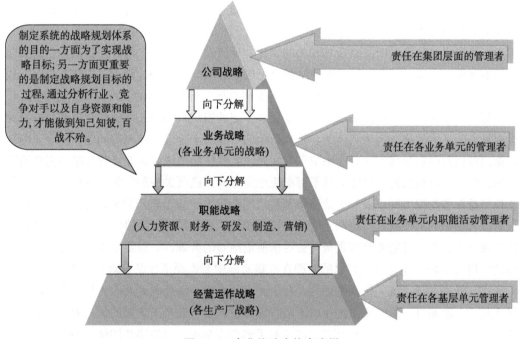

图 3-11　企业战略实施金字塔

1. 战略实施的四个阶段

企业战略实施包含四个相互联系的阶段。

（1）战略发动阶段。微微调动起大多数员工实施新战略的积极性和主动性，要对企业管理人员和员工进行培训，灌输新的思想、新的观念，使大多数人逐步接受一种新的战略。

（2）战略计划阶段。将经营战略分解为几个战略实施阶段，每个战略实施阶段都有分阶段的目标，相应的有每个阶段的政策措施、部门策略以及方针等。要对各分阶段目标进行统筹规划、全面安排。

（3）战略运作阶段。企业战略的实施运作主要与各级领导人员的素质和价值观念、企业的组织机构、企业文化、资源结构与分配、信息沟通和控制及激励制度六个因素有关。

（4）战略的控制与评估阶段。战略是在变化的环境中实践的，企业只有加强对战略执行过程的控制与评价才能适应环境的变化，完成战略任务。这一阶段主要是建立控制系统、监控绩效和评估偏差、控制及纠正偏差三个方面。

2. 战略实施的原则

企业在经营战略的执行过程中，常常会遇到许多在制订战略时未估计到或者不可能完全估计到的问题。因此在战略实施中有三个基本原则，可以作为企业实施经营战略的基本依据。

（1）适度合理性的原则。由于经营目标和企业经营战略在制定过程中，受到信息、决策时限以及认识能力等因素的限制，对未来的预测不可能很准确，所以制定的企业经营战略也不是最优的。而且在战略实施的过程中由于企业外部环境及内部条件的变化较大，情况比较复杂，因此只要在主要的战略目标上基本达到了战略预定的目标，就应当认为这一战略的制订及实施是成功的。在客观生活中不可能完全按照原先制订的战略计划行事，因此战略的实施过程不是一个简单机械的执行过程，而是需要执行人员大胆创造，大量革新。因为新战略本身就是对旧战略及其相关的文化、价值观念的否定，没有创新精神，新战略就得不到观测实施，因此，战略实施过程也可以是对战略的改进过程。在战略实施中，战略的某些内容或特征有可能改变，但只要不妨碍总体目标及战略的实现，就是合理的。

另外，企业的经营目标和战略总是要通过一定的组织机构分工实施的，也就是要把庞大而复杂的总体战略分解为具体的、较为简单的、能易于管理和控制的问题，由企业内部各部门以至部门各基层组织分工去贯彻和实施。组织机构是适应企业经营战略的需要而建立的，但一个组织机构一旦建立就不可避免地要形成自己所关注的问题及本位利益。这种本位利益在各组织之间以及和企业整体利益之间会发生一些矛盾和冲突，为此，企业的高层管理者要做的工作就是对这些矛盾冲突进行协调一致、折中、妥协以寻求各方都能接受的解决办法，而不可能离开客观条件去寻求所谓绝对的合理性。只要不损害总体目标和战略的实现及实施，还是可以容忍的，即在战略实施中要遵循适度的合理性原则。

（2）统一领导，统一指挥的原则。对企业经营战略了解最深刻的应当是企业的高层领导人员，一般来讲，他们要比企业中下层管理人员以及一般员工掌握的信息要多，对企业战略的各个方面的要求以及相互之间的关系了解得更全面，对战略意图体会最深。因此战略的实施应当在高层领导人员的统一领导下进行，只有这样，资源的分配、组织机构的调整、企业文化的建设、信息的沟通及控制和激励制度的建立等各方面才能相互协调、平衡，才能使企业为实现战略目标而卓有成效地运行。

同时，要实现统一指挥的原则，要求企业的每个部门只能接受一个上级的命令，但在战略实施中所发现的问题，能在小范围、低层次解决，就不要放到更大范围、更高层次去解决，这样做所付出的代价最小。因为越是在高层次的环节上去解决问题，其涉及的面也就越广，交叉的关系也越复杂，当然其代价也就越大。

统一指挥的原则看似简单，但在实际工作中，由于企业缺少自我控制和自我调节机制或这种机制不健全，因而在实际工作中经常违背统一原则。

（3）权变原则。企业经营战略的制订是基于一定的环境条件下的假设，在战略实施过程中，事情的发展与原先的假设有所偏离是不可避免的，战略实施过程本身就是解决问题的过程。但如果企业内外环境发生重大的变化，以至原定的战略的实现成为不可能，显然这时需要把原定的战略进行重大的调整，这就是战略实施过程中的权变问题。其关键就是在于如何掌握环境变化的程度，如果当环境发生并不重要的变化时就修改了原定的战略，这样容易造成人心浮动，带来消极后果，缺少坚韧毅力，最终只会导致一事无成。但如果环境确实已经发生了很大的变化，仍然坚持实施既定的战略，将最终导致企业破产。

权变的原则应当贯穿于战略实施的全过程，从战略的制定到战略的实施，权变的原则要求识别战略实施中的关键变量，并对它做灵敏度分析，提出这些关键的变量的变化超过一定的范围时，原定的战略就应当调整，并准备相应的替代方案。即企业应该对可能发生的变化及其造成的后果以及应变替代方案，都要有足够的了解和充分的准备，以使企业有一定的应变能力。当然，在实际工作中，对关键变量的识别和起动机制的运行都是很不容易的。

3. 战略实施的模式

在企业的战略经营实践中，战略实施有五种不同的模式。

（1）指挥型。指挥型模式的特点即企业总经理考虑的是如何制定一个最佳战略。在实践中，计划人员要向总经理提交企业经营战略的报告，总经理看后做出结论，确定了战略之后，向高层管理人员宣布企业战略，然后强制下层管理人员执行。

这种模式的运用要有一些约束条件。

首先，总经理要有较高的权威，依靠其权威发布各种指令来推动战略实施。

其次，指挥型模式只能在战略比较容易实施的条件下运用。这就要求战略制定者与战略执行者的目标较为一致，战略对企业现行运作系统不会构成威胁；企业组织结构一般都是高度集权的体制，企业环境稳定，能够收集大量的信息，多种经营程度较低，企业处于强有力的竞争地位，资源较为充足。

再者，指挥型模式要求企业能够准确有效地收集信息并能及时汇总到总经理的手中，因此，它对信息条件要求较高。这种模式不适应高速变化的环境。

最后，指挥型模式要有较为客观的规划人员。因为在权力分散的企业中，各事业部常常因为强调自身的利益而影响了企业总体战略的合理性，所以，企业需要配备一定数量的有全局的眼光的规划人员来协调各事业部的计划，使其更加符合企业的总体要求。

指挥型模式的缺点是把战略制定者与执行者分开，即高层管理者制订战略，强制下层管理者去执行，因此，下层管理者缺少了执行战略的动力和创造精神甚至会拒绝执行战略。

（2）变革型。变革型模式的特点即企业经理考虑的是如何实施企业战略。在战略实施中，总经理本人或在其他方面的帮助下需要对企业进行一系列的变革，如建立新的组织机构，新的信息系统，变更人事，甚至是兼并或合并经营范围，采用激励手段和控制系统以促进战略地实施，为进一步增强战略成功的机会，企业战略领导者往往采用以下三种方法。

①利用新的组织机构和参谋人员向全体员工传递新战略优先考虑的重点是什么，把企业的注意力集中于战略重点所需的领域。

②建立战略规划系统、效益评价系统，采用各项激励政策以便支持战略的实施。

③充分调动企业内部人员的积极性，争取各部门人员对战略的支持，以此来保证企业战略的实施。

变革型模式在许多企业中比指挥型模式更加有效，但这种模式无法解决指挥型模式存中存在的如何获得准确信息的问题，各事业单位及个人利益对战略计划的影响问题以及战略实施的动力问题。而且还产生了新的问题，即企业通过建立新的组织机构及控制系统来支持战略实施的同时也失去了战略的灵活性，在外界环境变化时使战略的变化更为困难。从长远观点来看，在环境不确定性的企业中，应该避免采用不利于战略灵活性的措施。

（3）合作型。合作型模式的特点即企业的总经理考虑的是如何让其他高层管理人员从战略实施一开始就承担有关的战略责任。为发挥集体的智慧，企业总经理要和企业其他高层管理人员一起对企业战略问题进行充分的讨论，然后形成较为一致的意见并制订出战略，再进一步落实和贯彻战略，使每个高层管理者都能够在战略制订及实施的过程中做出各自的贡献。

协调高层管理人员的形式多种所多样，如有的企业成立各职能部门领导参加的"战略研究小组"，专门收集在战略问题上的不同观点，并进行研究分析，在统一认识的基础上制定出战略实施的具体措施等。总经理的任务是要组织好一支合格胜任的制订及实施战略管理人员队伍，并使他们能够很好地合作。

合作型的模式克服了指挥型模式及变革模式存在的两大局限性，使总经理接近一线管理人员，从而获得比较准确的信息。同时，由于战略的制订是建立在集体考虑的基础上，从而提高了战略实施成功的可能性。

合作型模式的缺点是由于战略是不同观点、不同目的的参与者相互协商折中的产物，有可能会使战略的经济合理性有所降低，同时仍然存在着谋略者与执行者的区别，仍未能充分发挥和调动全体管理人员的智慧和积极性。

（4）文化型。文化型模式的特点即企业总经理考虑的是如何动员全体员工都参与战略实施活动，即企业总经理运用企业文化的手段，不断向企业全体成员灌输着以战略思想建立共同的价值观和行为准则，使所有成员在共同的文化基础上参与战略实施活动。由于这种模式打破了战略制定者与执行者的界限，力图使每一个员工都参与制订并实施企业战略，因此使企业各部分人员都在共同的战略目标下工作，使企业战略实施迅速，风险小，企业发展迅速。

文化型模式也有局限性，表现为如下。

首先，这种模式是建立在企业职工都有学识的假设基础上，在现实中职工很难达到这种学识程度。受文化程度及素质的限制，一般职工（尤其在劳动密集型企业中的职工）对企业战略制订的参与程度也将受到限制。

其次，极为强烈的企业文化可能会掩饰企业中存在的某些问题，企业也要为此付出代价。

此外，采用文化型模式要耗费较多的人力和时间，而且还可能因为企业的高层不愿意放弃控制权从而使职工参与战略制定及实施流于形式。

（5）增长型。增长型模式的特点即企业总经理考虑的是如何激励下层管理人员制订战略的积极性及主动性，为企业效益的增长而奋斗。即总经理要认真对待下层管理人员提出的一切有利于企业发展的方案，只要方案基本可行，符合企业战略发展方向，在与管理人员探讨了解决方案中具体问题的措施以后，应及时批准这些方案以鼓励员工的首创精神。

采用这种模式，企业战略不是自上而下的推行，而是自下而上的产生，因此，总经理应该具有以下的认识。

首先，总经理不可能把握与面对所有的重大机会和威胁，有必要给下层管理人员宽松的环境来激励他们集中精力制订有利于企业发展的经营决策。

其次，总经理的权力使用是有限制的，不可能在任何方面都可以把自己的意愿强加于组织成员。

再者，总经理只有在充分调动及发挥下层管理者的积极性的情况下，才能正确地制订和实施战略，一个稍微逊色的但能够得到人们广泛支持的战略，要比那种"最佳"的、却根本得不到人们热心支持的战略有价值得多。

此外，企业战略是集体智慧的结晶，靠一个人很难做出正确的战略。因此，总经理应该坚持发挥集体智慧的作用并努力减少集体决策的各种不利因素。

在 20 世纪 60 年代以前，企业界认为管理者需要绝对的权威，这种情况下，指挥型模式是必要的。60 年代，钱德勒的研究结果指出，为了有效地实施战略，需要调整企业组织结构，这样就出现了变革型模式。合作型、文化型及增长型三种模式出现较晚，但从这三种模式中可以看出，战略的实施充满了矛盾和问题，在战略实施过程中只有调动各种积极因素，才能使战略获得成功。上述五种战略实施模式在制订和实施战略上的侧重点不同，指挥型和合作型更侧重于战略的制订，把战略实施作为事后行为；而文化型及增长型则更多地考虑战略实施问题。实际上，在企业中上述五种模式往往是交叉或交错使用的。

（七）企业经营战略评估诊断

1. 战略评估

战略制定、战略实施和战略评估共同构成战略管理的全过程。企业所在的内外部环境的变动性，决定了要保证战略管理过程的顺利实现，必须通过战略评估体系的制定和实施并对战略效果进行评价，以便采取相应的完善措施。可见战略评估决定着战略管理的成败。

战略评估一词外延十分丰富，不同的人从不同的角度对其可能有不同的理解。但从战略评估总是贯穿于战略管理全过程的角度出发，大体上可把战略评估概括为战略分析评估、战略选择评估和战略绩效评估三个环节。例如，为大多数人所熟悉的平衡计分卡就是实行战略绩效评估的一种有效手段，它被认为是一种新的战略评估和管理系统。

2. 战略评估研究内容

目前，人们对战略评估的研究还处于探索阶段，因此对战略评估的定义也只限于一种不成文的描述性文字。基于对战略评估研究文献的比较分析，笔者认为战略评估是指以战略的实施过程及其结果为对象，通过对影响并反映战略管理质量的各要素的总结和分析，判断战略是否实现预期目标的管理活动。在实际操作中，战略评估一般分为事前评估、事中评估和事后评估三个层次。事前评估即战略分析评估，它是一种对企业所处现状环境的评估，其目的是发现最佳机遇；事中评估即战略选择评估，它是在战略的执行过程中进行，是对战略执行情况与战略目标差异的及时获取和及时处理，是一种动态评估，属于事中控制；事后评估即战略绩效评估，它是在期末对战略目标完成情况的分析、评价和预测，是一种综合评估，属于事后控制。

（1）战略分析评估。战略分析评估主要运用 SWOT 分析法，评估企业内外环境状况，以发现最佳机遇。此种评估也可称作现状分析评估，一方面要检查企业现行战略是否能为企业带来经济效益，如果不能增效，就要重新考虑这种战略的可行性。另一方面通过考察外部环境，判定在现行状况下企业是否有新的机遇。最后，结合两方面的结果，企业或继续执行原战略或采取适应环境要求的新战略。战略分析评估主要包括以下几个方面的内容：企业的现行战略和绩效的分析；不同战略方案的评估；对企业相关利益备选方案的评估；竞争力的评估，即产品、市场、技术、人才和制度竞争力的评估。

（2）战略选择评估。战略选择评估指战略执行前对战略是否具有可行性的分析。此处涉及很多的评估模型。如 SAM 模型、定量战略规划模型（QSPM）、Eletre 方法（E 方法）、战略规划评估模型（SPE）。它们都是首先对环境因素进行分析，然后制订判断标准并打分最后计算出结果。SAM 方法中所包含的数学方法主要有层次分析法、熵权系数法、主观概率和效用理论等，此种方法是针对不同战略方案可行性而进行的研究，给不同的战略方案所面临的机会与威胁设定标准，通过数学的方法计算机会与威胁的权重，并以所得风险与收益的结果选择最优的战略方案。

（3）战略绩效评估。战略绩效评估是在战略执行的过程中对战略实施的结果从财务指标、非财务指标两方面进行全面衡量。它本质上是一种战略控制手段，即通过战略实施成果与战略目标的对比分析，找出偏差并采取措施改进。

平衡计分测评法使经理们能从四个重要方面来观察企业。

①顾客如何看我们？（顾客角度）

②我们必须擅长什么？（内部角度）

③我们能否继续提高并创造价值？（学习与创新角度）

④我们怎样满足股东？（财务角度）

平衡计分法解决了传统管理体系的一个严重缺陷，它是从三个不同的角度测评绩效的指标，弥补了传统财务指标的不足之处——这三个角度是顾客、内部业务流程及学习和发展。它们能使企业在了解财务结果的同时，对自己未来发展能力的增强和无形资产收购方面取得的进展进行监督。平衡计分法并不是取代财务指标，而是对其加以补充。

3. 战略评估系统的构建

从系统科学的角度来看，评估是一项系统工程，它的基本内容包括：评估原则、方法及指标体系模块；系统结构评估模块；输入、输出、数据资料及专家咨询系统模块。

战略评估也是一项系统工作。当要进行评估时，首先要把所涉及的问题、过程、部门或体系等看成一个系统，研究其结构、输入、输出、环境以及环境与结构的交互作用、整体运行等方面，接着通过分析与改造，建立以下功能性的子系统。

（1）评估者模块。

（2）评估对象模块。

（3）评估方法、指标和标准模块。

（4）评估系统组织机构模块。

（5）数据资料及专家咨询系统模块。

经过以上构建，最后便得以进行综合评估。所谓综合评估，就是通过定量分析与定性评判两种手段达到全面评估的目的。定量分析通常是用计算机加权综合分析来实现的，而定性评判则是根据评估中的各种信息（包括定量分析结果），对于评估对象的以往表现和以后应该注意改进的地方以及希望达到的状态给予判断性的描述。

4. 战略绩效评估的设计原则

在战略评估的三个方面中，战略绩效评估越来越得到我国企业的重视。尽管以平衡计分卡为基本思想的战略绩效评估系统的实施在我国目前的情况下还难以做到，但是可以先完善评估指标设置。战略绩效评估指标的设置应遵循如下基本原则。

（1）系统优化原则。对企业的综合绩效进行评价，必须用若干个指标进行衡量才能评价其全貌。这些指标必须互相联系，互相制约。同时每个指标应尽可能边界分明，避免互相包含以增加对同一内容的重复评价。为实现系统优化原则，设计评价指标体系的方法应采用系统方法。例如系统分解和层次分析法，由总指标（总目标）分解成为次级指标，由次级指标再分解成第三级指标，并组成树状结构的指标体系，使体系的各个要素（单个指标）及其结构（横向结构、层次结构）能满足系统优化要求。

（2）通用可比原则。评价不仅是同一个企业这个时期与另一个时期相比较，更重要的是与不同单位的比较。因此，评价指标体系必须在两个方面具有通用性和可比性。首先，在同一个企业这个时期与另一个时期作比较（即纵向比较）时，评价指标体系有通用性、可比性。这一点比较容易做到，其条件是指标体系和各项指标各种参数的内涵与外延保持稳定，用以计算各指标相对值的各个参照值（标准值）不变。但是，即使评价指标体系不改变，今年参加评价的专家与去年参加评价的专家不同，其评价得分的可比性不是很大，但各个企业的排序仍有较大的可比性。其次，各个企业使用同一评价指标体系进行评价比较（即横向比较）时，评价指标体系要有通用性和可比性。如何使这些不同企业使用通用的评价指标体系，并且使评价结果具有可比性，其主要办法是找出它们的共同点，再按照共同点设计评价指标体系。

（3）实用性原则。设计评价指标体系是为了实际使用，不仅要让设计者使用，更重要的是要让有关的使用部门使用。因此，设计评价指标体系要做到以下几点。

一是评价指标体系要繁简适当，计算评价方法简便易行。在能基本保证评价结果的客观性、全面性的条件下，指标体系应尽可能简化，减少或去掉一些对评价结果影响较小的指标。

二是评价指标所需的数据易于采集，适应目前的科技管理水平。要尽量与计划口径、统计口径和会计核算口径相一致。

三是各项评价指标及其相应的计算方法和各项数据都要标准化、规范化。计算方法和表述方法要简便、明确、易于操作。

四是要能够实现评价过程中的质量控制。评价过程中的质量控制主要依靠评价数据的准确性、可靠性以及计算评价方法的正确实施。

三、企业经营战略管理决策

（一）企业经营可选择的战略

1. 成本领先战略

成本领先战略也称低成本战略。当成本领先的企业的价格低于或等于其竞争厂商时、它的低成本优势就会转化为高收益。尽管一个成本领先的企业是依赖其成本上的领先地位来取得竞争优势的，而它要成为经济效益高于平均水平的超群者，则必须与其竞争厂商相比，在产品别具一格的基础上取得的价值相等或近似的有利地位。成本领先战略的成功取决于企业日复一日地实际实施该战略的技能。

2. 差异化战略

差异化战略是将产品或公司提供的服务差别化，树立起一些全产业范围中具有独特性的东西。实现差异化战略可以有许多方式：设计名牌形象、技术上的独特、性能特点、顾客服务、商业网络及其他方面的独特性。最理想的情况是公司在几个方面都有其差别化特点，例如履带拖拉机公司（Caterpillar）不仅以其商业网络和优良的零配件供应服务著称，而且其优质耐用的产品质量享有盛誉。

如果差异化战略成功地实施了，它就能成为在一个产业中赢得高水平收益的积极战略，因为它能建立起防御阵地对付五种竞争力量，虽然其防御的形式与成本领先有所不同。波特认为，推行差异化战略有时会与争取占有更大的市场份额的活动相矛盾，而且该战略往往要求公司对于这一战略的排他性有思想准备，这一战略与提高市场份额两者不可兼顾。在建立公司的差异化战略的活动中总是伴随着很高的成本代价，有时即便全产业范围的顾客都了解公司的独特优点，但也并不是所有顾客都愿意或有能力支付公司要求的高价格。

3. 集中型战略

集中型战略是指把经营战略的重点放在一个特定的目标市场上，为特定的地区或购买者集团提供特殊的产品或服务。即指企业集中使用资源，以快于过去的增长速度来增加某种产品的销售额和提高市场占有率。该战略的前提思想是企业业务的专一化，能以更高的效率和更好的效果为某一狭小的细分市场服务，从而超越在较广阔范围内的竞争对手。这样可以避免大而弱的分散投资局面，容易形成企业的核心竞争力。

（二）企业经营战略设计

战略的构思来源于公司高层对行业、组织资源及经济环境的深入理解。明确的战略规划会使公司高层在管理和决策方面做到从容与内在统一，而可操作性强的战略必然能够在组织活动中得到全面贯彻。

战略的设计需要与企业的高层管理人员组成项目组共同进行分析和设计，按照以下四个步骤帮助企业设计公司战略。

第一，战略规划是企业的纲领性文件，指引企业发展方向、明确企业的业务领域、指导企业资源配置、指明企业的发展策略以及发展措施。通过分析企业所在行业的发展趋势、市场潜力、公司的优劣势以及竞争能力，形成整个战略设计的出发点。

第二，运用专业的工具与方法来确定"现有战略的问题"与"未来发展机会"，从市场和竞争的演变趋势、客户和消费者的需求、业务模式创新的可能性以及客户企业的内部运作各个方面找出最根本的问题和最可能的机会点。

第三，基于"未来发展机会"，与企业高层一起制定出有针对性同时又可执行的战略选择。最终的战略选择将指明公司的未来发展方向与工作重点，成为将公司所有部门凝聚在一起为实现目标而努力的纲领性文件。

第四，一个好的战略需要好的执行，而好的执行需要清晰的行动计划，并有良好的系统跟踪与反馈战略的执行情况。咨询专家与客户共同制定详细的工作计划与管理流程来实现战略。

第二节 企业经营战略管理诊断与决策案例实训

一、典型企业介绍

列于财富 500 强的企业正大集团是自己建立大卖场的领先者——中国易初莲花（现已改名为卜蜂莲花）。泰国正大集团 1979 年进入中国内地投资，是第一家进入中国大陆的外资企业。自 1921 年谢易初先生在曼谷开设第一家售卖蔬菜种子的商店以来，正大集团已成为泰国最富有和最具实力的家族企业之一，同时也是全世界最大的跨国公司之一。历经 83 年的发展，正大集团目前已发展成为集农业、商业贸易、餐饮娱乐和零售业为一体的大型跨国集团。

目前在易初莲花（其 LOGO 如图 3-12 所示）商店的货架上有多达 30000 余种商品，这几乎涵盖了所有种类的日用商品，分为生鲜、干货、硬货和服装四大类，其中 95% 以上的商品在中国本地采购。易初莲花超市坚持"天天低价"的理念，确保顾客在任何时间都能买到低价的商品。除了面向普通顾客的日常销售外，易初莲花还提供团购服务和充分发展批发业务，这主要面向一些社会团体，如政府机构、学校、医院、电台和电视台、市郊的小型超市等。在易初莲花商店还有方便顾客的美食广场和娱乐场所，门店成为人们喜爱的社区聚会场所。经过多年的开拓和积累，易初莲花已经拥有比较稳定的顾客群，店址遍布上海、北京、天津、山东、浙江等直辖市和省份。根据市场进一步发展的需求，易初莲花即将改变仅上海地区单一营运区域的现状，将逐步建立以北京为中心的华北区域、以上海为中心的华东区域和以广州为中心的华南区域，公司总部设在上海。

图 3-12 易初莲花企业 LOGO

二、企业经营现状

（一）企业经营主要优势

1. 雄厚的资本优势

作为易初莲花母公司的泰国正大集团是一家有着 80 余年历史的世界五百强企业。其业务格局是以农牧、电信及商业为核心，水产、种子、农化、石化、机车、房地产和国际贸易共同发展，跨十多个行业，投资的企业遍及 20 多个国家和地区。集团资金实力雄厚，正大集团拟投资 10 亿元人民币，计划到 2006 年底开设 100 家易初莲花大型超市。大型超市这种业态对于资金的要求较高，大型连锁超市更是如此。超市要获得竞争力，成本优势是根本，有正大作为投资主体，易初莲花有着资金的相对优势。

2. 商品品质与成本优势

作为易初莲花投资主体的泰国正大集团自 1979 年进入中国市场以来，累计在中国投资 100 多家饲料企业，6 家一条龙企业。2002 年共屠宰 3 亿只鸡，2500 万只鸭，在与以肉鸡为主导建立的一条龙企业同类的比较中，正大集团的生产质量和生产能力与美国、欧洲相比毫不逊色。集团的大型养殖场、标准化推广中心、屠宰场和畜禽产品加工厂几乎都是依据国际安全卫生标准建立的。

近几年来，正大集团在中国市场推广代表世界最先进的饲养模式：标准化养殖（"四良"：良种、良料、良舍、良法），从饲养到餐桌全部过程可以控制，"正大"食品的安全、优质与新鲜就有保障。

不仅如此，经过多年的发展，正大在中国农村建立了较为完善的销售网络（其中饲料经营点二万多个，摩托车代理商四千余家）。正大将整合网络优势，利用双向物流，实现城市与农村互动，使各销售点身兼收购与销售两大功能。一方面，对相关经营点进行改造，除销售饲料或摩托外，兼销农民需要的生活日用品（日用品由易初莲花提供）；另一方面，经营点收购易初莲花所需要的当地土特产品及日用品带到易初莲花，此过程是通过公司向经营点送饲料或摩托的车实现，降低了易初莲花的商品运输成本，增加了销售量。丰富了农村人们的物质生活，为建设"社会主义新农村"做出了贡献。

由于有着正大集团的投资背景，正大为易初莲花创造各种便利，来提高其市场竞争力。易初莲花的自有品牌的销售占各店销售额的 10% 以上，产品包括食品、干货、生活用品和家电，除了小部分定牌加工外，这些自有品牌的产品大部分是正大集团下属公司的产品，特别是农产品，这些都大大地降低了超市的成本。

3. 与中国各级政府有着良好的公共关系

正大集团是中国改革开放后最早进入中国市场的外资企业，所以在中国的合作方都是各地区政府机构以及国营企业。伴随着企业的发展和双方合作的加深，正大与各级政府的关系也非常密切。

正大在谋求企业发展时始终不忘回报社会，积极投身社会公益事业。2003 年的"非典"，正大捐赠了 1000 万元；为维护自然生态、保护大熊猫捐赠了 300 万元；复旦大学建校百年捐赠 3000 万元；2005 年元月，出于人道救助，帮助东南亚海啸灾区重建，全体易初莲花员工献爱心，再次捐助人民币 100 万元等。多年来，正大集团累计为中国公益事业捐款大约 3 亿元人民币。

4. 其他优势

除了以上优势外，易初莲花还具有人才、管理、配送、信息以及对中国市场了解的优势。为了充分发挥正大生鲜食品"安全、优质、新鲜"、"从饲养到餐桌全程可控"等方面的优势特点，集团保证物流配送有很好的卫生条件，在温控系统配送中心的低温下处理食品，防止细菌的繁殖，从而为广大市民提供新鲜安全的健康食品，也是为了给供应商提供便利。易初莲花拥有 5 万平方米自建的冷冻、冷藏新鲜食品加工的生鲜物流巨型配送中心，这是生鲜物流配送发展的大趋势，但目前在中国的零售企业中拥有自建的冷冻、冷藏新鲜食品加工的生鲜物流配送中心的数量很少。

零售业的主要竞争手段之一是基于信息和网络化的科学、高效的物流系统。全球零售龙头企业——沃尔玛的主要竞争手段就是基于信息化与网络化的低成本物流配送体系。上海易初莲花连锁超市选择北电端到端融合通信解决方案为其整个中国地区构建语音网络系统。这是一个基于 IP 网络架构的、为商业零售企业定制的语音多业务通信系统。该项目的实施有效地拓展了易初莲花在中国的业务通信覆盖能力，组成了一个包括各连锁店的跨地区专用通信网。此举有效地提高了易初莲花内部沟通及运转效率，并大幅降低了其整体通讯成本，再次体现融合通信支持企业业务发展的优势，并为易初莲花未来在中国占据更大的市场份额提供了可靠的通讯保障。

易初莲花目前在中国已拥有 60 多家大型门店，遍布于中国的各大主要城市。北电的融合通信解决方案完全融合到用户现有的 IP 网络中，帮助用户有效保护现有投资并节省大量长途通话费用。同时，北电 CS1000 支持 650 多种电话功能，可帮助用户实现统一信息系统、客户联络中心以及基于会话的多媒体业务、交互语音应答和无线 IP 电话等多种应用。此外，最新的 CS1000 可支持多达 30000 个客户端，完全可以满足用户未来发展的需要。

（二）企业经营主要劣势

1. 扩张形式单一

易初莲花的扩张形式采用场地租赁而非自建，一方面可以减少场地资金的占用，但同时使得超市的扩张速度受到限制。易初莲花进入中国时间相对较晚，为了在较短时间内完成对中国主要城市的设点布局，抓住中国零售市场对外开放的机遇，达到一定规模，降低运营成本，易初莲花确定了到 2005 年末完成 100 家大型综超的目标任务。但事实上仅开设了 68 家，没有达到预期目标的主要原因就是扩张形式过于单一。

2. 人才系统培训不足，储备数量不够

零售企业的主要竞争力就是低价，而获得低价的主要手段是大规模的采购与科学的配送。易初莲花的主要市场在中国（其在泰国有 30 余家，但正大仅占 20%的股份，其余的80%股份为英国的 Tesco 公司所占有），要想通过大规模的采购降低成本，企业必须有很好的分销能力，而分销能力体现在单店的营业规模与所开设的连锁店数量。但伴随企业的快速扩张，经营与管理人员的数量不足，人员缺乏系统培训，员工素质不高的弊端显现无遗。

零售企业经营的特点是商品品种众多、毛利低，市场竞争强度大。企业经营成败的重要环节之一就是是否有足够的高素质店长及相关管理人员，欧美零售企业培养一个店长的时间通常为 10 年，台湾省培养店长的时间通常是三年，而且零售企业都设有正规的店长储备制度。而易初莲花不仅没有店长储备制度，其店长培养时间还通常仅只有几个月。特别是 2003 年以来，其市场扩张速度太快（2004 年开设 22 家，2005 年开设 25 家，2006 年预计开设 24 家），企业的资源（人力资源、管理、物流、配送等）明显跟不上（易初莲花开店速度被零售业内人士认为违反了行业规律，就连世界上做得最好的零售企业沃尔玛、家乐福，一年也仅开设 8~10 家），很多能力勉强甚至根本不够格的人被提升到远超出其自身能力的位置。由于管理人才供不应求，有时为了尽快上岗，连已经设定的培训也被迫缩减时间。由于缺乏系统的培训，没有公平的升职空间，培养使用的板凳员工数量不足，导致人才流失较多。

3. 与供应商关系有待改善

由于开店速度过快，有关人员缺乏相应的培训与指导，在很多店经常出现与供应商不及时结款的事件。部分供应商反映结款期应该是 45 天，可他们从来没有按时拿到货款。特别是 2006 年，拖欠供应商货款现象更加严重，个别供应商反映到 2006 年 5 月 15 日为止，他 4 月份的货款还未拿到，其资金周转明显出现了问题。

不仅如此，2004 年 6 月个别易初莲花超市对供应商的结账实行"挂号"式结账，到时间须结账的供应商先排队花钱买号，一个号 6 元，按号的先后顺序进行结账。一旦出现双方账目不符，易初莲花就要求供应商回去自己查清账目，下次再对。有一个供应商为结一次账，领了 6 次号，易初莲花此举引起了供应商的强烈不满。

4. 管理不到位，产品质量问题频发

由于开店速度过快，同时相应人才储备不足，各店在经营过程中管理不足，设施配套不到位，产品质量问题频发。据反映：易初莲花天津店开业后有漏雨现象；易初莲花泰山店开业不到半年，出现了"假油事件"；另有消费者在食用该店购买的"蛋黄派"中吃出了螺丝帽；北京市消协人员在调查北京市场上绿色食品标志情况时意外发现在北京西三环丽泽桥附近的易初莲花店进行捆绑销售的古井干红葡萄酒已过期（生产日期均为 2003 年 1 月 21 日，同样的产品，一瓶保质期为十年，另一瓶为两年）；2005 年 2 日底，有南京市民在易初莲花南京建宁路店购物时发现该店在销售过期盐水鸭；2005 年 7 月 14 日，消费者在杭州易初莲花购物时发现该店随饼干赠送的牛奶已过期 41 日，其出售的大米部分已变质；另有消费者发现某易初莲花店销售的糖果未标注生产日期；2006 年 4 月 13 日上海市人大代表与市人大常委兵分三路对上海市数家大卖场进行饮用水与肉制品质量安全的检查，发现易初莲花数种肉制品安全隐患多，要求进行下柜处理。

5. 其他劣势

易初莲花还存在着进入零售行业及中国市场时间相对较迟、品牌影响力不大、赢利能力不足和业态形式单一等劣势。相对于世界零售巨头沃尔玛、家乐福，易初莲花进入零售行业的时间太短。零售行业的竞争主要集中在产品的价格、完善的信息技术、成本低效率

高的物流配送、先进的经营理念与有效的管理上。这些不仅需要资金的大量投入，还需要长时间的积淀，特别是人才的培养、良好的供应链的建立、先进的经营管理模式的形成。

易初莲花从事零售行业开始于 1992 年的泰国，由于泰国的零售市场开放太快，在经过几年的经营后，正大将在泰国的三十五家易初莲花的 80%的股份卖给了英国的 Tesco，于 1997 年转向中国的零售市场。无论在经营管理或是人才培养方面，易初莲花与国际传统零售巨头还有一些差距。也正由于易初莲花是零售行业新的生力军，所以它在中国市场的店面位置总体不太理想，品牌影响力还不太大（上海市场除外），经营特色还未形成或暂不明显，盈利模式还未能总结与复制。除上海市场已经盈利外，其他城市的易初莲花店都在亏损。

由于中国零售市场的差异性非常强，采用单一的业态来提高总体市场的营业额与占有率，在部分市场上显得适应性不足。

（三）企业经营发展机会

1. 经济——零售市场空间较大

中国经济网召开例行发布会，通报 2010 年和 2011 年 1 月份中国商务工作运行的有关情况，中国经济网进行直播。商务部发言人姚坚表示，2010 年，在搞活流通扩大消费等一系列促消费政策的作用下，国内消费市场保持了平稳较快发展。社会消费品零售总额 15.45 万亿元，同比增长 18.4%，比上年加快 2.9 个百分点，扣除价格因素，实际增长 14.8%，增速比上年回落 2.1 个百分点，消费对经济增长发挥了重要作用。在经济增长中，消费拉动经济增长 3.9 个百分点，贡献率达 37.3%。

2. 政策——地域方面限制解除

2004 年 6 月 1 日起实施的《外商投资商业领域管理办法》规定，从 2004 年 12 月 11 日，中国政府将解除对外资商业企业在地域上的限制，并允许设立外资商业企业。地域限制的解除使易初莲花短时间内可以通过在全国增设大型综合超市达到规模经济效益，一定程度上确立自身的竞争优势。

3. 社会——全国人口总量增加

我国人口增长处于低生育水平阶段。近年来人口快速增长的势头虽然得到了遏制，但由于人口基数庞大，人口仍偏多。最近十年中国老龄化浪潮更为汹涌，目前总数已接近 2 亿人，但 13.26%的水平尚处于"老龄化初期阶段"。尽管中老年人个体单次购买力有限，但这一群体总量巨大并且重视维系稳定的关系，较容易认同某一品牌。因此，一所城市中中老年人作为一个群体的消费品零售额是巨大的。

（四）企业经营主要威胁

1. 对手采取组合战略

竞争对手采取的这种战略将会削减易初莲花的消费群体数量，进而对易初莲花超市构成直接的威胁。中国目前的零售业态比较少，所以顾客群体在没有特定零售业态满足自身特有需求时，通常会选择大型综合超市。但是随着新的零售业态进入中国，顾客群体就将产生分流现象，大型综合超市的顾客群体会减少。家乐福已经预见到这一趋势，并且已经增加了冠军生鲜超市、迪亚折扣店（廉价超市）两种业态来顺应这一趋势。易初莲花也将要采用大型综合超市、廉价超市两种业态。

2. 对手资金实力雄厚

沃尔玛、家乐福不论是自生现金的能力还是筹资的能力都强于易初莲花，资金上的差距不仅表现在扩张的速度上，也表现在对超市亏损承受的范围上。

三、企业经营战略管理规划

（一）公司战略的制定

1. 使命、愿景、战略目标的制定

易初莲花购物中心（LOTUS SUPERCENTER）是正大集团的重要分支机构之一，专门在中国从事商业零售业，包括大型购物中心的选址、建设、营运和管理工作。LOTUS在泰语中即"莲花"，象征着纯洁、诚信和希望。

易初莲花的经营理念是"一次性购足"和"天天低价、每天都省钱"。企业愿景是成为世界厨房，做人类能源的提供者，提供"生命之食品""精神之食品"和"生活之便利"。

易初莲花一万多平方米的购物面积，三万多种商品，最先进的电脑管理系统和高效能物流配送中心，保证了所有的顾客都能用最少的钱买到更多高质量的商品，并享受完善的售后服务。因此，除了在上海、杭州、南京、武汉、广州等城市已开业或即将开业的十多家店，易初莲花还将在中国的北京、天津、宁波、无锡、青岛、西安、济南和郑州等城市继续扩展，希望能为提高国民生活品质做出自己的贡献。

据不完全统计，正大集团迄今在中国已投资约 50 亿美元，建立了近 200 个企业，遍布全国除青海省以外的各省、直辖市。投资原则是"利国利民利公司"的正大集团，正不断地向社会奉献爱心。

2. 用 SWOT 矩阵生成战略方案

从易初莲花所处的环境来看，可谓是机遇与挑战并存，要想更好地发展，公司应努力发展自己的优势，避开自己的劣势，做到"扬长避短"，实现公司的战略目标。

3. 战略选择

易初莲花总体战略是扩张型战略。它本着"一次性购足"和"天天低价、每天都省钱"的经营理念，满足广大顾客的需求，让自己更强大。

易初莲花在 2004 年新开了 20 多家店，门店数量达到了 40 多家，而在 2002 年门店数量是 11 家、2003 年是 22 家，与前两年相比，易初莲花的门店数量每年都是翻一番。从扩张区域来看，易初莲花主要集中于华东和华南及华北区域。目前易初莲花分成五个大区：北京天津区（包括河北）、山东区、上海地区、四川地区和广东地区。

（二）经营战略的制定

易初莲花在制定战略的时候用了成本领先战略和差异化战略。正是有了成本领先的优势，才能本着"天天低价、每天都省钱"的经营理念来运营；也正是有了差异化战略，树立起自己的品牌，才能扩张，做得更大更强。

1. 成本领先战略

"天天低价、每天都省钱"，易初莲花采取了低成本的经营战略。在低成本方面注意避免在繁华的黄金地带开店，以降低租金成本；采用简洁的装修，大包装的商品种类，如仓储式货架；采用开架经营的形式以减少服务人员；严格的管理措施以防止失窃，降低损耗率等。总之一切从降低成本的角度出发，从而降低商品价值中的运营成本，在创造的价值总额不变的情况下，增加了顾客的消费者剩余，满足了消费者求廉的心理。

2. 差异化战略

首先，易初莲花没有像沃尔玛那样为不同品类的商品注册不同的商标，而是统一注册为"易初莲花"牌。其目的在于一方面可以节省一笔可观的品牌注册费用；另一方面可以借易初莲花良好的社会形象让顾客更容易认可自有品牌商品，缩短其被接纳的时间，从而起到公司形象与产品形象互相促进、共同提升的效果。其次，在具体实施中，易初莲花非常重视商品品类的选择，为此，易初莲花制定了选择商品品类的几条原则：一是该类商品不应是具有很高品牌忠诚度的商品；二是该类商品应该是具有高消费数量和高购买频率的商品。

自有品牌产品是易初莲花的一个典型的经营特色，易初莲花的自有品牌商品的销售额占整个易初莲花大卖场商品总销售额的10%以上，是易初莲花重要的销售盈利来源。由于易初莲花完善的自有品牌战略，其自有产品已经逐渐被广大消费者所青睐。比如，优质、美味的生鲜产品是易初莲花的经营特色之一，也是易初莲花与其他竞争对手拉开差距的主要武器，更是易初莲花大卖场的竞争优势所在。为了保证生鲜食品的质量，易初莲花专门成立了 QC 质量监控小组，对自供的生鲜类产品进行严格的质量控制，并且尽量与大型厂家进行供应商合作，保证产品质量安全。

（三）职能战略的制定

职能战略是指企业中的各职能部门制定的指导职能活动的战略。职能战略一般可分为营销战略、人力资源战略、财务战略、研究与开发战略和公关战略等。职能战略是为企业战略和业务战略服务的，所以必须与企业战略和业务战略相配合，职能战略的制定对公司的发展是非常重要的。

1. 营销战略

营销战略指提供一种购买方式和引导消费者购买的各种活动，如广告、促销活动、定价策略、销售渠道和公共关系等，不同的竞争战略导致不同的促销手段和定价策略等。易初莲花在追求低成本领先方面，主要依靠低价格来吸引消费者，那么必然要控制促销活动等方面的开支来达到降低成本的目的。如多采用店面广告（POP），少使用公共媒体广告（如报纸、电视等）；多采用自动化辅助设备，减少服务人员；多从厂家直接进货，减少商品流通层次等。而有限的促销活动也是为公司的战略目标服务，如经常性的商品打折和让利于民的活动，不断强化消费者心中的平价形象，培养顾客的忠诚度。顾客一旦能够从超市获得最大的消费者剩余，必然会对超市产生满意心理。而据消费者心理调查分析，一个满意的顾客会向 10 个人诉说，并再次光临。

2. 人力资源战略

人力资源管理包括人员的招聘、雇佣、培训、开发和报酬等各种活动，它贯穿整个价值链的所有活动，可以说，没有了人力资源，价值的创造无从谈起。零售企业之所以能低价买进商品、高价卖出商品，其中商品本身并没有发生变化，而是因为商品在流通的过程中凝聚着员工的劳动，才能产生价值增值。因此，对人力资源管理的好坏直接关系到商品增值的多少。零售业发展到现在，已不再是靠吃吃喝喝就能做买卖的行业了，在国外，零售商业是一个资本技术构成水平较高，人力资源成本占其总成本 50%以上的高人才行业。企业的业绩更主要来自一群受过良好职业培训，认同公司理念，和公司共命运、同患难的员工的努力。而国内零售企业长期忽视人力资源的开发，导致员工素质低下、知识结构层次低、缺乏职业技能培训，而有市场观念、懂管理、善经营的高层管理人才更是缺少。据估计，国内零售企业在经营策略、促销方式、服务意识和信息处理等方面平均比西方先进企业落后至少 20 年。种种落后反映在市场上面就是竞争能力的低下，竞争优势的缺乏。易初莲花的领先和其高度重视人力资源是分不开的。

在易初莲花，每一个员工和管理人员都有一套完整的培训计划。普通员工进入公司后会立即安排在岗培训，每周专项培训播放培训影片，表现突出的员工有机会得到晋升，参加管理层培训。包括 16 周的在岗培训、3 周的管理系列课程学习以及分店管理实习。提升为店长助理后，还可以参加零售管理研讨会，参与高校培训课程项目。

3. 财务战略

易初莲花总体上采取以扩张型的财务战略为主，并辅以资本运营战略、资金集约经营战略、成本控制战略、风险控制战略、管理创新战略和可持续发展战略的综合财务战略模式。

4. 研发战略

价值链上的每一项价值活动都包含技术成分，技术的进步往往会带来成本的优势和差异化优势的巨大变化。连锁经营这种新型零售业态的出现，是零售产业的又一次革命，这种现代流通技术将会逐步取代传统流通模式，这是现代商业的基本发展趋势。可以说，没有连锁经营，就没有像沃尔玛、家乐福这样超级零售巨无霸的出现。而连锁经营的发展，又促进了像配送中心这样新技术的出现，配送中心的存在又依赖于现代信息技术的发展。配送中心和信息系统的应用使得企业的后勤管理能力上升到一个新的高度，无法想象没有这项技术的企业如何与之竞争。据美国零售业协会的一项调查显示，有 80%的零售业者认为："POS 系统是零售业的唯一方向"。任何一家进入我国零售市场的外资企业，都采用了POS 系统，售货员只需用扫描器对商品上的条形码轻轻一扫，商品信息即被输入电脑处理，十分简单、快捷、准确，不仅减轻了收银员的劳动力度，减少了顾客的等候时间，还能使订货、分送、进货、销售和库存等商业信息得到一元化的管理，管理者可以得出综合决策信息。

任何一种管理上的创新都可以视为技术开发，管理也是一项技术。每一种新业态的出现，都会给创新者带来成本优势或者差异化优势，又或者二者兼有，如仓储式、特许经营、超级市场和 10 元店，等等。随着竞争者的不断加入，成本优势或差异化优势就会慢慢消失，迫使经营者不断地创新。例如随着互联网的发展，电子商务的兴起，网上购物又成为潮流。因此，不断的管理创新和技术创新已成为当今零售企业成功的必要条件之一。

四、企业经营战略管理实施

战略重点是一定时期内，企业根据自己的经营范围所确定的资源重点投向和对未来发展方向及市场的预测，它是根据企业的战略目标确定的。为了实现企业的战略目标，必须找出影响企业目标实现的关键因素作为企业的战略重点，并采取相应的战略措施。

易初莲花未来在中国的战略实施的支撑体系如图 3-13 所示。

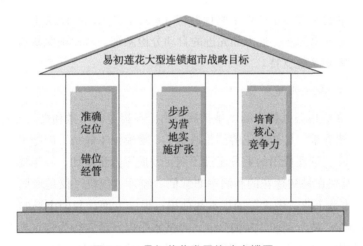

图 3-13　易初莲花发展战略支撑图

（一）准确定位，错位经营

零售业发展至今，已经形成一些固有的模式，其选择业态讲究的是思路灵活，定位准确。业态的选择是零售企业成功的前提，易初莲花应该根据自身优势，扬长避短，差异化定位。

1. 准确定位，成本领先

零售商的定位对于经营的成败非常重要。目前零售业态呈百花齐放之势，但每一种业态都有其不同的特点和优缺点、不同的功能和特色以及自己的目标顾客和经营管理方式。因此，易初莲花进行业态定位时不仅要考虑自己的愿望，更要考虑所处的环境、不同业态的要求以及自己的能力。

易初莲花的整体运营模式和中央采购模式决定了易初莲花和沃尔玛类似的定位——成本领先战略。

2. 实行差异化经营，打好生鲜牌

进入新一轮竞争的关键是"差异化"，即我们常说的"错位经营"。对处于同一业态的零售企业而言，实行"错位经营"是其明智的选择。中国现阶段的市场特点决定了粗放型的无差异性的营销策略已不可能为企业带来丰厚的回报。这就要求企业必须加强对目标市场的研究，根据消费者的购买心理、购买模式和购买行为进行区别定位，选择合理的经营品种和经营方式。"错位经营"战略，尤其适合于在遇到强大的竞争对手特别是国际零售巨头时采用，以避免正面迎敌，损兵折将。例如，在深圳，万佳超市与沃尔玛成功对垒就是采取这一策略。沃尔玛以"一站式购物""天天平价"为主要卖点，但其食品主要以西式为主，不能适应中国人饮食中需要较多生鲜食品的习惯。因此，万佳超市在竞争中不断学习，采取"错位经营"战略，专门开办中档超市，在商品设置中安排了较多生鲜食品，使企业销售额大幅增加。

易初莲花的生鲜业务依托于正大集团公司，在货源质量和价格上具有一定的优势，在经营中应该发挥其特色，继续加强生鲜业务，和竞争对手形成差异化经营，打造出自己的特色业务。上海易初莲花由于原有的金桥配送干货中心已无法满足门店拓展的需要，易初莲花斥资建立了奉贤干货和生鲜两个共计拥有 4.8 万平方米的新配送中心，该配送中心拥有高达 1.1 亿元人民币的库存能力和先进的自动分检系统，从而确保易初莲花的生鲜业务的拓展有足够的配套系统支持。

（二）步步为营地实施扩张

区域做大做强后再向其他市场区域扩展。由于零售业的"微利性"，规模经济是其发展规律的内在必然要求，易初莲花的扩张遇到了"规模但不经济"的隐患：一方面平均单店盈利能力在下降，管理费用的上升超过预期，亏损店数量增加。一味要"做大"却忽视了"做强"，导致现在易初莲花的利润率非常低。经营"规模"仅是增加企业价值的手段之一，"做强"才是企业"做大"的根本和前提；另一方面，我国市场的发展具有极大的层次性和不均衡性。从东到西，从南到北，经济水平以及消费行为特点参差不齐，不了解其他区域的消费特点就全面布点是零售业的大忌。即使现在圈到了好地，今后也会慢慢吐出来。

由此，大型零售企业就需要利用自身对区域市场情况熟悉的优势，打好重点区域销售市场的根基，在取得在区域市场较强的规模销售优势后，再向其他市场区域扩展。这对于易初莲花目前面临的资金、管理、物流配送和人才等方面的问题，应该说是一条切实可行的路子。跨地区的发展是建立在地区集中优势基础上的，如果企业在一个地区还没有形成相对优势，在商品采购、配送、店铺营运和信息系统方面还没有形成企业自己核心能力的时候，就开始大跨度地向外地区发展，这是非常危险的。

稳健扩张对于易初莲花来说显得尤为重要。和家乐福不同，易初莲花的采购方式是"中央采购"，也就是集中采购。由易初莲花的总部统一进行商品的采购，这也要求易初莲花还要花费不菲的成本建立完善的配送中心和配送体系。由于配送距离和配送中心的运输半径，一个区域内的门店达到一定的数量后才能显现其规模优势和成本优势。鉴于此，易初莲花的扩张应该是重点区域重点布控，通过在局部形成规模优势降低配送成本。

从目前来看，实行跨地区发展战略的企业受到的制约主要是资金和人才，因此在集中发展与跨地域发展的选择上要量力而行，没有足够的资金保证和人才保障不要轻举妄动。

即便资金和人才保证了，也要做好配套的调整战略，这样才能保持速度与质量的协调。再加上易初莲花的"中央采购"制度，在异地扩张布控的时候更要三思而后行，慎之又慎。

（三）培育核心竞争力

易初莲花从以下几个方面培育核心竞争力。

1. 开发自有品牌

易初莲花在开发自有品牌上面形成了自己的特色。首先易初莲花采用了统一的品牌模式，所有的自有商品都使用"易初莲花"作为品牌，从而也可以节省一批品牌注册费用，同时也可以利用易初莲花原有的品牌形象使消费者更容易接受，缩短消费者的认知时间。易初莲花通过自有品牌的推广发挥了公司形象和产品形象之间的相互促进、共同提升的作用。但是在自有品牌的比率上面，易初莲花和家乐福、沃尔玛相比还有进一步提升的空间。

2. 零售商供应链再造

所谓供应链再造是指在产品的生产和流通过程中所涉及的供应商、生产者、中间商和零售商之间关系的重新塑造，是对现有供应链关系的整合。通过整合使零售商与上下游企业间实现共同计划和信息共享，从而提高效率。

易初莲花供应链再造的实施如下。

（1）选择合适的供应链合作伙伴。

（2）建立一体化的信息系统。

（3）运用有效的预测技术。

（4）加强客户关系管理。

客户关系管理（CRM）是一个互动的过程，用于实现企业投入与顾客需求满足之间的最佳平衡，从而实现企业利润的最大化。它既是一种新型的营销管理理念，又是一套先进的管理软件和技术。易初莲花开展 CRM 的方法。

（1）树立 CRM 营销管理观念。

（2）建立客户满意度测量标准，构建以忠诚度为基础的业务体系。

（3）加快现代计算机及其网络技术在零售业中的运用。

（4）循序渐进地实施技术开发和数据库建设。

（四）创新企业文化

零售企业的企业文化是在长期的经营活动中形成的以企业全体成员共同价值观为基础的思想观念和行为观念的总和。企业文化建设的广度和深度，也就决定了一个企业竞争能力的强弱，是形成企业核心竞争力的重要因素。

作为高度集权的易初莲花管理模式，高执行度的企业文化在市场开拓期起到了很好的推动作用。易初莲花应从民族文化中寻"根"，要把中华民族文化中生生不息的优秀"遗传因子"找出来，继承并发扬光大。易初莲花作为泰国的华人企业，从建立之初就打上了民族文化的深深烙印。易初莲花应从企业生存和发展的实际需要出发，使企业文化的建立能够促进企业员工增强使命感和责任感，能调动广大员工的工作积极性，有利于企业树立良好的企业形象。此外，还应注重企业文化的更新，随着时代的发展和事业的进步，企业文化也应该不断地得到充实和提高，使企业的员工总在前进文化的熏陶下工作和成长，使竞争对手不易模仿和复制自己的企业文化。

五、企业经营战略管理评估与控制

（一）易初莲花经营战略的评估

在过去的十几年中，易初莲花自 1997 年 6 月 23 日第一家商店在上海浦东开张以来，易初莲花已在中国开了 75 家购物中心。依靠最先进的现代购物理念，易初莲花已经被看作是可以信赖的商店，它提供了新的购物体验、舒适的购物环境和天天低价的高质量商品。易初莲花本着"天天低价"的经营理念，实施低成本、差异化战略，依靠忠诚的顾客关系、稳定的竞争者关系和互补协调的竞争者关系以及其他相关利益者关系给零售企业带来的独特好处，使企业处于一种良性循环、健康发展的状态。

（二）易初莲花经营战略的控制

易初莲花在激烈的市场竞争中取得了一定程度的领先优势。只要易初莲花能够在运作中继续保持低成本和不断创新，并改善存在的一些薄弱环节，那么就能够保持已有的竞争优势，甚至可以做得更好，获得更大的竞争优势。例如，易初莲花可以考虑是否能够进一步完善制度的执行环节，强调"制度管理"，弱化"人治"，淡化"家族式经营"的痕迹，建立更具亲和力的企业文化。易初莲花可以考虑在今后的运作中从下述几个方面进行改善。

1. 在适当的时间和地点采取多业态经营方式

多业态经营又称组合零售，指一个零售企业经营多种零售业态，每一种业态适合不同目标市场特定的需要。在零售市场上，不同的零售业态之所以共存共荣而不能相互取代，是因为不同的零售业态有着不同的定位，分别满足不同目标消费者的需要以及相同目标消费者的不同类型需要。百货商店是以多品种和优质服务满足目标消费者对时尚商品和挑选性商品以及购物环境的需要；便利店是满足目标消费者对购买日常用品的时间和地点便利的需要；专卖店是满足目标消费者对某一品牌的专爱；而超级市场则是以低价格满足目标消费者对购买食品和日用品的需要。目前易初莲花在中国只有一种零售业态，即大型超市。但随着竞争的日益激烈，局部区域内将出现布局相对饱和的状况。国家也在 WTO 规则允许的范围内，通过制定大店限定法案来约束过度的开店竞争。因此，易初莲花应提前做好准备，应对新的竞争阶段的到来。

2. 现有超市功能上的创新和扩张，满足顾客便利省时的需求

易初莲花可以将"一站式购物"的思想进一步扩大和深化，将逛超市由单纯购物改为生活休闲的一个方式，从"一站式购物"转变为"一站式满足生活需求"。来易初莲花不仅仅是购物，还可完成日常生活中其他的各种需求。比如餐饮业务；与银行合作，引银行进店，让顾客可以在购物的同时实现金融需求，目前可以考虑先向顾客提供各项交费服务；另外，易初莲花可以考虑做强药店功能，将该项业务发展成为真正可以满足顾客需要的专业化服务。总之，从满足顾客不同日常生活需要着手，通过不断扩大服务范围、强化服务功能，给顾客带来除购物以外的便利，是易初莲花今后创新的方向和重点。

第三节　企业经营战略管理诊断与决策实验操作

本实训采用奥派企业经营与诊断实验软件。在"学习模式"可以查看管理诊断的专题案例与综合案例。点击案例图片或者名称，即可查看案例相关内容。

图 3-14　经营战略学习模式

一、企业经营发展战略管理理论学习

1. 企业经营发展战略理论学习

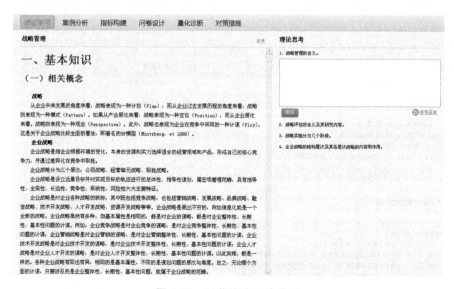

图 3-15　经营战略理论学习

左侧为该案例所属的理论知识，点击【目录】可以概览理论知识的大纲，点击标题可以直接查看该部分内容。

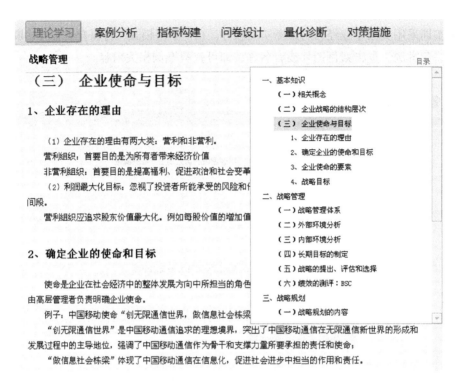

图 3-16　经营战略理论

2. 理论阅读与标注

选定理论知识中的一句话或一段话，可以编辑其字号、加粗、斜体、中划线、下划线、改变文字颜色及背景色，还可将这些格式清除或者为选中的文字添加批注和书签。

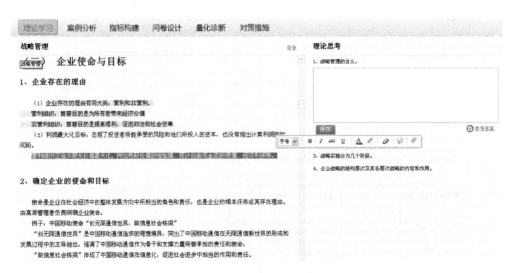

图 3-17　经营战略理论阅读

3. 思考与问题

右侧为学习理论后回答的思考题，鼠标放在【参考答案】上会显示系统答案。

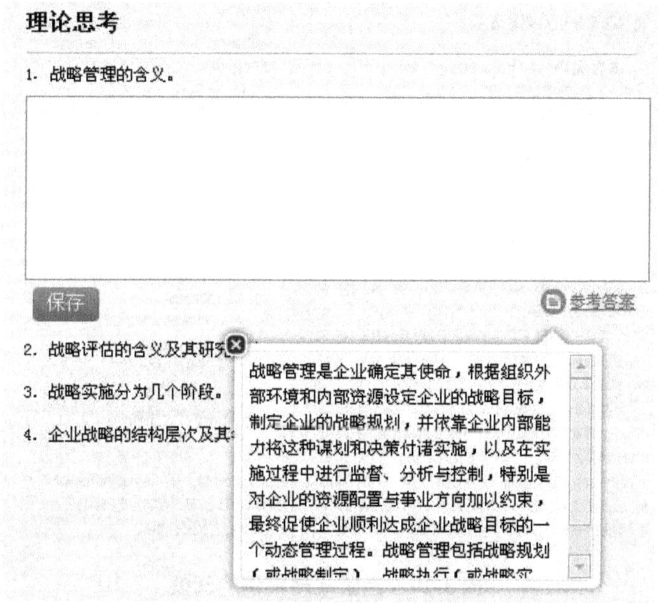

图 3-18　经营战略思考与问题

二、企业经营发展战略管理诊断实验操作

（一）案例定性分析

企业经营发展战略诊断实训就是通过真实调查案例的分析，设计分析模型，进行数量分析。

图 3-19　经营战略案例分析

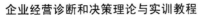

左侧为该案例内容，点击【目录】可以概览案例大纲，点击标题可以直接查看该部分内容。

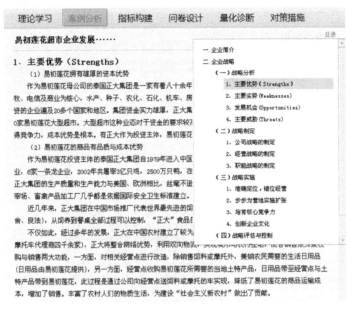

图 3-20　经营战略案例的阅读

选定案例内容中的一句话或一段话，可以编辑其字号、加粗、斜体、中划线、下划线、改变文字颜色及背景色，还可将这些格式清除或者为选中的文字添加批注和书签。

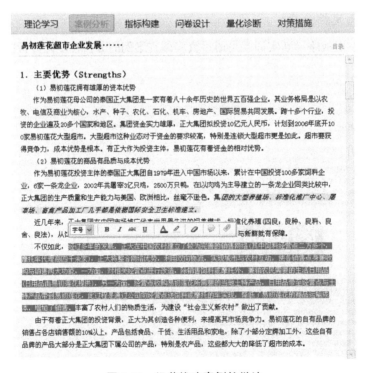

图 3-21　经营战略案例的批注

右侧为阅读案例后回答的思考题，鼠标放在【参考答案】上会显示系统答案。

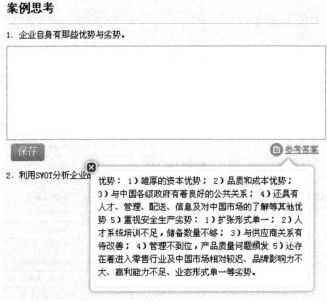

图 3-22　经营战略案例的思考

（二）案例量化分析

1. 指标构建

根据企业经营战略诊断理论，构建企业经营战略诊断指标体系。选择软件【指标构建】后，可以采用软件所提供的指标模型选用并创建指标，也可根据所分析的案例独立构建新指标体系。

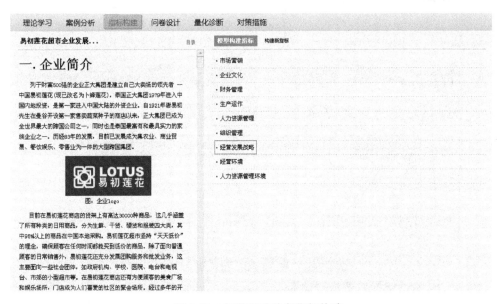

图 3-23　经营战略诊断指标构建

查看指标模板，以此模板创建指标。点击“经营发展战略”，选择【模型构建指标】或【构建新指标】。

模型构建指标　构建新指标

经营发展战略 指标体系　以此模板创建指标

目标层	维度层	子因素层
经营发展战略	经营战略评估	战略评估的及时性
		战略评估的合理性
		战略评估标准的全面性
	经营战略实施	战略实施的组织保障
		战略实施的可行性
		战略实施的执行性
	战略环境分析	分析的全面性
		分析的科学性
		分析的规范性
	经营战略制定	战略制定的操作性
		战略规划的正确性
		战略制定的科学性
		战略内容的全面性

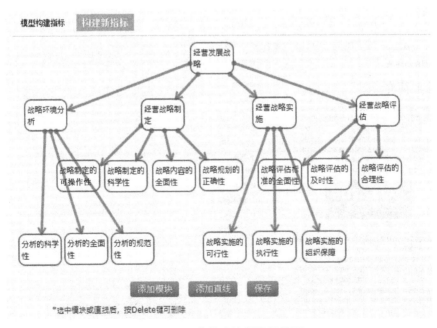

图 3-24　经营战略诊断指标模板

按照逻辑关系添加指标，点击【添加模块】或者【添加直线】，双击模块编辑指标名称，利用直线联系指标间的关系，完成后点击【保存】。

指标默认创建后，新创建的指标会覆盖之前的指标。若用户已创建指标，可通过“构建新指标”查看当前的指标。

图 3-25　经营战略诊断指标模型

2. 问卷设计

根据构建的企业经营发展战略诊断指标模型，设计调查问卷，以便各确定项指标的数值和相关指标的量化关系。

（1）选择"问卷设计"，学生可以根据模板设计适合相关案例的调查问卷。

图 3-26　经营战略诊断问卷设计

（2）查看问卷模板，可以此模板设计新问卷。

编辑问卷基本信息，点击【保存】。

图 3-27　经营战略诊断问卷基本信息

（3）添加问卷问题。问题类型分为单选题、多选题、量表题与开放式题，根据需要添加各类型的问题，也可直接编辑现有题目。

图 3-28　经营战略诊断问卷编辑

（4）在页面右侧点击【基本信息】，可以重新编辑问卷说明。

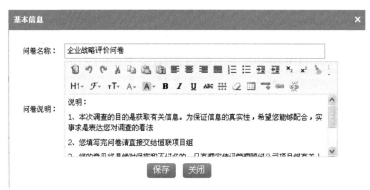

图 3-29　经营战略诊断问卷说明

（5）点击【设置指标】，可以设置问题指标，最多可设置十个。每个指标名称编辑完成后，按回车键确认。全部指标添加完成后，点击【保存】。

（6）若图 3-25 指标构建步骤，学生已创建指标，则此处显示指标模型的第二层即维度层。学生亦可根据需要修改，但修改要不影响前面的指标模型。

（7）接下来将添加的指标与题目绑定。

图 3-30　经营战略诊断问卷与指标的关联

图 3-31　经营战略诊断问卷与指标的绑定

（8）问卷题目和指标设置完成后，切记要点击页面上方的【保存问卷】，保存后，可以进行预览。

图 3-32　经营战略诊断问卷的生成

（9）在"我的问卷"中，一个案例只能设计一份问卷，再次设计的问卷会覆盖已设计的问卷。

图 3-33　企业经营战略诊断问卷的保存

3. 量化诊断

选择"量化诊断"。

（1）点击【设计问卷】，可返回问卷设计部分，对问卷进行修改，如无修改需要，可点击"发布问卷"。

图 3-34　经营战略诊断问卷的保存

（2）点击【发布问卷】，则所发布的问卷将发送到问卷库中，实验中的其他学生在问卷库中可以看见。其他学生根据对所读同一个案例的各自理解和分析，填写问卷，这是一个社会调查的过程。

（3）点击【填写问卷】，是根据自己对所读案例的理解和分析，填写自己所发布的问卷。

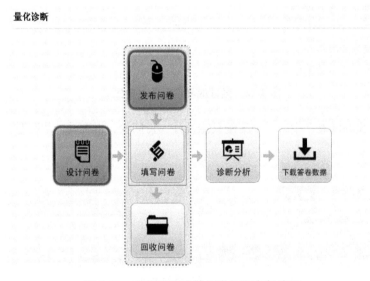

图 3-35　经营战略诊断问卷的发布与填写

（4）填写完所有问题后，点击问卷右上角的【提交问卷】。

图 3-36　经营战略诊断问卷的提交

（5）点击【回收问卷】，问卷回收后便不在问卷库显示，其他同学无法填写。若需要收集多份答卷，请确认其他同学完成问卷填写后再回收。

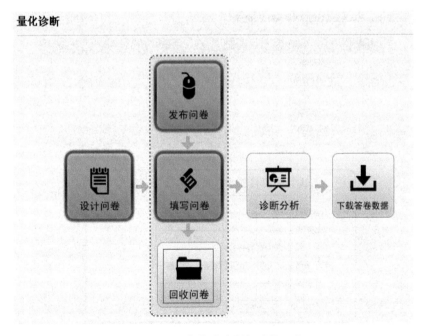

图 3-37　经营战略诊断问卷的回收

（6）问卷填写完并进行回收后，开始进行诊断分析。

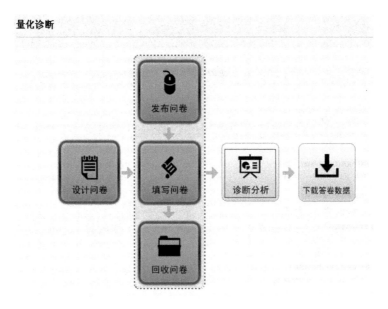

图 3-38　经营战略问卷的诊断

（7）系统提供三类自动统计：单题统计、分类统计与汇总统计。

点击【单题统计】，可以查看每道题的回答情况。

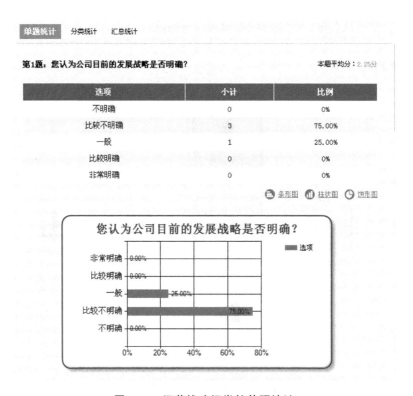

图 3-39　经营战略问卷的单题统计

（8）点击【分类统计】，可察看同一指标下各个问题的答题情况。

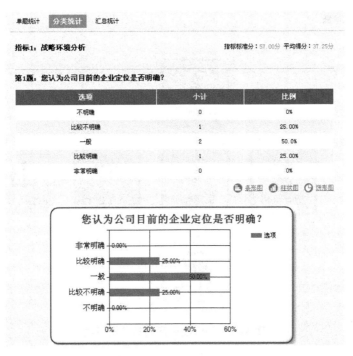

图 3-40　经营战略问卷的分类统计

（9）选择"汇总统计"，查看问卷汇总统计表，学生也可下载统计报告进行查看。

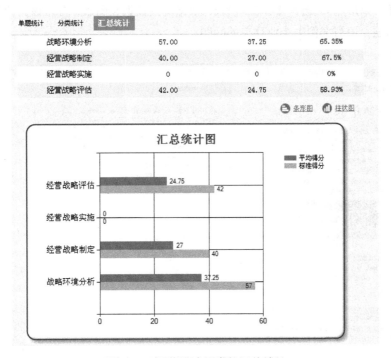

图 3-41　经营战略问卷的汇总统计

（10）用户也可下载答卷数据，使用 Excel 或 SPSS 等统计工具对问卷进行二次统计。

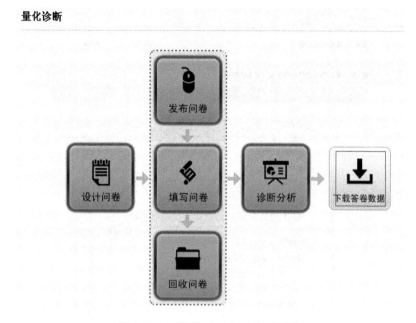

图 3-42　经营战略问卷的数据下载

三、企业经营发展战略管理决策实验操作

（一）经营发展战略存在问题分析

点击【对策措施】，选择【存在问题】，根据调查数据和图表，分析该企业经营发展战略所存在问题，填写案例中企业存在的问题。

图 3-43　经营战略存在问题诊断

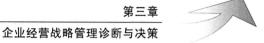

（二）企业经营发展战略的决策

1. 经营发展战略分析

根据案例提供的材料，采用 SWOT 环境评价矩阵分析企业环境，完成后点击【保存】。

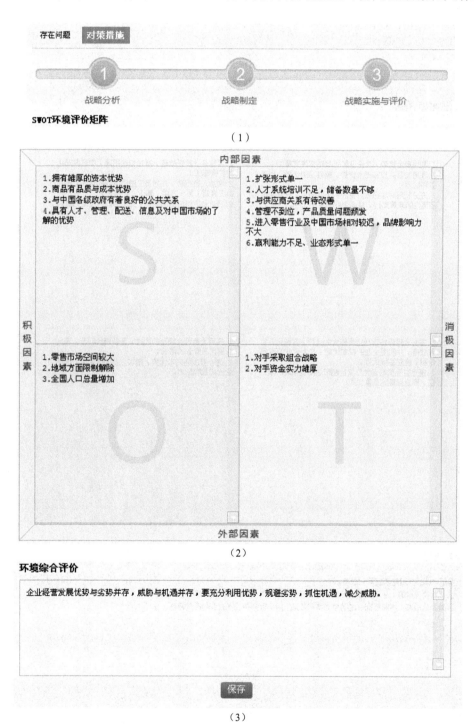

图 3-44 经营战略分析

2. 经营发展战略制定

填写 SWOT 战略组合矩阵与战略选择，完成后点击【保存】。

（1）

（2）

（3）

图 3-45　经营战略制定

3. 经营发展战略实施与评价

填写关键词与对策措施，完成后点击【保存】。

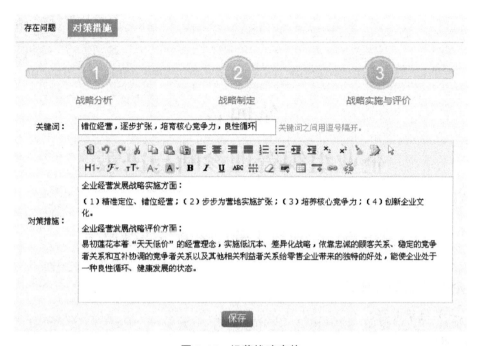

图 3-46　经营战略实施

第四章
企业组织管理诊断与决策

第一节　企业组织管理诊断与决策原理

一、企业组织管理概述

（一）组织管理

1. 概念

组织，在《词源》上中文的"组织"是指将丝麻纺织成布；英文的"组织"（Organization）则来源于"器官"一词，即自成系统的、具有特定功能的细胞结构。通用的定义为：所谓组织，是人们为了实现某种目标而形成的人的有序集合。

组织是人们为了实现共同的目标而形成的一个协作系统，学校、工厂、政府机关、社会团体等都是组织。而企业管理的组织是企业从事管理活动以实现企业目标的一个协作系统。哈罗德·孔茨认为，为了使人们能为实现目标而有效地工作，必须按任务或职位制定一套合适的职位结构，这套职位结构的设置就是组织。组织的管理功能就是要设计和维持一套良好的职位系统，以使人们能很好地分工协作。

一般地，组织具有以下三个共同的特征。

第一，每一个组织都有一个明确的目的，这个目的一般是以一个或一组目标来表示的。

第二，每一个组织都是由人组成的。

第三，每一个组织都通过一种系统性的结构来规范和限制成员的行为。例如，建立规则和规章制度；选拔领导人并赋予他们职权；编写职务说明书，使组织成员知道他们在组织中应该做什么。

组织管理就是通过建立组织结构，规定职务或职位，明确责权关系，以使组织中的成员互相协作配合、共同劳动，有效实现组织目标的过程。组织管理是管理活动的一部分，也称组织职能。组织管理，应该使人们明确组织中有些什么工作；谁去做什么；工作者承担什么责任，具有什么权力，与组织结构中上下左右的关系如何。只有这样，才能避免由于职责不清造成执行中的障碍，才能使组织协调高效地运行，保证组织目标的实现。

组织管理的工作内容（或任务），概括地讲，包括以下三个方面。

第一，组织结构设计。根据组织的特点、外部环境和目标需要划分工作部门，设计组织机构和结构。

第二，职务/岗位设计（定岗定编）。规定组织结构中的各种职务或职位，明确各自的责任，并授予相应的权力。

第三，制订规章制度，建立和健全组织结构中纵横各方面的相互关系。依据制度经济学，"道"是理想与"器"是体制；企业管理的政策制度化，才能实施可操作性管理。

2. 企业组织管理

企业组织管理是对企业管理中建立健全管理机构、合理配备人员、制订各项规章制度等工作的总称。具体地说就是为了有效地配置企业内部的有限资源，为了实现共同目标而按照一定的规则和程序构成的一种责权结构安排和人事安排，其目的在于确保以最高的效率实现组织目标。

企业组织管理的具体内容包括以下三个方面。

第一，确定领导体制，设立管理组织机构。什么是体制呢？体制是一种机构设置、职责权限和领导关系、管理方式的结构体系。确定领导体制，设立管理组织机构，其实就是要解决领导层的权力结构问题，它包括权力划分、职责分工及它们之间的相互关系。当然，在确定领导体制时，形式可以多种多样。

第二，对组织中的全体人员指定职位、明确职责及相互划分。使每一个人明白自己在组织中处于什么样的位置，需要干什么工作。

第三，设计有效的工作程序，包括工作流程及要求。因为一个企业的任何事情都应该按照某种程序来进行，这就要求有明确的责任制和良好的操作规程。一个混乱无序的企业组织是无法保证完成企业的总目标、总任务的。

（二）组织管理内容

组织管理包括组织管理体制、组织机构和组织运行规定三个方面内容。

1. 组织管理体制

企业管理体制是指企业组织结构的设置和权限划分的规定。现代企业一般有资产所有者、经营管理者、中层执行者以及作业者四个层次，因为业务内容不同分有若干个专业，这四个层次和若干个专业各自拥有什么权限，又承担什么义务，需要做出明确而恰当的界定。根据这样的界定，形成企业投资决策、业务处理、资金使用和人事领导的原则规定。这些内容构成企业的管理体制，从而为企业生产经营活动正常运转提供基本依据。

企业管理体制在内容上包括公司治理结构、事业管理体制、财务管理体制和人事领导体制四个方面。

（1）公司治理结构。公司治理结构在我国《公司法》的范围内，规定公司所有者和经营者之间各自的职责和相互关系，包括股东会、董事会、监事会和经理的设置。

（2）事业管理体制。事业管理体制是对提供产品或劳务的各个单位和部门进行恰当地组合，并赋予相应的责任和权限。不同的企业或同一个企业在不同的历史时期，由于业务内容、管理人员的素质和管理手段的不同，事业管理体制也会有所不同。一个企业的事业管理体制不应是别的企业事业管理体制的简单复制，而必须是在对本企业情况深入了解的基础上，拟定出符合本企业实际需要的事业管理体制。

（3）财务管理体制。财务管理体制是企业各业务单位或部门对资金、利益处理的责任和权限的规定。

（4）人事领导体制。人事领导体制是企业对各级领导者的人事管理责任权限划分的规定。在企业内部，投资者和总经理之间存在法人治理关系；总经理和基层员工之间存在领导和被领导关系；业务部门和管理部门之间存在执行和参谋的关系；不同执行部门之间存在协调关系；在矩阵组织结构中存在人员的部门管理和业务的项目管理之间的关系等。在这些关系中，都存在着人事聚顶的问题以及命令和服从的问题。只有划清这些关系和把握责任，企业才能得以有序地运行。企业之间，由于业务管理体制不同和人员素质参差不齐，人事领导体制也会有所不同，不能照搬照抄。

2. 组织机构

企业组织目标的实现，要对企业内所有人员按照管理体制的要求进行合理地分工，形成不同的部门和岗位，分别承担和完成与企业总体目标相适应的义务。组织机构所规定的，首先是为完成组织的目标需要设置哪些部门以及岗位，其次是规定该部门或岗位对组织目标的完成应承担什么样的目标责任（不单纯是某一件具体工作）。组织之所以需要设置某个部门或岗位，是期望其承担完成组织预定目标的责任。

3. 组织运行规定

组织的运行规定，是为制定企业各项规章制度在责任和权限划分上所做的规定。依据组织运行规定制定企业各项业务管理制度，有利于站在企业全局角度比较系统地考虑问题，以避免企业管理制度上的混乱。组织运行规定是在管理体制和组织机构确定之后形成的正式管理文件，包括管理体制、部门和岗位职责规定等。

二、企业组织管理诊断

组织管理诊断是诊断人员在充分把握企业现有组织存在不足的基础上，有针对性地拟定改进方案，帮助组织实施，以提高管理效率，实现经营目标的活动。组织管理包括组织管理体制、组织结构和组织运行规定，组织诊断的内容正是围绕这三个方面进行的。

（一）企业组织管理诊断模型

1. 企业组织管理诊断体系

组织管理诊断体系包括：企业管理体制诊断、企业组织结构诊断和企业组织运行诊断。具体如图 4-1 所示。

2. 企业组织管理诊断模型

组织管理诊断模型框架包括：组织管理体制诊断、组织结构诊断和组织运行规定诊断。如图 4-2 所示。

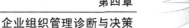

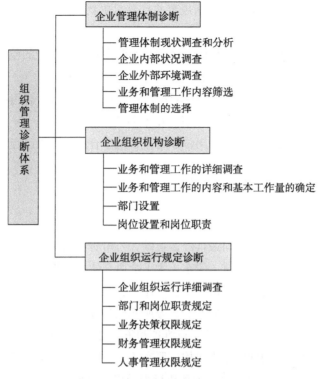

图 4-1　组织管理诊断体系

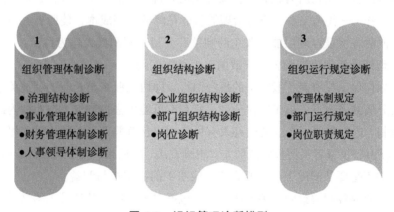

图 4-2　组织管理诊断模型

（1）组织管理体制诊断

①治理结构诊断：现有管理体制是否满足企业发展要求且使资源高效配置，治理结构职责划分是否清晰。

②事业、财务和人事管理体制诊断：决策层是否认为企业的事业和财务管理、人事领导体制清晰规范且与企业发展要求相匹配。

（2）组织结构诊断

①企业组织结构诊断：企业组织结构有无根据环境变化及时调整，关键职能是否完备。

②部门组织结构诊断：部门设置是否合理且分工协作。

③岗位诊断：岗位说明书是否清晰规范并且及时更新。

（3）组织运行规定诊断

①管理体制规定诊断：企业管理体制规定是否明晰且利于组织的整体运行；是否已经形成书面文件并根据环境变化及时更新。

②部门运行规定诊断：部门和岗位权限规定是否规范清楚且符合组织结构和企业战略发展要求；是否形成书面文件并根据环境变化不断调整。

③岗位职责规定诊断：各部门和岗位职责是否健全合理；是否已经形成文件并及时根据环境变化进行更新。

（二）企业组织管理体制诊断

1. 公司治理结构

公司治理结构，指为实现公司最佳经营业绩，公司所有权与经营权基于信托责任而形成相互制衡关系的结构性制度安排。股东（大）会由全体股东组成，是公司的最高权力机构和最高决策机构。公司内设机构由董事会、监事会和总经理组成，分别掌管公司战略决策职能、纪律监督职能和经营管理职能。在遵照职权相互制衡前提下，客观、公正、专业地开展公司治理，对股东（大）会负责，以维护和争取公司实现最佳的经营业绩为目标。董事会是股东（大）会闭会期间的办事机构，股东（大）会、董事会和监事会皆以形成决议的方式履行职能，总经理则以行政决定和执行力予以履行职能。

公司治理的核心是在所有权和经营权分离的条件下，由于所有者和经营者的利益不一致而产生的委托——代理关系。公司治理的目标是降低代理成本，使所有者不干预公司的日常经营，同时又保证经理层能以股东的利益和公司的利润最大化为目标。

公司治理结构要解决涉及公司成败的三个基本问题。

第一，如何保证投资者（股东）的投资回报，即协调股东与企业的利益关系。在所有权与经营权分离的情况下，由于股权分散，股东有可能失去控制权，企业被内部人（即管理者）所控制。这时控制了企业的内部人有可能做出违背股东利益的决策，侵犯股东的利益。这种情况引起投资者不愿投资或股东"用脚表决"的后果，会不利于企业的长期发展。公司治理结构正是要从制度上保证所有者（股东）的控制权与利益。

第二，企业内各利益集团的关系协调。这包括对经理层与其他员工的激励，以及对高层管理者的制约，这个问题的解决有助于处理企业各集团的利益关系，又可以避免因高管决策失误给企业造成的不利影响。这就是公司的基本层。

第三，提高企业自身抗风险能力。随着企业的发展不断加速，企业规模不断扩大，企业中股东与企业的利益关系、企业内各利益集团的关系、企业与其他企业关系以及企业与政府的关系将越来越复杂，发展风险增加，尤其是法律风险。合理的公司治理结构，能有效地缓解各利益关系的冲突，增强企业自身的抗风险能力。

2. 事业管理体制

事业管理体制是指企业管理系统的结构和组成方式，即一个企业采用怎样的组织形式以及如何将这些组织形式结合成为一个合理的有机系统。相对具体地说，事业管理体制是根据企业管理系统的结构和组成方式来规定企业的管理范围、权限职责、利益及相互关系的准则。它的核心是管理机构的设置、各管理机构职权的分配以及各机构间的相互协调，它的强弱直接影响到管理的效率和效能，在企业整个管理中起着决定性作用。

企业事业管理体制通常存在四种不规范现象。

名称不规范。例如"内部市场"和"内部承包"。所谓的"内部市场"实际上是事业部制的内部核算，但市场本身是外部存在的，不能进入企业内部，所以"内部市场"的称谓是不确切的。"内部承包"如果承包成本指标，那就是职能制；如果承包利润指标，那就是事业部制；如果承包投资效益，那就是子公司制的。所以"内部承包"的称谓太过笼统。

名实不符。例如，某些企业虽然在形式上成立了子公司，是子公司制。但在实际上却实行以利润为中心的经济责任制，是事业部制。

利润的提取方法不规范。例如，企业对利润以固定百分比提取，即提取所谓的"管理费"，但这显然是行政管理的办法，是不合理的。另外，固定资产占用费、流动资金使用费等实际上也是变相的管理费。这对企业来说，成本增加而利润减少。

不规范的二级法人。例如，某企业为了职工子女的就业，利用闲置的设备、厂房，单独成立了一个劳动服务公司。这样，企业就在内部形成了二级法人，即在企业大法人的内部又套上了一个小法人。这在理论上是不规范的，在实践上也容易导致产权纠纷。按照《民法通则》和《公司法》的规定，公司是法人；公司的内部单位不是法人。

3. 财务管理体制

财务管理体制是企业各业务单位或部门对资金、利益处理的责任和权限的规定，是划分企业财务管理方面的权责利关系的一种制度，也是财务关系的具体表现形式。一般来说包括企业投资者与经营者之间的财务管理体制和企业内部的财务管理体制两个层次。企业集团财务管理体制是明确集团各财务层级财务权限、责任和利益的制度，其核心问题是如何配置财务管理权限，其中又以分配母公司与子公司之间的财权为主要内容。它属于企业财务管理工作的"上层建筑"，对其"经济基础"企业集团的理财活动起着推动、促进和导向作用。

企业财务管理体制选择是否恰当主要根据以下标准来判断。

第一，是否有利于建立稳健高效的财务管理运行机制。反映现代企业制度的企业内部财务管理体制的构建，其目的在于引导企业建立"自主经营、自负盈亏、自我发展、自我约束"的财务运行机制，从而形成一套完整的自我控制、自我适应的系统。由于财务机制是财务管理体制最直接、最灵敏的反映，其有效运行是财务体制构建的重要目标，因此在构建财务管理体制时，关键是看其是否有利于财务管理机制的有效运行。

第二，是否有利于调动其积极性、主动性和创造性。财务管理是企业管理的一部分，因此企业能否成功地构建其内部财务管理体制，很大程度上取决于能否把各级经营者、管理者的积极性调动起来，使企业内部各级管理者、经营者出于对自身利益的追求，自觉地把个人利益与企业利益、个人目标与企业目标有效地结合起来，从而形成一股强大的凝聚力。

第三，是否有利于加强企业的内部管理。财务管理是企业管理各项工作的综合反映，它与企业管理的各项工作密切相关，它们之间相互制约、相互促进。同时，财务管理本质上是处理企业同企业内外各种经济利益的关系，因而，成功地构建企业内部财务管理体制能够强化企业内部管理。

第四，是否有利于促进企业经济效益的提高。经济效益是衡量企业管理好坏的标志，是判断一种体制优劣的根本，而且企业内部财务管理体制构建的目的是为企业管理服务并有利于经济效益的提高。因此，企业内部财务管理体制构建的成功与否，也只能用企业经济效益的高低来衡量。

4. 人事领导体制

人事领导体制指独立的或相对独立的组织系统进行决策、指挥和监督等领导活动的具体制度或体系，它用严格的制度保证领导活动的完整性、一致性、稳定性和连贯性。

按同一层级的各单位接受上级机关的指挥、控制程度的不同，可以将人事领导体制划分为一体制与分离制。所谓一体制，是指同一层级的各机关或同一机关的各组成单位，权力结构上统一由一个领导机关或一个领导者来领导和控制；一体制又称完整制、集约制和议员统属制，即一元化领导。所谓分离制，是指同一层级的各类机关或同一机关的各组成单位，根据其不同职能，权力结构上分属两个或两个以上的领导机关或领导者来领导、指挥和控制，分离制又称独立制，即多元化领导。

按照职权的集中和分散程度，可以将人事领导体制划分为集权制与分权制。所谓集权制是指一切重大问题的决策权集中在上级领导机关或上级领导者，下级机关或下级领导者没有或很少有自主权，它只能按照上级机关的决定和指示办事；所谓分权制是指下级机关或下级领导者在自己管辖的范围内，有独立自主地决定问题的权力，上级对下级在法定权限内决定处理的事情不得进行干涉。

按照最高决策者的人数，可以将人事领导体制划分为首长负责制和合议制。首长负责制和合议制这两种领导体制的区别在于权力分配不同，因此行政部门一般采取首长负责制的领导方式，它主要包含以下模式。

首先，行政首长对于本单位、本部门乃至本层级的领导和决策具有最高的领导权和最终的决策权，负有全部或主要的行政责任。

其次，首长负责制建立在一定的民主讨论基础之上，它要受制于各种民主化的规则。

最后，首长负责制的运作是以分工负责的方式展开的。

因此强有力的行政领导集体就成为领导活动能够延伸的制度化保障。系统理论指出，整体功能大于个体功能的简单相加，任何一个领导者都是某一领域中的偏才，偏才的集合却可以有效克服某一领导者个人的缺陷，产生一种整体效应。按照系统论的观点，偏才互相结合和协调配合得当，会产生出大于一般的全才。领导活动从其功能上来讲，是一种通过资源组合谋求效果最大化的艺术。要建立梯形的年龄结构、合理的知识结构、互补的能力结构和协调的气质结构，就是要克服个体领导者的不足，以保持一种整体效应。

按照企业权力方向，可以将人事领导体制划分为层级制和职能制。所谓层级制，是指一个系统或单位，在纵向上划分若干层次，每一个层次对上一层次负责，即形成直接指挥、监督和控制的渠道，层级制又称层次制、分级制或系统制；所谓职能制，是指一系统或单位在横向上按照业务性质的不同平行设置若干职能部门来辅助领导机关实施领导，职能制又称分职制、功能制或机能制。

人事领导体制的核心内容是用制度化的形式规定组织系统内的领导权限、领导机构、领导关系及领导活动方式，任何组织系统内的领导活动都不是个人随意进行的、杂乱无章的活动，而是一种遵循明确的管理层次、等级序列、指挥链条和沟通渠道等进行的规范化、制度化或非人格化的活动。同时，任何组织系统内的领导活动也不是一种千变万化、朝令夕改的活动，它有一套固定的规则、规定或组织章程，各种领导关系、权限和职责具有一定的稳定性和长期性。组织系统内领导活动的这些特点是由组织系统的领导体制所决定的，没有一定的领导体制，组织系统内的领导活动就不能正常进行。

人事领导体制的组织结构作为领导内部各个基本要素的组合形式及相互关系与联系方式，主要有以下四种基本表现形式。

（1）直线式。直线式组织结构又称层次制、分级制、金字塔式或传统式组织结构。它是将一个领导系统或单位，在纵向上垂直划分为若干层次（从最高的指挥中心到最低的基层单位），形成一个逐级扩散、层次分明的金字塔式的组织结构。

（2）职能式。职能式组织结构又称分职制，它是一种为了完成某一较为复杂的工作任务或发挥特定的领导功能而成立的某些专门性机构。凡是和完成此任务与职能有关的部门或工作人员统一归该机构领导，同时领导者对其职权范围内的所有问题拥有指挥权。

（3）混合式。混合式组织结构是一种将直线式组织结构与职能式组织结构有机结合起来的组织结构形式。它以直线式组织结构为基础，在每个领导层次都设立专业性的职能部门，并将其作为该级行政领导者的参谋部门，按照职能分工分别处理各类问题。这些职能部门拟定的决策、计划与方案等，应经由直线行政领导者批准下达给下级机构，其本身在原则上不能直接指挥或命令下级领导和下属职能部门。

（4）矩阵式。矩阵式组织结构是一种在混合式领导组织结构的基础上，按照数学上的矩形方阵原理建立起来的领导体制，又称"规划—目标"结构形式。

（三）企业组织结构诊断

组织结构是组织各个部门之间关系的一种模式，即组织是由哪几个方面的内容或部分按一定的隶属关系构成的。组织结构又可称为权责结构，是员工在职、责、权方面的结构体系，分为职能结构、层次结构，即纵向结构、部门结构，即横向结构、职权结构四个部分。组织结构设计的最终目的是为了更好地实现公司的战略目标，组织结构设计所考虑的维度有：人员与文化、组织环境、组织战略目标、技术和组织规模。组织结构表明组织各部分排列顺序、空间位置、聚散状态、联系方式以及各要素之间相互关系的一种模式，是整个管理系统的"框架"。

1. 决定组织结构的因素

战略、环境、技术、规模和生命周期等五大因素决定组织结构。在探索战略与结构的关系方面，美国哈佛大学商学院的钱德勒（A.D.Chandler）在 1962 年出版的《战略与结构：美国工业企业历史的篇章》一书中指出：战略与结构关系的基本原则是组织的结构要服从于组织的战略，即结构跟随战略。他对美国 70 家大型公司，特别是通用汽车公司、杜邦公司、新泽西标准石油公司和西尔斯·罗布克公司的经营发展史进行了研究，发现各公司在处理战略与结构的关系上有一个共同的特点，即当企业选择了一个新的战略以后，由于管理人员在现行结构中拥有既得利益或不了解经营管理以外的情况或对改变结构的必要性缺乏认识，使现行结构不能立即适应新的战略而发生变化。直到行政管理的问题暴露，影响了企业的效益，企业才将改变结构的问题纳入议事日程。企业组织结构改变以后，保证了战略的实施，企业的获利能力会大幅度提高，由此钱德勒得出一个著名的结论：组织结构服从战略。

（1）环境、实力和目标之间的平衡形成战略，战略的结果是实现目标。

（2）环境的变化通过战略设计和战略实施影响组织结构的变化。

（3）组织结构是企业的骨骼系统，是企业的运筹体系，也是实现战略的手段。

（4）战略需要实现目标的能力和结构形成能力。战略发生变化，企业能力相应调整，结构就要相应变革。

（5）上期的战略实施形成现时的结构，下期的战略实施形成将来的结构，关键在于如何从现时的结构改变成将来所需要的结构。

（6）结构的变革要确定战略要求的是部分改造还是重新设计。

战略决定结构是建立公司组织的基本原则。具有战略意义的关键业务和新事业生长点，应当在组织上有一个明确的负责单位，这些部门是公司组织的基本构成要素。（《华为基本法》）

2. 组织结构设计

组织设计就是建立一种有效的组织结构框架，对组织成员在实现组织目标过程中的工作分工及协作关系做出正式、规范的安排。概括来说，就是要提供组织结构系统图和编制职务说明书。

（1）在什么情况下进行组织架构设计？

公司创立时；

公司经过一段时间高速发展，需进行规范管理时；

公司业务发生重大转型时；

公司经营环境发生剧烈变化时；

并购、重组后（M&A）。

（2）设计的原则

服务战略和目标的原则；

统一指挥原则；

责权对等原则；

精干高效原则；

合理管理幅度原则；

执行部门与监督部门分设原则。

（3）设计的程序

①组织结构的单元构成——职能设计

职能，是企业组织的基本单元。职能设计是以职能分析为核心，研究和确定企业的职能结构，为组织各层次、部门、职务和岗位的分工协作提供客观依据。

②组织结构的横向设计——部门划分

部门划分就是在任务分工的基础上，自上而下地对各种任务加以归类，根据不同的标准将相同或相近的工作并归到一起组成工作单位，形成专业化的工作部门。部门化的方式有职能部门化、产品或服务部门化、地域部门化、顾客部门化和流程部门化。

③组织结构的纵向设计——层级设定

组织的层次与幅度。层次即纵向的组织环节，通常指各级行政指挥机构，幅度指一名主管（领导者）直接管理下属的数量。（在既定的组织规模下，层次与幅度两者呈反比关系，即管理幅度小了，层次就会增加；管理幅度大了，层次就会减少。管理幅度×管理层次＝组织规模）管理幅度的大小，既取决于上级主管的能力和精力，也取决于这个主管所处的管理层次。一般来说，管理幅度不能太大，一般以4至6人为宜，高层主管的管理幅度宜小些，基层主管的管理幅度宜大些。

影响管理幅度的因素主要有：管理者及下属胜任工作的能力；下属人员在地域上集中与分散的程度以及通讯的条件；工作的复杂和难易程度；工作的标准化程度及相似性；组织与环境变化的速度；组织的凝聚力程度。

3. 组织结构主要类型

（1）直线型组织结构。在直线型组织结构中，组织中每一位管理者对其直接下属有直接职权。组织中每一个人只能向一位直接上级报告，即"一个人，一个头"。管理者在其管辖的范围内，有绝对的职权或完全的职权。

直线型组织结构，如图4-3所示，其结构比较简单，责任与职权明确。但在组织规模较大的情况下，所有管理职能都集中由一个人承担是比较困难的。此外，也容易发生部门间协调差的情况。

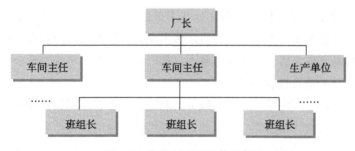

图4-3　直线制组织结构示例

（2）职能型组织结构。职能型组织结构中，除主管负责人外，企业从上到下按照相同的职能将各种活动组织起来设立一些职能机构。这种结构要求主管负责人把相应的管理职责和权力交给相关的职能机构，各职能机构就有权在自己业务范围内向下级行政单位发号施令。

职能型结构管理工作分工较细，同时由于吸收专家参加管理，减轻了上层管理者的负担，使他们有精力集中注意力以实行自己的职责。

职能型结构的不利之处是由于实行多头领导，妨碍了组织的统一指挥，容易造成管理混乱，不利于明确划分职责与职权。各职能机构往往从本单位的业务出发考虑工作，横向联系差，也不利于适应环境发展变化。此外，过于强调专业化，使管理者忽略了本专业以外的知识，不利于培养上层管理者。

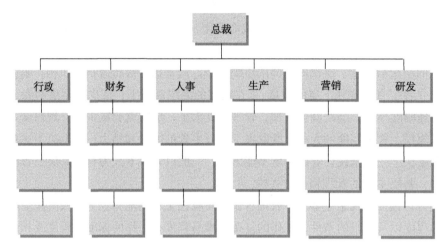

图 4-4　职能制组织结构示例

（3）直线——参谋型组织结构。直线——参谋型组织结构按照组织职能来划分部门和设置机构，实行专业分工。把组织管理机构和人员分为两类，一类是直线指挥部门和人员；一类是参谋部门和人员。这种组织结构实行高度集权。

直线——参谋型组织结构中，各级直线管理者都有相应的职能机构和人员作为参谋和助手，因而能够对本部门进行有效管理，以适应现代管理工作比较复杂而细致的特点。此外，每个部门都是由直线人员统一指挥，这就满足了现代组织活动需要统一指挥和实行严格的责任制度的要求。

直线——参谋型组织结构的不利之处在于下级部门的主动性和积极性的发挥受到限制；部门之间互通情报少，不能集思广益地做出决策；各参谋部门和直线指挥部门之间的目标不统一，容易产生矛盾，协调工作量大；难以从组织内部培养熟悉全面情况的管理人员；整个组织系统的适合性较差。

（4）直线——职能型组织结构。直线——职能制是在直线制和职能制的基础上取长补短，吸收这两种形式的优点而建立起来的。这种组织结构形式是把企业管理机构和人员分为两类，一类是直线领导机构和人员，按统一指挥原则对各级组织行使指挥权，其在自己的职责范围内有一定的决定权和对所属下级的指挥权，并对自己部门的工作负全部责任；另一类是职能机构和人员，按专业化原则，从事组织的各项职能管理工作，他是直线指挥人员的参谋，不能直接对部门发号施令，只能进行业务指导。目前，直线——职能制仍被我国绝大多数企业采用。直线——职能制结构也存在着职能制结构缺乏横向联系的弊病，也需要通过建立横向联系以弥补纵向的不足。

直线——职能制的优点在于命令统一、分工清晰、职责明确，能够发挥职能部门优势，稳定性较高。其缺点在于部门间缺乏横向联系，可能引起高层决策堆积、超负荷，也容易形成多头领导，使组织系统缺乏灵敏性。

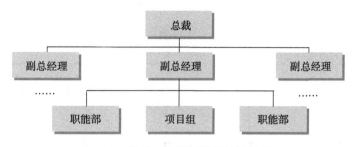

图 4-5　直线—职能制组织结构示例

（5）事业部组织结构。事业部结构是按地区、产品、市场或客户划分的二级经营单位，独立经营、独立核算、自负盈亏，既有利润生产和管理职能，又是产品和市场责任单位。事业部制最早是由美国通用汽车公司总裁斯隆于 1924 年提出的，故有"斯隆模型"之称，也叫"联邦分权化"。事业部制是一种高度（层）集权下的分权管理体制，适用于规模庞大、品种繁多和技术复杂的大型企业，是国外较大的联合公司所采用的一种组织形式。

事业部结构的优点很明显。首先，职责范围明确，分工细，各事业部内部办事效率高，每个事业部都有自己的产品和市场，能够规划其未来发展，也能灵活自主地适应市场出现的新情况并迅速作出反应，既有高度的稳定性，又有良好的适应性；其次，便于组织专业化生产，形成经济规模，采用专用设备，并能使个人的技术和专业知识在生产和销售领域得到最大限度的发挥，因而有利于提高劳动生产率和企业经济效益。但事业部结构也容易形成小团体利益冲突及各事业部之间协作能力下降的情况。

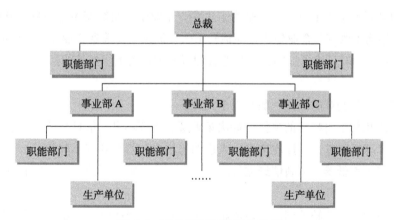

图 4-6　事业部制组织结构示例

（6）矩阵结构。矩阵结构的纵向是职能系统，横向是项目系统，项目系统无固定工作人员，随任务需要随时抽调组合，完成工作后回原部门。项目组既要服从项目管理，又要服从公司各职能部门的管理。

矩阵结构的优点是灵活性高、适应性强，能够集思广益，有利于把组织垂直联系与横向联系更好地组合起来，加强各职能部门之间的协作。

矩阵结构的缺点在于矩阵结构中项目组是临时性的，所以稳定性较差：另一方面，项目组成员要接受双重领导，当两个意见不一致时，就会使他们的工作无所适从。

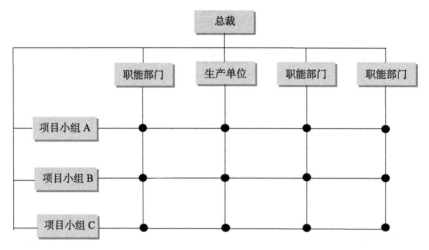

图 4-7　矩阵制组织结构示例

（7）虚拟组织。虚拟组织与传统的实体组织不同，它是围绕核心能力，利用计算机信息技术、网络技术及通信技术，与全球企业进行互补、互利地合作，合作目的达到后，合作关系随即解散。此种形式能够快速获取处于全球各处的资源为我所用，从而缩短"从观念到现金流"的周期。不仅如此，灵活的"虚拟组织"还可避免环境的剧烈变动给组织带来的冲击。

4. 组织变革

变革和创新不是为了成功，而是为了生存。企业中的组织变革是一项"软任务"，即有时候组织结构不改变，企业仿佛也能运转下去，但如果要等到企业无法运转时再进行组织结构的变革就为时已晚了。因此，企业管理者必须发现组织变革的征兆，及时进行组织变革。

组织结构需要变革的征兆一般有以下几种。

（1）组织机构本身病症的显露。如决策迟缓、指挥不灵、信息交流不畅、机构臃肿、职责重叠、管理幅度过大、扯皮增多、人事纠纷增多和管理效率下降等。

（2）职工士气低落，不满情绪滋长。如管理人员离职率上升，员工旷工率，病、事假率上升等。

（3）企业生产经营缺乏创新。如企业缺乏新的战略和适应性措施，缺乏新的产品和技术更新，没有新的管理办法或新的管理办法推行起来困难等。

（4）组织管理的转型和重构（变革）是"组织的自我更新和开发"，它是组织应付外界环境变化的产物，将外界压力转化为组织内部的应变力及解决问题的能力以改善组织效能。变革是为了实现组织发展的动态平衡，当组织原有的稳定和平衡不能适应形势变化的要求了，就要通过变革来打破它们。但打破原有的稳定和平衡本身不是目的，目的是建立适应新形势的新的稳定和平衡，应当把组织的变动性和稳定性有机地结合起来。

5. 组织结构调整

环境决定战略，战略决定组织。当企业的内外环境发生变化，企业战略必然发生变化，新的战略必须要有相应的组织结构来支持和保证。于是，组织结构调整势在必行，因为组织结构的主要功能在于分工和协调，所以通过组织结构调整，将企业的目标和战略转化成一定的体系或制度，融合进企业的日常生产经营活动中，发挥指导和协调的作用，以保证企业战略的完成。因此，组织结构调整是企业总体战略实施的重要环节，有效的组织结构调整，是一个复杂的系统工程，要考虑到企业管理的各个环节。在我们的管理实践中，我们感到企业的组织结构调整，有几个原则是必须坚持的，它们不是组织结构调整成功的充要条件，而是必要条件，值得每一位管理者加以思考。

（1）权力和职责对等原则。即赋予下级的权力，必须等于所分配的职责。该原则要求上级将其权力充分委任给某项职责的下级，从而减轻了上级的工作量。这样的授权方式既能把企业主要领导从繁忙的日常事务中解脱出来而集中精力考虑企业的战略发展，同时又能够真正激励下级发挥和提高自己的才能，全面地行使职权。

（2）让权不让责原则。这里的责指的是责任。在上级领导把某项工作委派给下属部门执行时，同时也需授予完成该项工作必需的权力，即"授权"。但在职责委派和权力授予的同时，上级领导向其上级所承担的责任与义务并没有随授权而转移下去，他们仍然向其上级承担原来的责任。

（3）谨慎越级指挥。越级指挥会使直接下属和指挥对象无所适从，使直接下属的工作积极性降低，这是一种典型的上级干下级的事，经理人员在发布指令时，应沿指挥链逐级传达下去。

（4）避免下级过多，更要杜绝组织中出现"一个上级，一个下级"的情况；尽量避免横向兼职、纵向兼职、交叉兼职。

（5）管理理论要求因岗设人，因事择人，但管理实践中，有时也因人设岗。应辩证地因岗设人和因人设岗，坚持命令统一原则，避免多头领导。

（6）通过组织机构调整，将企业的目标和战略转化成一定的体系或制度，融合进企业的日常生产经营活动中，发挥指导和协调的作用以保证企业战略的完成。因此，组织机构调整是企业总体战略实施的重要环节。

6. 企业组织结构发展趋势

（1）扁平化。组织结构的扁平化，就是通过减少管理层次、裁减冗余人员来建立一种紧凑的扁平组织结构，使组织变得灵活、敏捷，提高组织效率和效能。彼得·德鲁克预言：未来的企业组织将不再是一种金字塔式的等级制结构，而会逐步向扁平式结构演进。根据1988年对美国41家大型公司的调查发现，成功的公司比失败的公司平均要少4个层级。

扁平化组织结构的优势主要体现在以下几个方面。

第一，信息流通畅，使决策周期缩短。组织结构的扁平化，可以减少信息的失真，增加上下级的直接联系，信息沟通与决策的方式和效率均可得到改变。

第二，加强创造性、灵活性，致使士气和生产效率提高，员工工作积极性提高。

第三，可以降低成本。管理层次和职工人数的减少以及工作效率的提高，必然带来产品成本的降低，从而使公司的整体运营成本降低，市场竞争优势增强。

第四，有助于增强组织的反应能力和协调能力。企业的所有部门及人员更直接地面对市场，减少了决策与行动之间的时滞，增强了对市场和竞争动态变化的反应能力，从而使组织能力变得更柔性、更灵敏。

组织结构框架从"垂直式"实现向"扁平式"转化，是众多知名大企业走出大而不强困境的有效途径之一。美国通用电气公司推行"零管理层"变革，杰克·韦尔奇把减少层次比喻为给通用电气公司脱掉厚重的毛衣。如在一个拥有 8000 多工人的发动机总装厂里，只有厂长和工人，除此之外不存在任何其他层级。生产过程中必需的管理职务由工人轮流担任；一些临时性的岗位，如招聘新员工等，由老员工临时抽调组成，任务完成后即解散。国内家电行业的知名企业长虹、海尔也不约而同地进行了企业组织结构的调整，从原来的"垂直的金字塔结构"实现了向"扁平式结构"的转化。

（2）网络化。随着信息技术的飞跃发展，信息的传递不必再遵循自上而下或自下而上的等级阶层，就可实现部门与部门、人与人之间直接的信息交流。企业内部的这种无差别、无层次的复杂信息交流方式，极大刺激了企业中信息的载体和运用主体——组织的网络化发展。

相对于官僚制组织而言，网络组织最本质的特征在于强调通过全方位的交流与合作实现创新和双赢。全方位的交流与合作既包括了企业之间超越市场交易关系的密切合作，也包括了企业内部各部门之间、员工之间广泛的交流与合作关系，而且这些交流与合作是以信息技术为支撑的，并将随着信息技术的发展而得到不断地强化。当然，网络关系不能完全取代组织中的权威原则的作用，否则组织就会出现混乱，所以网络组织中的层级结构始终是需要维持的，只不过在组织结构网络化的条件下，一般采取的是层级更少的扁平化结构。

组织结构网络化主要表现为企业内部结构网络化和企业间结构网络化。企业内部结构的网络化是指在企业内部打破部门界限，各部门及成员以网络形式相互连接，使信息和知识在企业内快速传播，实现最大限度的资源共享。杰克·韦尔奇曾致力于公司内部的无边界化，无边界化使内部沟通畅通无阻，极大提高管理效率。企业间结构网络化包括纵向网络和横向网络，纵向网络即由行业里处于价值链中不同环节的企业共同组成的网络型组织，例如供应商、生产商、经销商等上下游企业之间组成的网络，如通用汽车公司和丰田汽车公司就分别构建了一个由众多供应商和分销商组成的垂直型网络。这种网络关系打破了传统企业间明确的组织界限，大大提高了资源的利用效率及对市场的响应速度。横向网络指由处于不同行业的企业所组成的网络，这些企业之间发生着业务往来，在一定程度上相互依存。最为典型的例子是日本的财团体制，大型制造企业、金融企业和综合商社在股权上相互关联，管理上相互参与，资源上共享，在重大战略决策上采取集体行动，各方之间保持着长期和紧密的联系。

组织的网络化使传统的层次性组织和灵活机动的计划小组并存，使各种资源的流向更趋合理化。通过网络凝缩时间和空间，加速企业全方位运转，提高企业组织的效率和绩效。

（3）无边界化。无边界化是指企业各部门间的界限模糊化，目的在于使各种边界更易于渗透，打破部门之间的沟通障碍，有利于信息的传送。

在具体模式上，现在比较有代表性的无边界模式是团队组织，团队指的是职工打破原有的部门边界，绕开中间各管理层，组合起来直接面对顾客和对公司总体目标负责的以群体和协作优势赢得竞争优势的企业组织形式。这种组织成为组织结构创新的典型模式。团队一般可以分为两类：一是"专案团队"，成员主要来自公司各单位的专业人员，其使命是为解决某一特定问题，问题解决后即宣告解散；另一类是"工作团队"，可以进一步把它分为高效团队和自我管理团队，工作团队一般是长期性的，经常从事日常性的公司业务工作。

因此，无边界思想是一种非常具有新意的企业组织结构创新思想，它完全是超国界、超制度、超阶级和超阶层的。组织作为一个整体的功能得以提高，已经远远超过各个组成部门的功能。

（4）多元化。企业不再被认为只有一种合适的组织结构，企业内部不同部门、不同地域的组织结构不再是统一的模式，而是根据具体环境及组织目标来构建不同的组织结构。管理者要学会利用每一种组织工具，了解并且有能力根据某项任务的业绩要求，选择合适的组织工具，从一种组织转向另一种组织。

（5）柔性化。组织结构的柔性化是指在组织结构上，根据环境的变化，调整组织结构，建立临时的以任务为导向的团队式组织。组织柔性的本质是保持变化与稳定之间的平衡，它需要管理者具有很强的管理控制力。

随着信息化、网络化和全球化的日益发展，企业内外部信息共享、人才共用已成为主要特征。全球范围跨国经济的发展和集团企业的壮大，已初步形成了一种跨地区、跨部门、跨行业和跨职能的具有高度柔性化的机动团队化组织。柔性化组织最显著的优点是灵活便捷、富有弹性，因为这种结构可以充分利用企业的内外部资源，增强组织对市场变化与竞争的反应能力，有利于组织较好地实现集权与分权、稳定性与变革性的统一。除此之外，还可以大大降低成本，促进企业人力资源的开发，并推动企业组织结构向扁平化发展。美国霍尼韦尔公司为巩固客户关系，组建了由销售、设计和制造等部门参加的"突击队"，这个临时机构按照公司的要求，把产品的开发时间由4年缩短为1年，把即将离去的客户拉了回来。很显然，柔性化的组织结构强化了部门间的交流合作，让不同方面的知识在共享后形成合力，有利于知识技术的创新。

（6）虚拟化。组织结构的虚拟化是指用技术把人、资金、知识或构想网罗在一个无形（指实物形态的统一的办公大厦、固定资产和固定的人员等）的组织内，以实现一定的组织目标的过程。

虚拟化的企业组织没有常规企业所具有的各种部门或组织结构，而是通过网络技术把含有目标所需要的知识、信息和人才等要素联系在一起，组成一个动态的资源利用综合体。虚拟组织的典型应用是创造虚拟化的办公空间和研究机构。前者是指同一企业的员工可以置身于不同的地点，但通过信息和网络技术连接起来，如同在同一办公大厦内，同步共享和交流信息和知识；后者是指企业借助于通信网络技术，建立一个把与世界各地的属于或不属于本企业的研究开发人员、专家和其他协作人员联系在一起，跨越时空的合作联盟，实现一定的目标。

（四）企业组织运行规定诊断

组织的运行规定，目的是制定企业各项规章制度的责任和权限划分。组织在确定岗位职责时，首先要让员工自己真正明白岗位的工作性质。岗位工作的压力不是来自他人的压力，而是使此岗位上的工作人员发自内心自觉自愿地产生，从而转变为主动工作的动力，而且要推动此岗位员工参与设定岗位目标，并努力激励他实现这个目标。所以此岗位的目标设定、准备实施和实施后的评定工作都必须由此岗位员工承担，让其认识到这个岗位中所发生的各种问题，并由自己着手解决掉。他的上司仅仅只是起辅助作用，他的岗位工作是为他自己做的，而不是为他上司或者老板做的，这个岗位是他展现个人能力和人生价值的舞台。在这个岗位上各阶段工作的执行，应该由岗位上的员工主动发挥创造力，靠其自我努力和自我协调的能力去完成。员工必须在本职岗位的工作中主动发挥自我判断、独立解决问题的能力，以求实现工作成果的绩效最大化。因此，企业应激励各岗位工作人员除了主动承担自己必须执行的本职工作外，也应主动参加自我决策和对工作完成状况的自我评价。

其次，企业在制定岗位职责时，要考虑一个岗位尽可能包含多项工作内容，以便发挥岗位上的员工由于长期从事单一型工作而被埋没了的其他才能。丰富的岗位职责内容，可以促使一个多面手的员工充分地发挥各种技能，也会收到激励员工主动积极工作的意愿的效果。

最后，在企业人力资源许可情况下，可在有些岗位职责里设定针对在固定期间内出色完成既定任务之后，可以获得转换到其他岗位工作的权利。通过工作岗位转换，丰富了企业员工整体的知识领域和操作技能，同时也营造企业各岗位员工之间和谐融洽的企业文化氛围。

组织确定岗位职责的依据包括。

（1）根据工作任务的需要确立工作岗位名称及其数量。

（2）根据岗位工种确定岗位职务范围。

（3）根据工种性质确定岗位使用的设备、工具、工作质量和效率。

（4）明确岗位环境和确定岗位任职资格。

（5）确定各个岗位之间的相互关系。

（6）根据岗位的性质明确实现岗位目标的责任。

三、企业组织管理决策

（一）组织管理可选择的结构形态

管理层次与管理幅度的反比关系决定了两种基本的管理组织结构形态：扁平结构形态和锥形结构形态。

1. 扁平结构

扁平结构是指在组织规模已定的条件下，管理幅度较大、管理层次较少的一种组织结构形态。这种形态的优点是：由于层次少，信息的传递速度快，从而可以使高层尽快地发现信息所反映的问题，并及时采取相应的纠偏措施；同时，由于信息传递经过的层次少，传递过程中失真的可能性也比较小；此外，较大幅度的管理幅度，使主管人员对下属不可能控制得过多过死，从而有利于下属主动性和首创精神的发挥。但由于过大的管理幅度，也会带来一些局限性：比如主管不能对每位下属进行充分、有效的指导和监督；每个主管从比较多的下属那儿取得信息，众多的信息量可能淹没了其中最重要、最有价值者，从而可能影响信息的及时利用，等等。

2. 锥形结构

锥形结构是管理幅度较小，从而管理层次较多的高、尖、细的金字塔形态。其优点与局限性正好与扁平结构相反：较小的管理幅度可以使每位主管仔细地研究从每个下属那儿得到的有限信息，并对每个下属进行详尽的指导。但过多的管理层次不仅影响了信息从基层传递到高层的速度，而且由于经过的层次太多，每次传递都被各层主管加进了许多自己的理解和认识，从而可能使信息在传递过程中失真。其次，过多的管理层次可能使各层主管感到自己在组织中的地位相对渺小，从而影响积极性的发挥。此外，管理层次过多往往容易使计划的控制工作更加复杂。

（二）企业组织管理设计

组织管理结构是企业实现其基本功能的基础，组织设计与公司的战略是密不可分的，一旦公司的战略进行了调整那么组织的设计也必须进行调整。组织设计中咨询专家要帮助企业理解组织设计的概念并能够设计出有针对性的组织架构方式。通常来说，组织管理设计包含三项主要工作。

首先，咨询专家或顾问需要进行大量的访谈和调研。这种调研并不仅仅是把公司目前的组织架构图描绘出来，还会对大量的关键岗位、关键流程和关键决策方式进行分析，尽最大的可能性理解目前组织设计中的逻辑性，存在的合理处和不适应处。同时，我们会通过访谈来理解企业的业务目标、战略以及企业的文化，为组织设计打下基础。

其次，咨询或诊断专家需要根据调研的结果，运用合适的组织设计模型，紧密结合企业的战略与实际，设计出不同的组织架构方式供客户讨论。在每一种方式的设计中，需考虑到客户的接受能力以及组织变化的复杂程度，做到完全有针对性。

再次，必须以详尽的组织设计评分卡（是否具备效率；是否快速适应客户变化；有无激励员工的承诺；是否有助于公司经验的传递；是否具备灵活性）评估组织设计的合理性。在确定组织设计方案后，基于被选择的方案描述明确的岗位职责说明，设计主要的沟通流程和决策流程，以便于执行。

第二节　组织管理诊断与决策案例实训

一、典型企业介绍

华为技术有限公司（下称"华为"）是一家总部位于中国广东深圳市的生产销售电信设备的员工持股的民营科技公司。华为的全资股东是深圳市华为投资控股有限公司（下称

图 4-8　华为 LOGO

"华为控股"），华为控股是 100%由员工持有的私营企业，没有任何第三方（包括政府）持有华为控股的股份。

华为成立于 1987 年，经过 20 多年的发展，当年很小的通信产品代理商如今已经发展成为国内首屈一指的电信设备供应商。华为作为全球领先的下一代电信网络解决方案供应商，从模仿起家，到超越诺基亚、西门子和阿尔卡特朗讯成为全球第二大设备供应商。2009 年，华为全球销售收入达 215 亿美元（1491 亿元），同比增长 19%。华为的产品和解决方案已经应用于全球 140 多个国家，服务全球运营商 50 强中的 45 家以及全球 1/3 的人口。

华为的使命是：聚焦客户关注的挑战和压力，提供有竞争力的通信解决方案和服务，持续为客户创造最大价值。华为的战略是：为客户服务是华为存在的唯一理由；客户需求是华为发展的原动力。在战略选择上，华为的国际化战略由全球战略向跨国战略转变，采用低成本战略与差异化战略结合。华为公司被公认为中国企业跨国经营的典范。

华为在技术家底上具有相对的技术优势，其在技术研发上每年的投入为营业额的 10%以上，有内部人士认为还不止这个数。尤其是近两三年，这个比例为 10%到 17%，每年约 30 亿元。华为可以说是中国最舍得在研发上下血本的公司。技术家底的厚重决定了华为的竞争优势。

华为采用渐进式的细化管理，不断制度化，并且邀请 Mercer 做组织结构调整，把公司的组织结构从以往按照部门设立的直线职能性组织，转变成流程性组织。建立了一个与国际接轨的 Marketing（市场）体系（包括公司级、区域、产品和大客户等子体系），以适应国际市场甚至本土市场上客户越来越明显的咨询式营销需求。

此外，华为另一著名的就是它的"狼文化"。华为的老总任正非认为，只有形成狼性文化的创新团队，才能使企业走向成功。华为文化的狼性，一是敏锐的嗅觉；二是不屈不挠、奋勇拼搏的精神；三是群体奋斗。华为通过培训等方式让它的狼文化落实。

二、企业组织管理现状

华为刚成立时，由于员工数量较少，产品的研发种类也比较集中，组织结构比较简单，因此采取直线制管理结构。这种权责分明、协调容易、快速反应的组织结构，使得华为在创业初期迅速完成了原始资产的积累。

渐渐地，随着公司的高端路由器在市场上取得成功，华为员工总数也从最初的 6 个人发展到 800 人，产品领域也从单一的交换机向其他数据通信产品及移动通信产品扩张市场范围。单纯的直线管理的缺点日益突出：没有专门的职能机构；管理者负担过重，难以满足多种能力要求；一旦全能管理者离职，一时很难找到替代者；部门之间协调性差。

发展中期，华为逐渐采用了直线职能制的组织结构。这种结构的优点是把直线制组织结构和职能制组织结构的优点结合起来，既能保持统一指挥，又能发挥参谋人员的作用；各部门效率较高；组织稳定性较高，易于发挥组织的集团效率。但部门间缺乏信息交流，不利于集思广益地作出决策；系统刚性大，适应性差，容易因循守旧，对新情况不易及时做出反应。

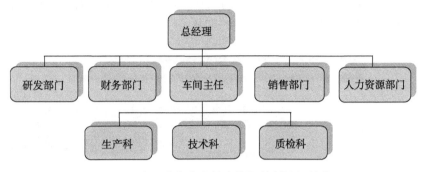

图4-9　发展中期华为的直线职能制组织结构

随后在早期直线职能制组织结构管理体系的基础上进一步创新，先后加入了事业部制和地区公司，并将按战略性事业划分为的事业部和按地区战略划分的地区公司作为华为最主要的两个利润中心，由事业部和地区公司承担实际盈利的责任，加快了公司的发展速度。

图4-10　华为的事业部制组织结构

之后，华为一直实行中央集权，但其集权不是独裁，而是在集权的基础上进行层层有序的分权，并且在分权的过程中要进行充分的授权、严格监督。光凭事业部制很难了解各地市场的动向，因此决定实行地区公司，期望使华为公司在管理上大有起色。由于事业部制对产品的生产和销售实行统一的管理，自主经营、独立核算，所以极大地调动了员工的积极性、主动性。

一直以来，华为根据企业战略的变化，进行组织结构的变革。华为在以本土市场为核心时实行以集权为主要特征的职能式组织结构；而当战略发生变化时，为匹配跨国战略的国际化战略，组织结构呈现矩阵式结构。按职能专业化原则划分的部门与按对象专业化原则划分的部门交叉运作，横向上按照职能专业化原则设立的区域组织，为业务单位提供支持、服务和监管；纵向上是按照业务专业化原则设立的四大业务运营中心。

华为公司组织的矩阵结构，是一个不断适应战略和环境变化，从原有的平衡到不平衡再到新的平衡的动态演进过程。可以说，华为的矩阵结构是有所变化的，有它的特色。在华为，每3个月就会发生一次大的技术创新，从而带来组织架构的变化。相应的部门会抓住机遇，在部门的牵动下，公司的组织架构发生一定的变形，这种变形只是部门与部门之间联系的次数和内容发生变化，流程并没有变化。而且这种变形是暂时性的，当阶段性任务完成后，整个组织结构又会回复到常态。

概括来说，这种矩阵式结构能更好地应对不确定的环境，华为组织结构的扁平化，决策链也较短，能够迅速反应、应对、决策与调整。同时，组织结构面对市场设计也具有前瞻性和扩展性，能应对新的产品与市场进行调整。

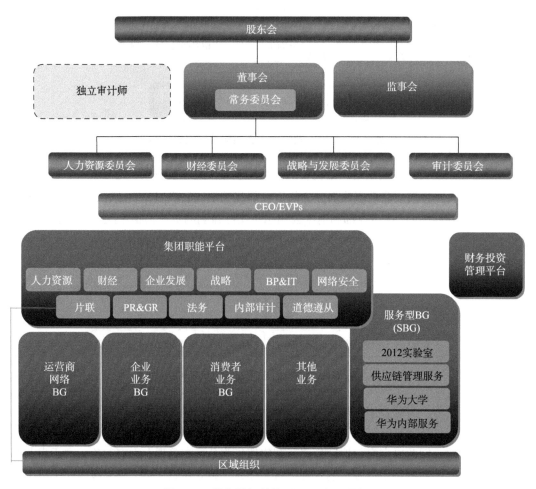

图 4-11　华为组织结构（2012 年 4 月）

三、企业组织管理规划

1. 公司治理结构

华为建立了清晰而全面的公司治理结构，为维持企业的良好表现和长期持续发展奠定基础。华为的治理结构包括高层的委员会制和基层的直线结构制。

华为的高层管理结构采用委员会制。顶层的董事会是公司经营决策及治理机构，对公司重大战略进行决策；审批公司中长期发展规划并监控其实施；审批重大的财务决策与商业交易活动，等等。董事会下设审计委员会、财经委员会及人力资源委员会，协助董事会对公司经营管理团队及整个公司的业务运作进行指导和监督。审计委员会负责评审内部审计计划以及执行结果，研讨公司内控建设策略，监控公司内部控制状况等。财经委员会负责审议公司的中长期发展规划，监督公司年度预算、经营预测计划并对经营结果进行评估和考察等。人力资源委员会负责评审公司层面的人力资源策略和组织政策，审议公司中长期人力资源规划及年度实施计划等。

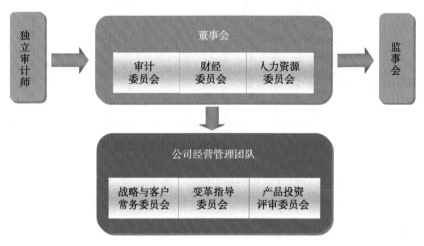

图 4-12　华为高层组织结构

董事会委任公司经营管理团队执行公司日常经营管理工作，是公司日常经营的最高责任机构。其下设的委员会就为公司解决中长期发展、公司战略与客户、管理公司业务变革和产品投资方面的问题，为公司经营管理团队提供决策支持。

通过委员会制，委员会议事而不管事，对形成的决议有监督权，讨论中提供意见，保证了决策的科学性。此外，华为还设置监事会与独立审计师。监事会主要职责包括监督公司财务和公司经营状况，并对董事、总经理及其他高级管理人员执行职务的行为进行监督。监事会由五名成员组成，由股东选举产生。独立审计师负责审计年度财务报告，根据会计准则和审计程序评估财务报表的准确性和完整性，对财务报告发表审计意见。自 2000 年起，华为采用 KPMG 作为独立审计师。

华为的基层管理则采用集权程度较高的直线制组织结构，图 4-13 是华为基层部门的组织结构图（以 IT 构架和规划部为例），采用了直线制组织结构。在 IT 架构与规划部下设 IT 合作部、IT 架构部、IT 规划部、IT 预算与控制部四个部门，由 IT 架构与规划部部长统一领导。这种组织结构的特点是职权和职责分明、命令统一，信息沟通简捷方便，便于统一指挥，集中管理。这样的基层结构，有利于基层的管理与具体工作的完成，提高了组织整体的运作效率。

华为高层因其管理层次较高，管理幅度相对较窄，这样就保证了其管理的有效性；而它的基层组织结构则因为管理层次较少，管理幅度较大，确保了信息的传递速度，保证了工作效率，同时也节省了管理费用，便于管理者了解基层情况。

华为高层采取了委员会制，通过委员会制实现了集体领导，对形成的决议有监督权，讨论中提供意见，合理分权，防止过度集权现象的出现，保证了决策的科学性；而基层实

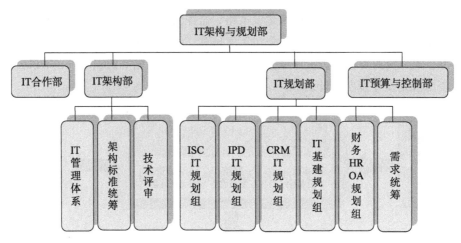

图 4-13　华为 IT 架构与规划部组织结构图

行的直线制组织结构则是一种相对集权的组织结构，由主管部门统一领导、统一命令和统一指挥，这样就有利于工作信息的有效传递和工作任务的及时执行，从而提高整体的工作效率。

2. 公司组织结构

公司组织结构是矩阵式架构，由战略与 Marketing、研发、业务单元组织（business units，BUs）、市场单元组织（market units，MUs）、交付支撑平台和支撑性功能组织（function units，FUs）等组织构成，以支持公司经营管理团队运作。

图 4-14　公司组织结构

战略与 Marketing 负责为公司战略发展方向提供主导性支持，促进客户需求驱动的业务发展，管理公司品牌与传播，监控制定公司业务计划，以实现公司的发展目标。

华为研发组织包括位于深圳的研发部门以及全球 17 个研发中心。公司还与领先运营商成立了 20 多个联合创新中心，开放合作，不断提升解决方案的竞争能力。

业务单元组织（BUs）为公司提供竞争力、低成本、高质量产品和服务。公司的四大业务单元为电信基础网络、业务与软件、专业服务和终端，基于客户需求的持续创新，建立起端到端的优势。

市场单元组织（MUs）是公司从线索到回款流程的责任人，通过强化区域的运营管理和能力建设，确保公司战略在区域的有效落实，包括地区部、大客户系统部等。地区部通过承接公司战略，对本地区部整体经营结果和客户满意度负责，同时对总部在所辖区域的大客户系统部的全球经营目标及竞争目标负责。各大客户系统部，通过承接公司战略、匹配客户战略、制定和实施客户关系管理策略、资源牵引与组织、关注行业环境变化及竞争动态等实现系统部经营和客户满意度的达成。

交付支撑平台组织，通过建立端到端以及全球运作的采购、制造和物流平台，追求及时、准确、优质和低成本的交付，满足客户需求。

支撑性功能组织（FUs）是为支撑公司战略与运营，提供资源和策略性支持的组织，包括财经体系、人力资源部、法务部、流程与 IT 管理部和企业发展部等。支撑性功能组织通过流程、工具和组织的优化驱动公司提高运营效率。

四、企业组织管理实施

华为基于组织架构和运作模式设计并实施了内部控制（简称"内控"）体系，发布的内控框架及内控管理制度适用于公司所有业务流程及财务流程和子公司、业务单元。该内控体系基于 COSO 模型，分为控制环境、风险评估、控制活动、信息与沟通和监督五大部分，同时涵盖了对财务报告的内控，以确保财务报告的真实性、完整性和准确性。

华为在顺势而变，其组织架构也在不断地变更，使之更合理、完善，顺应外部环境的变化以及公司业务的变化，使组织结构与组织战略、组织环境相适应。这样特殊的组织结构为华为奠定了成功的基础。

五、企业组织管理评估与控制

1. 控制环境

控制环境是内控体系的基础。华为致力于宣扬及维持诚信文化，高度重视职业道德行为，严格遵守企业公民道德相关法律和法规。公司制定了员工商业行为准则，对员工行为和公司行为进行规范，并组织了全员培训与签署活动，使每位华为员工均掌握并承诺遵守有关行为准则。

华为建立了完善的治理架构，包括董事会、董事会下属专门委员会和公司经营管理团队及各体系等，各机构均有清晰的授权与明确的问责。在组织架构方面，华为对各职能单位明确了其权责和职责的分离以互相监控和制衡。同时，公司设立了业务控制部门协助各业务流程优化内控管理，并由内部审计部门就公司所有经营活动进行独立的监督评价。

2. 风险评估

华为定期开展针对全球所有业务流程的风险评估，各流程责任人负责识别和评估与管理相关的各种风险及相应的内控措施。而评估的要素主要包括风险情况发生的可能性及风险的影响程度，例如对于业务规模、财务报告和企业形象的影响度等。

在日常的运作中，公司经营管理团队和各业务流程负责人紧密合作，对于公司面对的重要风险进行识别、管理和监控工作，预测外部和内部环境变化给公司带来的潜在风险，并就公司整体的风险管理策略及应对方案进行决策。

3. 控制活动

华为颁布了全球统一的业务流程架构，针对每个流程公司识别关键控制点和任命每个全球流程的负责人。同时，华为也发布了全球流程控制手册及职责分离矩阵，并应用于所有子公司和业务单元。全球流程责任人根据风险和业务状况，维护和确保内控的有效性。

4. 信息与沟通

公司设立多维度的信息与沟通渠道，及时获取来自外部的各种信息，例如客户、供应商的信息，并使公司内部的信息传递通畅。

公司经营管理层通过日常会议与各体系和部门定期沟通，以协助制定运营导向及保证管理层的决策能有效落实。同时，公司在内部网站上发布所有业务政策和流程，并定期由各级管理者或流程责任人组织业务流程和内控培训，确保所有员工能及时掌握信息。公司亦建立了各级流程责任人之间的定期沟通机制，回顾内控执行状况，跟进和落实内控问题改进计划。

5. 监督

全球流程责任人组织及实施针对关键控制点的月度遵从性测试以持续监督内控的有效性，并发布测试报告。此外，全球流程责任人每半年均会进行半年度控制评估，对流程整体设计和各业务单元流程执行的有效性进行全面评估，发布评估报告，并向审计委员会报告评估结果。

内部审计部门对公司整体控制状况进行独立和客观的评价，并对违反商业行为准则的行为进行调查，形成审计和调查结果报告给公司高级管理层和审计委员会。此外，审计委员会定期审查公司内控状况，包括年审改进计划。审计委员会有权要求内控状况不满意的全球流程责任人或业务单元最高管理者说明原因并提出改进计划，或向人力资源委员会提出问责建议。

公司设立了内部投诉渠道、调查机制与问责制度，并在与供应商签订的《诚信廉洁合作协议》中明确相关规则，供应商能根据协议内提供的渠道，举报员工的不当行为，以协助公司对员工的诚信廉洁进行监查。

第三节　企业组织管理诊断与决策实验操作

本实训采用奥派企业经营与诊断实验软件。在"学习模式"可以查看管理诊断的专题案例与综合案例。点击案例图片或者名称，即可查看案例相关内容。

图 4-15　组织管理学习模式

一、企业组织管理理论学习

1. 企业组织管理理论学习

图 4-16　组织管理理论学习

左侧为该案例所属的理论知识，点击【目录】可以概览理论知识的大纲，点击标题可以直接查看该部分内容。

图 4-17　组织管理理论

2. 理论阅读与标注

选定理论知识中的一句话或一段话，可以编辑其字号、加粗、斜体、中划线、下划线、改变文字颜色及背景色，还可将这些格式清除或者为选中的文字添加批注和书签。

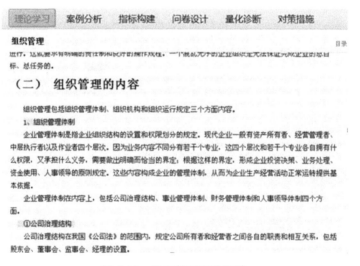

图 4-18　组织管理理论阅读

3. 思考与问题

右侧为学习理论后回答的思考题，鼠标放在【参考答案】上会显示系统答案。

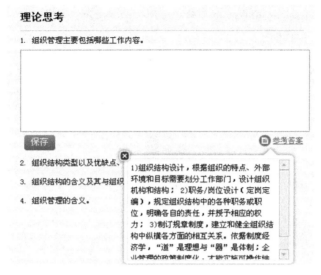

图 4-19　组织管理思考与问题

二、企业组织管理诊断实验操作

（一）案例定性分析

企业组织管理诊断实训就是通过对真实调查案例的分析，设计分析模型，进行数量分析。

图 4-20　组织管理案例分析

左侧为该案例内容，点击【目录】可以概览案例大纲，点击标题可以直接查看该部分内容。

图 4-21　组织管理案例分析

选定案例内容中的一句话或一段话，可以编辑其字号、加粗、斜体、中划线、下划线、改变文字颜色及背景色，还可将这些格式清除或者为选中的文字添加批注和书签。

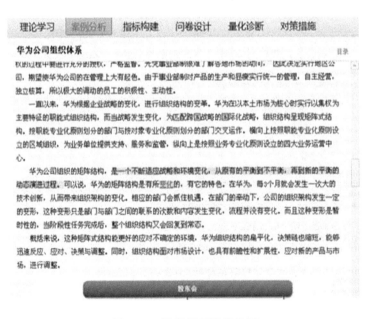

图 4-22　组织管理案例分析

右侧为阅读案例后回答的思考题，鼠标放在【参考答案】上会显示系统答案。

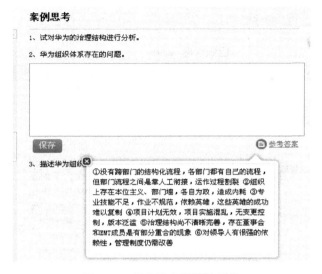

案例思考

1、试对华为的治理结构进行分析。

2、华为组织体系存在的问题。

保存　　　　　　　　　　　　　　　参考答案

3、描述华为组织 ①没有跨部门的结构化流程，各部门都有自己的流程，但部门流程之间是靠人工衔接，运作过程割裂 ②组织上存在本位主义、部门墙，各自为政，造成内耗 ③专业技能不足，作业不规范，依赖英雄，这些英雄的成功难以复制 ④项目计划无效，项目实施混乱，无变更控制，版本泛滥 ⑤治理结构尚不清晰完善，存在董事会和EMT成员是有部分重合的现象 ⑥对领导人有很强的依赖性，管理制度仍需改善

图 4-23　组织管理案例的思考

（二）案例量化分析

1. 指标构建

根据企业组织管理诊断理论，构建企业组织管理诊断指标体系。选择软件【指标构建】后，可以采用软件所提供的指标模型选用并创建指标，也可根据所分析的案例独立构建新指标体系。

图 4-24　组织管理诊断指标构建

查看指标模板，以此模板创建指标。点击"组织管理"，选择【模型构建指标】或【构建新指标】。

模型构建指标　构建新指标

组织管理 指标体系　以此模板创建指标

目标层	维度层	子因素层
组织管理	组织运行规定	运行规则的规范性
		运行规则的全面性
		运行规则的制度化
	组织结构	组织结构的动态管理
		部门设置的合理性
		组织职能的全面性
		组织分工的明确性
		岗位说明书的规范性
		组织结构的适应性
	组织管理体制	体制的规范性
		体制的健全性
		体制的发展性

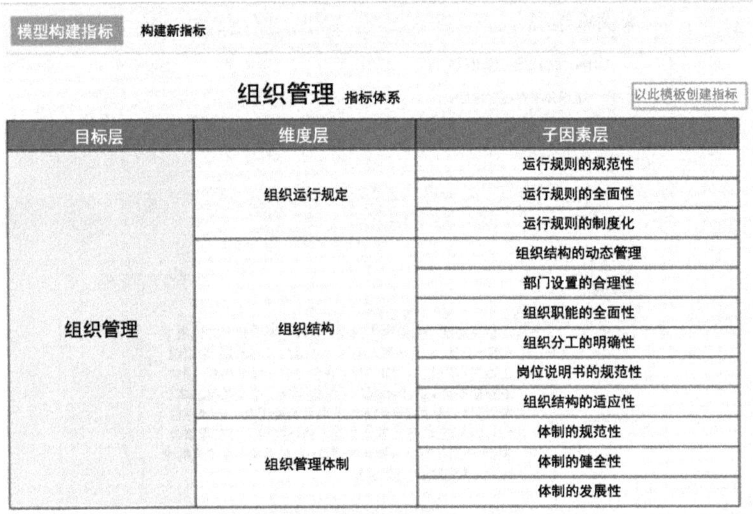

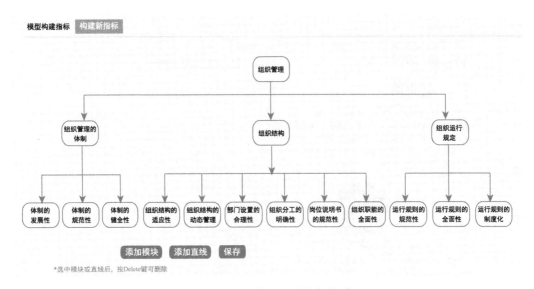

图 4-25　组织管理诊断指标模型

按照逻辑关系添加指标，点击【添加模块】或者【添加直线】，双击模块编辑指标名称，利用直线联系指标间的关系，完成后点击【保存】。

指标默认创建后，新创建的指标会覆盖之前的指标。若用户已创建指标，可通过“构建新指标”查看当前的指标。

图 4-26　组织管理诊断指标构建

2. 问卷设计

根据构建的企业组织管理诊断指标模型设计调查问卷，以便确定各项指标数值和相关指标的量化关系。

（1）选择“问卷设计”，学生可以根据模板创建适合相关案例的调查问卷。

图 4-27　组织管理诊断问卷设计

（2）查看问卷模板，可以此模板设计新问卷。

编辑问卷基本信息，点击【保存】。

图 4-28　组织管理诊断问卷基本信息

（3）添加问卷问题。问题类型分为单选题、多选题、量表题与开放式题，根据需要添加各类型的问题，也可直接编辑现有题目。

图 4-29　组织管理诊断问卷设计

（4）在页面右侧点击【基本信息】，可以重新编辑问卷说明。

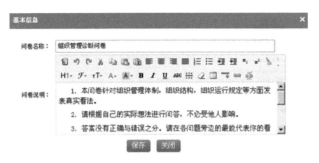

图 4-30　组织管理诊断问卷说明

（5）点击【设置指标】，可以设置问题指标，最多可设置十个。每个指标名称编辑完成后，按回车键确认，全部指标添加完成后，点击【保存】。

（6）如图 4-26 所示指标构建步骤，学生已创建指标，则此处显示指标模型的第二层即维度层。学生亦可根据需要修改，但修改需不影响前面的指标模型。

图 4-31　组织管理诊断问卷与指标的关联

（7）接下来将添加的指标与题目绑定。

图 4-32　组织管理诊断问卷与指标的绑定

（8）问卷题目和指标设置完成后，切记要点击页面上方的【保存问卷】。保存后，可以进行预览。

图 4-33　组织管理诊断问卷的生成

（9）在"我的问卷"中，一个案例只能设计一份问卷，再次设计的问卷会覆盖已设计的问卷。

图 4-34　组织管理诊断问卷的保存

3. 量化诊断

选择"量化诊断"。

（1）点击【设计问卷】，可返回问卷设计部分，对问卷进行修改。如无修改需要，可点击"发布问卷"。

图 4-35　组织管理诊断问卷的保存

（2）点击【发布问卷】，则所发布的问卷发送到问卷库中，实验中的其他学生在问卷库中可以看见，其他学生根据对所读同一个案例的各自理解和分析，填写问卷。这是一个社会调查的过程。

（3）点击【填写问卷】，是根据自己对所读案例的理解和分析，填写自己所发布的问卷。

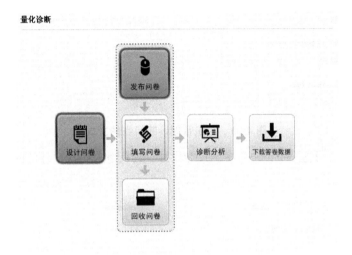

图 4-36　组织管理诊断问卷的发布与填写

（4）填写完所有问题后，点击问卷右上角的【提交问卷】。

图 4-37　组织管理诊断问卷的提交

（5）点击【回收问卷】，问卷回收后不在问卷库显示，其他同学无法填写。若需要收集多份答卷，请确认其他同学完成问卷填写后再回收。

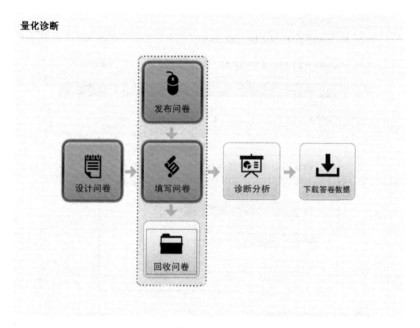

图 4-38 组织管理诊断问卷的回收

（6）问卷填写完并进行回收后，开始进行诊断分析。

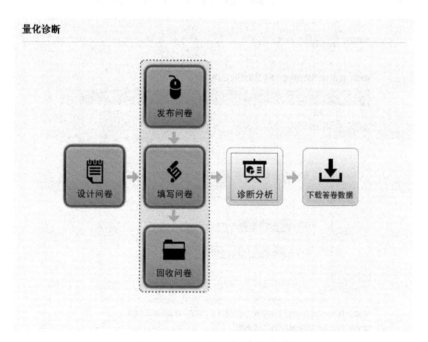

图 4-39 组织管理问卷的诊断

（7）系统提供三类自动统计：单题统计、分类统计与汇总统计。

点击【单题统计】，可以查看每道题的回答情况。

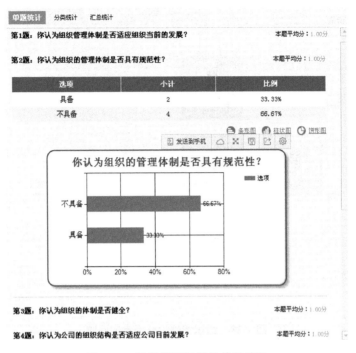

图 4-40　组织管理问卷的单题统计

（8）点击【分类统计】，可查看同一指标下各个问题的答题情况。

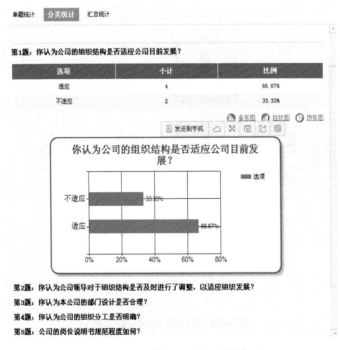

图 4-41　组织管理问卷的分类统计

（9）选择"汇总统计"，查看问卷汇总统计表，学生也可下载统计报告进行查看。

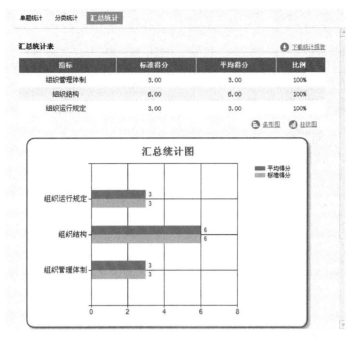

图 4-42　组织管理问卷的汇总统计

（10）用户也可下载答卷数据，使用 Excel 或 SPSS 等统计工具对问卷进行二次统计。

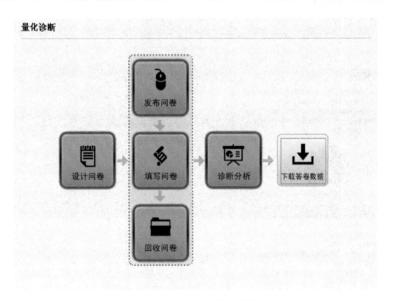

图 4-43　组织管理问卷的数据下载

三、企业组织管理决策实验操作

（一）组织管理存在问题分析

点击【对策措施】，选择【存在问题】，根据调查数据和图表，分析该企业组织管理方面所存在的问题，填写案例中企业存在的问题。

图 4-44　组织管理存在问题诊断

（二）组织管理决策

根据案例提供的材料以及上述分析，针对该企业存在的问题填写解决问题的对策措施，完成后点击【保存】。

图 4-45　组织管理存在问题的对策措施

第五章

企业人力资源管理诊断与决策

第一节　企业人力资源管理诊断与决策原理

一、企业人力资源管理概述

（一）人力资源管理

1. 概念

人力资源管理（human resources management）是指企业的一系列人力资源政策以及相应的管理活动。这些活动主要包括企业人力资源战略的制定、员工的招聘与选拔、培训与开发、绩效管理、薪酬管理、员工流动管理、员工关系管理、员工安全与健康管理等。即企业运用现代管理方法，对人力资源的获取（选人）、开发（育人）、保持（留人）和利用（用人）等方面所进行的计划、组织、指挥、控制和协调等一系列活动，最终达到实现企业发展目标的一种管理行为。

2. 人力资源管理目标

人力资源管理的最终目标是促进企业目标的实现。阿姆斯特朗对人力资源管理体系的目标做出了如下规定。

（1）企业的目标最终将通过其最有价值的资源——它的员工来实现。

（2）为提高员工个人和企业整体的业绩，人们应把促进企业的成功当作自己的义务。

（3）制定与企业业绩紧密相连、具有连贯性的人力资源方针和制度，是企业有效利用资源和实现商业目标的必要前提。

（4）应努力寻求人力资源管理政策与商业目标之间的匹配和统一。

（5）当企业文化合理时，人力资源管理政策应起支持作用；当企业文化不合理时，人力资源管理政策应促使其改进。

（6）创造理想的企业环境，鼓励员工创造，培养积极向上的作风；人力资源政策应为合作、创新和完善全面质量管理提供合适的环境。

（7）创造反应灵敏、适应性强的组织体系，从而帮助企业实现竞争环境下的具体目标。

（8）提高员工上班时间和工作内容的灵活性。

（9）提供相对完善的工作和组织条件，为员工充分发挥其潜力提供所需要的各种支持。

（10）维护和完善员工队伍以及产品和服务。

（二）人力资源管理的发展历史

人力资源的发展经历了人事管理、人力资源管理和战略性人力资源管理三个阶段。

1. 人事管理阶段

人事管理阶段又可具体分为以下几个阶段：科学管理阶段、工业心理学阶段和人际关系管理阶段。

（1）科学管理阶段。20世纪初，以弗里得里克·泰勒等为代表，开创了科学管理理论学派。泰勒提出了"计件工资制"和"计时工资制"，主张实行劳动定额管理。1911年，泰勒发表了《科学管理原理》一书，奠定了科学管理理论的基础，泰勒因而被西方管理学界称为"科学管理之父"。

（2）工业心理学阶段。以德国心理学家雨果·芒斯特伯格等为代表的心理学家的研究结果，推动了人事管理工作的科学化进程。他于1913年出版的《心理学与工业效率》一书，标志着工业心理学的诞生。

（3）人际关系管理阶段。1929年，哈佛大学教授梅奥率领一个研究小组到美国西屋电气公司的霍桑工厂进行了长达九年的霍桑实验，真正拉开了对组织中人的行为研究的序幕。

2. 人力资源管理阶段

人力资源管理阶段又可分为人力资源管理的提出和发展两个阶段。"人力资源"这一概念早在1954年就由彼得·德鲁克在其著作《管理的实践》中提出并加以明确界定。20世纪80年代以来，人力资源管理理论不断成熟，并在实践中得到进一步发展，为企业所广泛接受，并逐渐取代人事管理。进入20世纪90年代，人力资源管理理论不断发展，也不断成熟。人们更多地探讨人力资源管理如何为企业的战略服务，人力资源部门的角色如何向企业管理的战略合作伙伴关系转变。

3. 战略性人力资源管理阶段

战略性人力资源管理体系是指在企业总体战略框架下对人力资源进行使用、管理、控制、监测、维护和开发以创造协同价值，达成企业战略目标的方法体系。战略性人力资源管理核心职能包括人力资源配置、人力资源开发、人力资源评价和人力资源激励四方面。

战略性人力资源配置的核心任务是基于公司的战略目标来配置所需的人力资源，根据定员标准来对人力资源进行动态调整，引进满足战略要求的人力资源；对现有人员进行职位调整和职位优化，建立有效的人员退出机制以输出不满足公司需要的人员，通过人力资源配置实现人力资源的合理流动。

战略性人力资源开发的核心任务是对公司现有人力资源进行系统的开发和培养，从素质和质量上满足公司战略的需要。

战略性人力资源评价的核心任务是对公司员工的素质能力和绩效表现进行客观的评价，一方面保证公司的战略目标与员工个人绩效得到有效结合；另一方面为公司对员工激励和职业发展提供可靠的决策依据。

战略性人力资源激励的核心任务是依据公司战略需要和员工的绩效表现对员工进行激励,通过制定科学的薪酬福利和长期激励措施来激发员工充分发挥潜能,在为公司创造价值的基础上实现自己的价值。

人力资源基础建设是战略性人力资源管理体系正常运行的基本保障。战略性人力资源管理是一个庞大的系统,要保证这个系统能够得到正常运行还需要建立一个与之相适应的基础管理体系。包括通过建立高效人力资源管理信息系统为各项人力资源管理活动提供客观的信息,开展日常的事务性工作保证人力资源管理体系的有效运行。

二、企业人力资源管理诊断

企业人力资源诊断是管理咨询人员通过对企业人力资源管理诸环节的运行、实施的实际状况和管理效果进行调查评估,分析人力资源工作的性质、特点和存在的问题,提出合理的改革方案以使企业人力资源管理工作达到"人"与"事"的动态适应性目的的一种顾问服务活动。企业人力资源管理诊断是帮助企业人力资源管理人员做出改进工作、提高管理效率、开发和引导人力资源的有效途径。

(一)企业人力资源管理诊断模型

考虑人力资源管理问题时,首先应该有一个明确的前提,那就是企业管理本身是一个系统工程,企业遇到的人力资源问题不仅仅是人力资源管理的问题,其中有些问题的根源可能在于企业管理的其他方面。在这个观念指导下,就能比较合理的定义人力资源管理解决问题的边界,然后从比较宏观的层面开始分析人力资源管理。

图 5-1 给出了人力资源管理诊断体系的框架,共有三个层面:战略层面的战略性人力资源管理、经营层面的经营性人力资源管理及基础层面的人力资源管理基础。

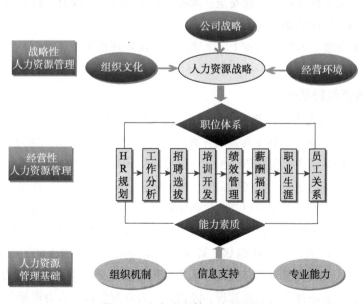

图 5-1　人力资源管理诊断框架

1. 战略性人力资源管理

框架的第一层是战略性人力资源管理，根据公司战略的要求规划人力资源战略，明确人力资源工作的目标、基本原则和关键措施。同时，人力资源战略规划的内容还受组织文化、宏观环境和行业特征等外部经营环境的影响。人力资源战略将人力资源管理跟公司战略和业务相连接，并为具体的人力资源管理工作提供根本指导。

战略性人力资源管理方面的诊断，主要是在企业发展战略分析的基础上，进一步诊断企业战略与人力资源战略的匹配性和适应性以及人力资源战略的合理性和完善性等。

2. 经营性人力资源管理

框架的第二层是经营性人力资源管理，其主要内容即通常所称的人力资源管理。经营性人力资源管理以职位体系和能力素质为基础，这两项要素为其他工作提供基本的依据。

HR规划即人力资源规划，是经营性人力资源管理的起点，是对整体工作的一个计划，是之后一系列措施实行的重要基础。

工作分析与招聘选拔是接下来的工作，解决怎样招聘人员以及如何将合适的人员与职位相匹配的问题。

培训开发保证公司人才的能力持续发展，其中培训针对的是当前工作的能力需求，而开发则以未来为导向，满足长远发展的需要。

绩效管理通过系统化的安排，设定合理的绩效目标，将员工工作与公司目标相联系，强调持续的过程沟通和绩效辅导，以个人绩效提升促进公司绩效提升，从而实现公司目标。

薪酬管理通过设计科学的薪酬体系和全面的薪酬项目，并辅以人性化的管理，最大化地激励员工，从而满足公司实现多重目标的需要和员工个人的多层次需要。

职业生涯包括员工职业生涯规划与职业开发，解决公司发展与员工个人发展相匹配的问题。

最后，员工关系管理解决职业安全、沟通和奖惩等问题，致力于在公司与员工之间建立有制度保障的、持续的融洽关系。

在职位体系和能力素质的基础上，上述八个方面环环相扣，其中任一方面发展滞后都将影响整体的有效性。

3. 人力资源管理基础

框架的第三层是人力资源管理基础，这是企业开展人力资源管理需要具备的基础条件，反映的是企业作为一个整体具备的开展人力资源管理工作的组织能力。

人力资源管理基础主要包括组织机制、信息支持和专业能力三个方面。组织机制是指人力资源管理工作在企业中是如何组织的，主要包括公司高层领导、直线经理、人力资源专业团队在人力资源管理方面的职能定位和职责分工，以及相应的沟通和协调机制；信息支持为人力资源管理工作提供各种必需的信息，包含人力资源管理的信息化建设；专业能力是指公司各群体的人力资源管理专业素养，主要是高层领导的战略性人力资源管理意识、直线经理的人力资源管理具体技能、人力资源专业团队的全面专业能力。

总体而言，由战略性人力资源管理、经营性人力资源管理、人力资源管理基础三个层次共同构成的人力资源管理体系中，人力资源战略提供方向指导和根本原则，人力资源管理基础提供有力的机制、信息和能力支撑，两者保证了具体的经营性人力资源管理的顺利开展并取得预期成效。

系统地把握人力资源管理的体系框架，以此作为人力资源管理诊断的框架，则人力资源管理诊断就有了可靠的方向和对象。同时，人力资源管理体系框架不仅仅可作为诊断框架，它也是推动企业人力资源管理改进的框架。

（二）企业人力资源现状诊断

对企业人力资源现状的诊断，针对人力资源现状的分析，具体可从数量、流动性与结构方面进行统计分析。

1. 人力资源数量分析

针对人力资源最基本的分析，主要是统计期内（一般为经营年度）期初人数、期末人数与平均人数。

期初人数一般是统计期初人数，期末人数为统计期末人数，平均人数的计算可分为。

月平均人数＝报告期内每天实有人数之和／报告期月日数

或：

月平均人数＝（月初人数＋月末人数）／2

季平均人数＝（季内各月平均人数之和）／3

年平均人数＝（年内各月平均人数之和）／12

或：

年平均人数＝（年内各季平均人数之和）／4

2. 人力资源流动性分析

人力资源流动性分析的主要指标有人力资源流动率和人力资源离职率等。

人力资源流动率是指统计期内流动（流入、流出）人数占总人数的比例，侧重于考察员工稳定性。由于人力资源流动直接影响到组织的稳定和员工的工作情绪，必须加以严格控制。若流动率过大，一般表明人事不稳定，劳资关系存在较严重的问题，而且导致企业生产效率低，以及增加企业挑选、培训新进人员的成本；若流动率过小，又不利于企业的新陈代谢，保持企业的活力。但一般蓝领员工的流动率可以大一些，白领员工的流动率要小一些为好。流动率的计算公式是：

流动率＝(报告期内流入人数＋流出人数)/报告期内员工平均人数

人力资源离职率指统计期内离职总人数与统计期平均人数的比例。离职率可用来测量人力资源的稳定程度。离职率常以月、季度为单位，如果以年度为单位，就要考虑季节与周期变动等影响因素。一般情况下，合理的离职率应低于8%。离职率的计算公式是：

离职率＝离职总人数／统计期平均人数×100%

＝（辞职人数＋辞退人数＋合同到期不再续签人数）／统计期平均人数×100%

3. 人力资源结构分析

人力资源结构分析是对企业人力资源的岗位结构、学历结构、年龄结构、专业结构和技术等级结构等方面的统计分析。

岗位结构，是对各岗位类别所占比例的统计，一般而言，企业的岗位类别可分为五大类：管理人员、技术人员、市场人员、生产人员和服务人员（后勤人员），管理人员又包含人力资源管理、财务管理、研发管理、工艺管理、质量管理、生产管理以及其他管理人员；技术人员又包含研发人员、工程人员、测试人员、质检人员和工艺人员；市场人员包括销售人员、营销人员和市场技术支持人员；生产人员包括基本生产工人和辅助生产工人；后勤人员指招待员、清洁工和司机等。

学历结构，是对各学历所占比例的统计。

年龄结构，是对各年龄段所占比例的统计。年龄段划分一般为 25 岁以下、26~35 岁、36~45 岁和 45 岁以上四个区间。对年龄结构进行分析，可以判断组织人员是年轻还是日趋老化；组织人员的稳定性和创造性；组织人员吸收新知识、新技术的能力；组织人员工作的体能负荷和工作职位或职务的性质与年龄大小的可能的匹配要求。以上四项反应情况，均将影响组织内人员的工作效率和组织效能。企业的员工理想的年龄分配，应呈三角形金字塔为宜。顶端代表 45 岁以上的高龄员工；中间部位次多，代表 36~45 岁的中龄员工；而底部部位人数最多，代表 20~35 岁的低龄员工。

专业结构，是对员工所学专业进行的统计。

除以上结构分析外，还可进行如技术等级结构、职称结构等分析。

一般而言，单一的统计某项结构往往不能充分说明问题，所以一般在进行人力资源结构分析时，需要将几个维度相结合进行分析。如可针对管理人员的年龄结构、学历结构及专业结构进行统计分析；针对技术人员的年龄结构、学历结构及技术等级结构进行统计分析等。

（三）企业人力资源规划诊断

人力资源规划是一项系统的战略工程，它以企业发展战略为指导；以全面核查现有人力资源、分析企业内外部条件为基础；以预测组织对人员的未来供需为切入点；内容包括晋升规划、补充规划、培训开发规划、人员调配规划和工资规划等，基本涵盖了人力资源的各项管理工作，人力资源规划还通过人事政策的制定对人力资源管理活动产生持续和重要的影响。人力资源规划包括以下五个方面的内容：

（1）战略规划。战略规划是根据企业总体发展战略的目标，对企业人力资源开发和利用的方针、政策和策略的规定，是各种人力资源具体计划的核心，也是事关全局的关键性计划。

（2）组织规划。组织规划是对企业整体框架的设计，主要包括组织信息的采集、处理和应用，组织结构图的绘制、组织调查、诊断和评价、组织设计与调整以及组织机构的设置等。

（3）制度规划。制度规划是人力资源总规划目标实现的重要保证，包括人力资源管理制度体系建设的程序和制度化管理等内容。

（4）人员规划。人员规划是对企业人员总量、构成和流动的整体规划，包括人力资源现状分析、企业定员、人员需求和供给预测以及人员供需平衡等。

（5）费用规划。费用规划是对企业人工成本、人力资源管理费用的整体规划，包括人力资源费用的预算、核算、结算以及人力资源费用控制。

企业人力资源规划的流程如下。

（1）收集有关信息资料（包括企业的战略计划、战术计划、行动方案、本企业各部门的计划、人力资源现状；宏观经济形势和行业经济形势、技术的发展情况、行业的竞争性、劳动力市场、人口和社会发展趋势和政府的有关政策等）。

（2）人力资源需求预测。

（3）人力资源供给预测。

（4）确定人力资源净需求。

（5）编制人力资源规划。

（6）实施人力资源规划。

（7）人力资源规划评估。

（8）人力资源规划反馈与修正。

人力资源规划有利于组织制定战略目标和发展规划，是组织发展战略的重要组成部分，同时也是实现组织战略目标的重要保证。人力资源规划能够确保组织生存发展过程中对人力资源的需求，人力资源部门必须分析组织人力资源的需求和供给之间的差距，制定各种规划来满足对人力资源的需求。

人力资源规划有助于人力资源管理活动的有序化，是企业人力资源管理的基础。人力资源规划由总体规划和各种业务计划构成，为管理活动提供可靠的信息和依据，进而保证管理活动的有序化。

合理的人力资源规划能够调动员工的积极性和创造性。人力资源管理要求在实现组织目标的同时，也要满足员工的个人需要（包括物质需要和精神需要），这样才能激发员工持久的积极性。只有在人力资源规划的条件下，员工对自己可满足的东西和满足的水平才是可知的。

人力资源规划最为重要的作用是控制人力资源成本、人力资源规划有助于检查和测算出人力资源规划方案的实施成本及其带来的效益。要通过人力资源规划预测组织人员的变化，调整组织的人员结构，把人工成本控制在合理的水平上，这是组织持续发展不可缺少的环节。

（四）企业工作分析与设计诊断

工作分析又称职务分析，是指全面了解、获取与工作有关的详细信息的过程。工作设计就是利用工作分析提供的信息，对一个新建组织设计工作流程、耕作方法、工作所需的工具及原材料、零部件和工作环境条件等。

工作分析与设立诊断的主要内容包括工作说明书、工作分析内容、工作分析方法和流程和工作设计内容等。

1. 工作说明书

对工作说明书的诊断，主要是分析企业是否有工作说明书，说明书是否清晰合理。清晰合理的工作说明书可以帮助企业合理分配人员，安排新进人员岗位，也可以制定更清晰的招聘计划，为企业合理配置人员结构。

工作说明书的编写主要包括工作描述和工作规范两个方面。

工作描述编写内容包括：工作识别、工作编号、工作概要、工作关系、工作职责、工作条件与环境。

工作规范编写内容包括：一般要求（包括年龄性别、学历、工作经验等）、生理要求（包括健康状况、力量与体力、运动的灵活性、感觉器官的灵敏度等）、心理要求（包括观察能力、集中能力、记忆能力、理解能力、学习能力、解决问题能力、创造性、数学计算能力、语言表达能力和决策能力等）。

在编写工作说明书的过程中应遵循以下原则：统一规范、清晰具体、指明范围、共同参与。

2. 工作分析内容

对工作分析内容的诊断，主要是分析工作内容及工作岗位的需求。分析岗位、部门和组织结构是否合理；工作主体员工年龄构成、学历与专业技术等方面能否满足实际工作需要。分析内容齐全能够帮助企业编制更加合理有效的工作说明书，对员工与岗位的全面分析能够更好地做到人岗匹配，充分发挥企业员工的个人特质与能力。

3. 工作分析方法和流程

工作分析的主要方法包括问卷调查法、访谈法、观察法和关键事件法。问卷调查法是根据岗位特点设计调查问卷来获取工作分析的信息，实现工作分析的目的；访谈法指工作分析者就某一个职务或职位面对面地询问任职者、主管和专家等人对工作的意见和看法；观察法指工作分析人员直接到工作现场，运用感觉器官或其他工具对某些特定对象（一个或多个任职者）的作业活动进行观察；关键事件法是指确定关键的工作任务以获得工作分析的成功。

工作分析流程包括筹划准备阶段、信息搜集阶段、资料分析阶段、结果完成阶段和应用反馈阶段。具体的流程如下。

（1）明确工作分析的目的。

（2）确定参与人员。

（3）选择分析样本。

（4）收集并分析工作信息。

（5）编写职务说明书。

严格按照分析流程进行工作分析能够提高分析结果的质量，完成了工作分析还要对结果进行应用反馈，将结果用于完善岗位内容与制定员工培训计划或者外部招聘要求。

4. 工作设计内容

工作设计主要包括以下内容。

（1）工作任务。要考虑工作是简单重复的还是复杂多样的，工作要求的自主性程度怎样以及工作的整体性如何。

（2）工作职能。指每项工作的基本要求和方法，包括工作责任、工作权限、工作方法以及协作要求。

（3）工作关系。指个人在工作中所发生的人与人之间的联系；谁是他的上级，谁是他的下级，他应与哪些人进行信息沟通等。

（4）工作结果。主要指工作的成绩与效果，包括工作绩效和工作者的反应。

（5）对工作结果的反馈。主要指工作本身的直接反馈（如能否在工作中体验到自己的工作成果）和来自别人对所做工作的间接反馈（如能否及时得到下属人员、同级、上级的反馈意见）。

（6）任职者的反应。主要指任职者对工作本身以及组织对工作结果奖惩的态度，包括工作满意度、出勤率和离职率等。

（7）人员特性。主要包括对人员的需要、兴趣、能力、个性方面的了解以及相应工作对人的特性要求等。

（8）工作环境。主要包括工作活动所处的环境特点、最佳环境条件及环境安排等。

一个好的工作设计可以减少单调重复性工作产生的不良效应，充分调动劳动者的工作积极性，也有利于建设整体性的工作系统。

（五）企业员工招聘与选拔诊断

员工招聘和选拔是指通过各种途径和方式，采用各种技巧和方法，吸引应聘者，并从中选拔、录用与企业空缺岗位相匹配的、具有相应知识背景、技术能力、个性特点以及其他胜任特征的候选人的动态过程。

企业的人员招聘流程如图 5-2 所示。

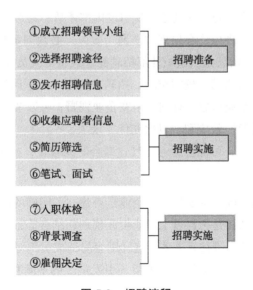

图 5-2　招聘流程

对于企业的员工招聘与选拔诊断，主要诊断的内容包括招聘制度、招聘方法、招聘渠道和内部选拔等方面。

1. 招聘制度

对招聘制度方面的诊断，主要是对是否建立了招聘制度；是否有明确的招聘流程；招聘过程中各相关人员职责是否进行了具体规定；以及招聘制度是否得到了严格执行等方面进行分析。许多企业往往存在尽管建立了招聘制度，但是没有按照制度严格执行，经常出现照顾亲戚朋友的现象。

2. 招聘方法

招聘作为企业选拔人才的重要手段，是企业人才体系建设的关键过程。对招聘方法的诊断，主要是分析企业负责招聘的人员是否根据岗位要求制定了相应的招聘标准并掌握了专业的人才选拔方法。许多企业都存在招聘标准不够清晰，并且负责招聘的人员又缺乏专业性，常常是通过个人的经验进行招聘，之后又发现招来的员工不符合需要，造成企业成本的增加。

3. 招聘渠道

对招聘渠道方面的诊断，主要是分析企业是否通过多渠道招聘，还是单一渠道或是不对招聘渠道进行调整。因为招聘渠道决定了人才的来源，企业如果持续采用相同的招聘渠道，则容易造成人才同质化，影响了多元化人才的引进。

员工招聘与选拔的途径主要包括内部招聘和外部招聘。

（1）内部招聘。内部招聘是指在单位出现职务空缺后，从单位内部选择合适的人选来填补这个位置。具体方法包括：内部提升、工作轮换和返聘。

优点：激发员工内在积极性；降低用人风险；降低企业成本；提高企业效益；盘活内部人力资源。

缺点：易产生"近亲繁殖"的现象；易引发内部矛盾；易形成企业内部人员的板块结构；易出现"以次充优"现象；会出现"涟漪"效应；必须制定员工培养计划。

（2）外部招聘。外部招聘是从组织外部招聘德才兼备的人员加入企业。具体方法包括：广告招聘、人才中介机构招聘、校园招聘、招聘会招聘、互联网招聘和自荐。

优点：有利于树立企业形象；有利于拓宽企业视野；可以节省培训成本；可以避免内部矛盾；可以避免"涟漪"效应和"以次充优"现象。

缺点：用人风险较大；可能会影响士气；磨合时间较长；招聘成本高。

4. 内部选拔

对内部选拔方面的诊断，主要是分析企业是否建立了明确的内部选拔机制，内部选拔的公平性与否以及内部选拔是否与员工职业生涯规划相结合等方面。有些企业往往存在对内部人员不信任，盲目地引进往来人才，这样则容易造成员工对未来发展缺乏信心；有些企业则在岗位空缺时，由领导安排接任人员，引发员工的不满和不公平感受。

（六）企业员工培训与开发诊断

员工培训是指一些组织为开展业务及培育人才的需要，采用各种方式对员工进行有目的、有计划地培养和训练的管理活动。

员工培训与开发诊断的主要内容包括培训规划、培训管理、培训课程和职业生涯管理等方面。企业必须将员工的培训与开发放在战略的高度来认识，在培训过程中，要理论联系实际，学以致用，将全员培训与重点提高相结合，兼顾知识技能培训与企业文化培训，同时要及时对培训效果进行反馈和强化。

1. 培训规划

培训规划，是指根据公司战略对员工能力的要求，明确培训的目的与目标，制定相应的培训内容与培训方式，以达到员工能力提升的目的。对培训规划方面的诊断，主要包括是否制定了培训规划；培训规划制定的依据以及培训规划的内容是否合理等方面。许多企业培训体系的建设，往往只有零散的培训项目与简单的培训管理制度，没有进行系统的培训规划；或是虽有培训规划，但是并非基于公司战略，未对员工能力状况在分析后进行规划，只是制定了 3-5 年的培训课程，表明企业缺乏对培训的战略认识，没有将培训与战略实施联系起来。

建立有效培训体系一般包括如下步骤。

（1）选择培训机构。企业培训的机构有两类：外部培训机构和企业内部培训机构。一般来讲，规模较大的企业可以建立自己的培训机构。规模较小的公司，或者培训内容比较专业，参加培训的人员较少缺乏规模经济效益时，可以求助于外部培训机构。

（2）选择培训对象。根据参加培训的人员不同，可分为：高层管理人员培训、中层管理人员培训、普通职员培训和工人培训，应根据不同的受训对象设计相应的培训方式和内容。

（3）选择培训方式。从培训的方式来看，有职内培训和职外培训。职内培训指工作教导、工作轮调、工作见习和工作指派等方式，对于提升员工理念、人际交往和专业技术能力方面具有良好的效果。职外培训指在专门的培训现场接受履行职务所必需的知识、技能和态度等。

（4）制定培训计划。培训计划涵盖培训依据、培训目的、培训对象、培训时间、课程内容、师资来源、实施进度和培训经费等项目。

（5）培训实施。包括培训进度表，选择教学方式，将培训环境尽量保持与工作环境一致。

（6）培训评估。包括衡量培训成败，评估中间效果，评估接受培训者的培训效果，以及考察在工作中的运营情况。

2. 培训管理

培训管理包括培训运作管理、培训资源管理与培训管理制度。对培训管理的诊断也包含这三个方面。

（1）培训运作管理诊断。主要分析如何开展培训需求分析；是否制定了有效的培训计划；培训实施组织及培训效果评估等方面。

企业员工培训运作的一般流程如下。

①各部门填写年度培训计划交予管理部审核，审核通过后可向总经理提交《年度培训

计划表》，总经理签批后即可组织执行培训工作。

②临时安排的培训计划，相应部门填写《培训申请单》交管理部，管理部将在初审后上报至总经理进行审批，总经理审批通过后方可由管理部组织实施培训工作。

③岗前培训。培训内容包括公司简介、员工手册、人事管理规章的讲解；企业文化知识的培训；工作要求、工作程序、工作职责的说明；业务部门进行业务技能培训。

④在职培训。包括师徒培训、脱产培训和专业学历学位学习等。

⑤专题培训。公司根据发展需要或者部门根据岗位需要，组织部分或全部员工进行某一主题的培训工作。

⑥培训后考核。培训后的考核由培训部门自行决定，一般包括：培训教师评核、经理评核及员工自评等。

⑦撰写相关记录、报告。

有些企业未作培训需求分析即制定培训课程，或是虽有培训需求分析，但缺乏科学性。如只是根据岗位职责来确定培训课程，而没有根据员工绩效评估及能力差距等方面来进行分析，导致员工不认同培训内容或是对培训缺乏兴趣。由于没有进行有效的培训规划，必然会造成培训计划的有效性不足，另有些企业培训计划的制定，往往是由人力资源部培训管理人员"编制"出来的，没有与各部门进行充分沟通。培训实施组织的成功，需要做好培训前、培训中和培训后各方面的准备工作，否则必然失败。培训效果评估方面，许多企业评估方法不正确，只是对讲师进行简单打分，而不是对培训课程效果、培训知识运用效果等方面的综合评估，因而造成评估流于形式，未发挥真正作用。

（2）培训资源管理诊断。主要分析企业的培训资源及其配置是否合理。培训资源包括培训师资、培训课程、培训设备与培训费用。培训师资诊断主要是分析企业是否建立了内部讲师培训机制及外部讲师选择、评估机制。

（3）培训管理制度诊断。这是对企业是否建立了培训管理制度以及制度是否清晰、规范、明确进行分析。系统化的培训制度应包含培训讲师管理制度、课程管理制度、设备管理制度和费用管理制度等方面。

3. 培训课程

对培训课程的诊断，主要是分析培训课程的开发、课程数据库的建立与维护以及课程的系统性与前瞻性等方面。培训课程开发，是基于对培训需求的分析，未进行有效的需求分析，所开发的课程必然不能满足实际需要。建立与维护课程数据库，便于管理与查询，因而是否建立了课程数据库也是对企业培训课程管理情况的评估因素。课程的系统性与前瞻性，则是分析企业所建立的课程是否根据不同要求进行了分类，如是否根据企业核心能力要求建立核心能力类课程；是否根据对管理能力要求建立管理类课程；是否根据岗位专业要求建立专业类课程。

4. 职业生涯管理

对职业生涯管理方面的诊断，主要是分析企业是否根据不同职类的员工设计了不同的职业发展道路，是否为员工设计了职业生涯规划以及职业生涯规划对员工激励的效果等方面。

（七）企业绩效管理诊断

绩效管理是指各级管理者和员工为了达到组织目标共同参与的绩效计划制定、绩效辅导沟通、绩效考核评价、绩效结果应用和绩效目标提升的持续循环过程，绩效管理的目的是持续提升个人、部门和组织的绩效。

绩效管理诊断的主要内容包括绩效管理思想、绩效管理制度、绩效指标、绩效目标与评估标准等方面。

1. 绩效管理思想

对绩效管理思想的诊断，主要是分析企业对绩效管理的认识。许多企业对绩效管理的认识只是停留在绩效考核上，即只是对员工设立了绩效计划，当绩效考核期结束后对员工业绩进行评价。绩效管理不仅要了解员工工作结果，还应对员工的工作过程进行监控，即过程管理。在设立了绩效计划后，管理人员应对员工的绩效计划实施过程进行监控，并保持与员工的沟通，及时给员工以指导，从而帮助员工提升绩效。在考核结束后，还应给出绩效改进意见。

2. 绩效管理制度

对绩效管理制度的诊断，主要是分析企业绩效管理组织者和绩效管理对象是否明确；绩效管理过程设计是否明确；绩效周期设计是否合理；绩效结果的应用是否有效等。绩效管理组织者，需要明确各方职责，谁组织、谁参与和谁决策；绩效管理对象，需分析考核是否包含部门绩效与员工绩效；绩效管理过程，需分析绩效管理各阶段的主要工作是否清晰、明确；绩效周期设计，需分析考核频率是否合理，能否起到及时监控的作用；绩效结果应用，需分析绩效管理对员工的激励效果。

3. 绩效指标、绩效目标与评估标准

对绩效指标、绩效目标与评估标准的诊断，主要是分析企业绩效指标的来源，绩效目标能否实现以及评估标准是否合理等方面。绩效指标的来源，需分析企业绩效体系设计思想，一般而言，绩效管理体系设计思想不同，绩效指标则不同，如果是基于战略来设计绩效指标，则应该先明确公司层面的绩效指标，再分解到部门，然后分解到岗位。而很多企业所设计的绩效指标，一般是根据岗位职责，因而缺乏与公司战略的结合。绩效目标的设立，需了解绩效目标的设立方法，有些企业在设立绩效目标方面未分析历史数据，而是盲目设立，造成目标的不可实现，从而影响对员工的激励效果。评估标准，需分析评估标准的量化或可描述性，有些企业没有设计明确的评估标准，导致评估缺乏依据，无法量化，因而造成员工对评估的公平性提出质疑的现象。

4. 绩效考评

绩效考评是绩效管理的关键环节，只有建立公平公正的评估系统，对员工和组织的绩效做出准确的衡量，才能对业绩优异者进行奖励，对绩效低下者进行鞭策。如果没有绩效评估系统或者绩效评估结果不准确，那么将导致激励对象错位，从而整个激励系统就不可能发挥作用。

绩效考评就是根据绩效计划拟定的指标和标准，采用合理的评价方法，衡量员工的各方面绩效。

（1）绩效考评方法。常用的绩效考评方法如图5-3所示。

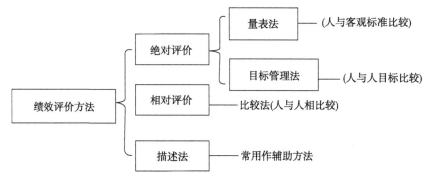

图 5-3 绩效评价方法

①量表法。即将一定的分数或者比重分配到各个绩效评价指标上，使每项评价指标都有一个权重。然后由评价者根据评价对象在各个评价指标上的表现情况，对照标准做出判断并打分，最后汇总计算出总分，得到最终绩效评价结果。主要包括：图尺度量表法、等级择一法、行为锚定量表法、综合尺度量表法和行为对照表法等。

②目标管理法。一般是管理者与员工共同制定一套便于衡量的工作目标，并定期与员工讨论目标的完成情况，这是最典型的结果导向型量表法。

③比较法。即对评价对象进行相互比较，从而决定其绩效的相对水平。主要包括：排序法、配对比较法、人物比较法和强制分配法等。

④描述法。描述法是对各类绩效评价方法必要的补充，往往被视作另一类特殊的绩效评价方法。描述法的实用性很强，但是由于没有统一的标准，难以对多个评价对象进行客观、公正的比较，而且其与评价者的文字写作水平关系较大，因而不适用于评价性评价，而较适用于发展性评价。主要包括：态度记录法、工作业绩记录法、指导记录法和关键事件法等。

（2）绩效考评指标的确定。绩效指标即绩效的维度，就是说要从哪些方面来对员工的绩效进行考核，指标既要与组织战略对员工的总体要求相一致，又要与具体的工作性质相匹配，并具有简单、明确和清晰的操作定义。

（3）绩效考评流程。企业员工绩效考评的一般流程如下。

①详细的岗位职责描述及对职工岗位的合理培训。

②尽量将工作量化。

③人员岗位的合理安排。

④考核内容的分类。

⑤企业文化的建立，如何让人成为"财"而非"材"是考核前需要考虑的重要问题。

⑥明确工作目标。

⑦明确工作职责。

⑧从工作的态度（主动性、合作、团队和敬业等）、工作成果和工作效率等几个方面进行评价；

⑨给每项内容细化出一些具体的档次，每个档次对应一个分数，每个档次要给予文字的描述以统一标准（比如优秀这个档次一定是该员工在相同的同类员工中表现明显突出的，并且需要用具体的事例来证明）。

⑩给员工申诉的机会。

（4）绩效考评反馈。进行绩效评价的目的在于发现问题、反馈问题并及时解决问题。绩效反馈面谈是最主要的绩效反馈形式之一，既可以帮助员工认识到工作中存在的问题，使员工与管理者就评价结果达成一致意见，又可以帮助员工制定绩效改进计划，为员工的职业规划和未来发展提供信息。

（八）企业薪酬管理诊断

薪酬是指雇佣员作为雇佣关系中的一方所得到的各种货币收入，以及各种具体的服务和福利之和；是员工向其所在单位提供所需要的劳动而获得的各种形式的补偿；是单位支付给员工的劳动报酬。

薪酬分为货币性薪酬和非货币性薪酬。货币性薪酬包括直接货币薪酬、间接货币薪酬和其他货币性薪酬。其中直接薪酬包括工资、福利、奖金、奖品和津贴等；间接薪酬包括养老保险、医疗保险、失业保险、工伤及遗嘱保险、住房公积金和餐饮等；其他货币性薪酬包括有薪假期、休假日和病事假等。非货币性薪酬包括工作、社会和其他方面。其中工作方面包括工作成就、工作有挑战感和责任感等优越感觉；社会方面包括社会地位、个人成长和实现个人价值等；其他方面包括友谊关怀、舒适的工作环境和弹性工作时间等。

薪酬管理是在组织发展战略的指导下，对员工薪酬支付原则、薪酬策略、薪酬水平、薪酬结构、薪酬构成进行确定、分配和调整的动态管理过程。包括薪酬体系设计与薪酬日常管理两个方面。

薪酬管理诊断，主要诊断的内容包括薪酬体系设计、薪酬管理制度、薪酬水平、薪酬结构和薪酬发放等方面。

1. 薪酬体系设计

薪酬体系设计的流程如下。

（1）工作分析并进行岗位价值评价。

（2）岗位分层级并为岗位设置标杆。

（3）计算层级薪酬总和并计算年薪和月薪。

（4）设定固定工资与绩效工资。

（5）分别设计各个部门岗位薪酬方案。

（6）建立薪酬管理。

对薪酬体系设计的诊断，主要是分析企业如何进行薪酬体系设计的，是否进行了岗位评估。一般而言，薪酬设计应该针对不同岗位在企业的相对价值给予相应的薪酬。所以，是否进行了岗位评估是评价薪酬体系设计方法科学性与否的关键。此外，如果进行了岗位评估，还应对评估因素的合理性进行分析，以了解评估是否公平合理。

2. 薪酬管理制度

日常薪酬管理的原则包括：竞争性原则、公平性原则、激励性原则、业绩导向原则、充分差距原则、人性化原则和动态性原则。

对薪酬管理制度的诊断，主要是分析企业是否建立了明确的薪酬管理制度，是否对员工入职薪酬的确立、薪酬调整等方面进行了规定。薪酬制度是企业员工较为关心的制度之一，许多企业所制定的薪酬管理制度往往不够清晰，导致员工对薪酬如何计算、如何调整不明确，造成薪酬的激励性降低。

3. 薪酬水平

对薪酬水平的诊断，主要是对薪酬的外部竞争性、内部公平性以及自我公平性等方面进行判断。薪酬外部竞争性需要结合对行业内其他企业或是本地区规模相似企业薪酬水平进行调查；内部公平性则是了解是否根据岗位价值制定了不同水平的薪酬；自我公平性则是是否根据员工绩效表现给予了相应的奖励。

4. 薪酬结构

对薪酬结构的诊断，主要是分析不同类型岗位薪酬结构与比例。一般而言，薪酬结构应包含固定与浮动两部分，而不同类型的岗位，由于工作性质不一样，因而薪酬结构比例理应不同。如销售类岗位，为了加大对任职人员的激励性，其浮动部分比例应增大；而行政类岗位，由于浮动工资对其工作绩效的影响不大，因而其浮动部分比例不应太大。

5. 薪酬发放

对薪酬发放的诊断，一般是对奖金发放方式的分析。有些企业对在奖金发放方面采取年度发放方式，由于激励是有时效性的，奖金发放如果不及时可能会使激励效果大打折扣，因而合理的薪酬发放也是影响激励效果的重要因素之一。

（九）企业员工激励诊断

员工激励是指通过各种有效的手段，对员工的各种需要予以不同程度的满足或者限制以激发员工的需要、动机和欲望，从而使员工达成某一特定目标并在追求这一目标的过程中保持高昂的情绪和持续的积极状态，充分挖掘潜力，全力达到预期目标的过程。员工激励有利于形成员工的凝聚力，提高员工的自觉性和主动性，有利于开发员工潜力和保持积极状态。

不论是马斯洛需求层次理论还是赫兹伯格双因素理论再或者是费鲁姆的期望理论，我们可知，在不同阶段人们的需求是不一样的，因此采取的激励措施应该也是不一样的。所以企业首先要分清楚自己的员工处于哪个需求层次，这样才能采取更有效的激励措施。

生理需求阶段。这一阶段，主要的激励方式应该是工资，企业通过提高员工工资的形式来提高员工满意度，从而促使员工更加积极工作。

安全需求阶段。处于这一需求层次的员工主要是担心自身安全问题，如生病看不起等。

对于这群员工的激励措施应该是为他们提供更好的就业保障，购买三险或者五险一金。

社交需求阶段。处于这一阶段的员工生活和安全上已经得到了基本保障，他们更加渴望与人的交流。对此，企业可以在公司内部多开展娱乐活动，提高员工在工作以外的接触程度。

尊重阶段。对处于这一需求阶段的员工的激励方式主要是多对他们进行表扬与认同，为其提供更多的转岗或升职机会。

自我实现阶段。这一阶段员工自我意识较强，希望有更多的自我表现机会。企业要尽量做到充分放权，让员工主动充分发挥其才能。

（十）企业员工关系管理诊断

员工关系指员工与公司、员工与员工之间的关系，企业以此引导建立积极向上的工作环境。

从广义上讲，员工关系管理是在企业人力资源体系中，各级管理人员和人力资源职能管理人员通过拟订和实施各项人力资源政策和管埋行为，以及其他的管理沟通手段调节企业和员工、员工与员工之间的相互联系和影响，从而实现组织的目标并确保为员工、社会增值。

从狭义上讲，员工关系管理就是企业和员工的沟通管理，这种沟通更多采用柔性的、激励性的和非强制的手段，从而提高员工满意度，支持组织其他管理目标的实现。其主要职责是：协调员工与公司、员工与员工之间的关系，引导建立积极向上的工作环境。

现代的、积极的员工关系管理主要包含：劳动关系管理、法律问题及投诉、员工的活动和协调、心理咨询服务、员工的冲突管理、员工的内部沟通管理、工作丰富化、晋升、员工的信息管理、员工的奖惩管理、员工的纪律管理、辞退、裁员及临时解聘、合并及收购、工作扩大化和岗位轮换等16项内容。如图5-4所示。

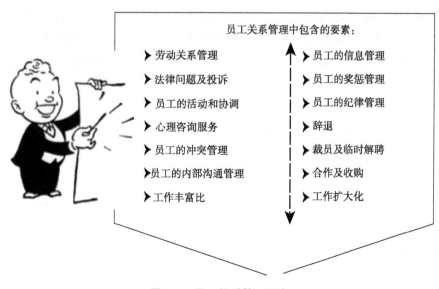

员工关系管理中包含的要素：

➤ 劳动关系管理　　　　➤ 员工的信息管理
➤ 法律问题及投诉　　　➤ 员工的奖惩管理
➤ 员工的活动和协调　　➤ 员工的纪律管理
➤ 心理咨询服务　　　　➤ 辞退
➤ 员工的冲突管理　　　➤ 裁员及临时解聘
➤员工的内部沟通管理　➤ 合作及收购
➤ 工作丰富比　　　　　➤ 工作扩大化

图5-4　员工关系管理要素

员工关系管理的起点是让员工认同企业的远景。没有共同的远景，缺乏共同的信念，就没有利益相关的前提。但凡优秀的企业，都是通过确立共同的远景，整合各类资源，当然包括人力资源，牵引整个组织不断发展和壮大，牵引成员通过组织目标的实现，实现个人的目标。

完善激励约束机制是员工关系管理的根本。企业有多种利益相关者，但其创立和存在的核心目标在于追求经济价值，而不是为了单纯满足员工个体利益需求。因此，促使员工实现和了解企业组织的目标及其所处的竞争状况，并建立企业与员工同生存、共发展的命运共同体，是处理员工关系的根本出发点。如何完善激励约束机制，建立科学合理的薪酬制度包括晋升机制等，合理利用利益关系就成了员工关系管理的根本。

心理契约是员工关系管理的核心部分。心理契约不是有形的，但却发挥着有形契约的作用。企业清楚地了解每个员工的需求和发展愿望，并尽量予以满足；而员工也为企业的发展全力奉献，因为他们相信企业能满足他们的需求与愿望。企业在构建心理契约时，要以自身的人力资源和个人需求结构为基础，用一定的激励方法和管理手段来满足、对应和引导员工的心理需求，促使员工以相应的工作行为作为回报，并根据员工的反应在激励方法上做出适当的调整；员工则依据个人期望和企业的愿景目标，调整自己的心理需求，确定自己在企业的关系定位，结合企业发展目标和自身特点设定自己的职业生涯规划，并由此决定自己的工作绩效和达成与企业的共识：个人成长必须依附企业平台，离开企业这个平台谈员工个人目标的实现只能是一句空话，这好比大海与溪水的关系，企业是海，个人是溪水，离开大海，溪水是会干枯的。这就是现代人力资源管理的心理契约循环过程，也是企业员工关系管理的核心部分。

职能部门负责人和人力资源部门是员工关系管理的首要责任人。在企业员工关系管理系统中，职能部门负责人和人力资源部门处于联结企业和员工的中心环节。他们相互支持和配合，一方面协调企业利益和员工需求之间的矛盾，提高组织的活力和产出效率；另一方面他们通过协调员工之间的关系，提高组织的凝聚力，从而保证企业目标的实现。因此，职能部门负责人和人力资源部门是员工关系管理的关键，是员工关系管理的首要责任人，他们的工作方式和效果，是企业员工关系管理水平和效果的直接体现。

三、企业人力资源管理决策

（一）人力资源管理可选择的战略

1. 人力资源开发战略

人力资源开发战略是指有效地发掘企业和社会上的人力资源，为积极地提高员工的智慧和能力而进行的长远性的谋划和方略。可供选择的人力资源开发战略方案有。

（1）引进人才战略。

（2）借用人才战略。

（3）招聘人才战略。

（4）自主培养人才战略。

（5）定向培养人才战略。

（6）鼓励自学成才战略。

2. 人才结构优化战略

人才结构优化是指从组织的战略发展目标与任务出发，认识和把握人才群体结构的变化规律，建立一个较为理想的人才群体结构，更好地发挥人才群体的作用，使人才群体内各种有关因素形成最佳组合。或者说是对群体要素和系统的组织配合方式的不合理性与失调的地方进行调整，以提高群体的整体功能对组成人才群体结构的子结构进行综合思考，形成一个多维的最佳组合，这种最佳组合应该符合三条标准。

（1）能够适应组织发展战略的需要，有利于形成组织的核心竞争能力。

（2）能够充分发挥群体内各因素的作用，充分调动组织内各类人才的积极性。

（3）能够发挥整体效能，使人才群体共同发展。

可供选择的企业人才结构优化战略方案有：

（1）人才层次结构优化战略。

（2）人才学科结构优化战略。

（3）人才职能结构优化战略。

（4）人才智能结构优化战略。

（5）人才年龄结构优化战略。

3. 人才使用战略

可供选择的企业人才使用战略方案有：

（1）任人唯贤战略。

（2）岗位轮换使用战略。

（3）台阶提升使用战略。

（4）职务、资格双轨使用战略。

（5）权力委让使用战略。

（6）破格提拔使用战略。

（二）企业人力资源管理决策

企业人力资管理决策的目标包括：

（1）根据企业中长期发展的要求，保证其对人力资源总量的需要。

（2）优化人力资源结构，形成合理的人才结构，满足企业各层次、各专业对人才的需要。

（3）提高每个劳动者的素质，使之与其岗位工作的要求相适应，提高职工队伍的整体素质，发挥人力资源的整体效能。

（4）努力把人力转化为人才，促使每个劳动者都能成才，发挥他们的积极性、进取性和创造性，为企业发展和进步做出应有的贡献。

企业人力资源受到多种因素的制约和影响，为实现企业人力资源管理的目标，在对企业人力资源进行管理决策时，首先需要对企业人力资源环境进行总体的分析研究。

1. 人力资源外部环境分析

企业人力资源外部环境分析的目的是，全面了解和掌握外部环境的状况及其变化的总趋势，并揭示企业在未来发展中可能遇到的机会（发展的机遇）和威胁（面临的风险）。分析的内容包括：

（1）社会环境分析。主要是对社会经济、政治、科技、文化和教育等方面发展状况和总趋势的分析。

（2）劳动力市场的环境分析。包括对劳动力市场四大支持系统的分析（就业与失业保险体系、劳动力的培训开发体系、中介服务体系和相关法律法规体系）；对劳动力市场功能的分析，如劳动力市场覆盖率、劳动力流动率以及劳动力流动的结构分析、各类专门人才供给分析和劳动力市场价位变动情况的分析；通过劳动力市场进入本企业的各类劳动力供给来源的分析（地域特点、员工素质状况、劳动力流动率和稳定性等）；劳动力市场的这些变数将会对企业产生何种有利与不利的影响。

（3）劳动法律法规和政策的环境分析。各种法律法规对企业产生了何种影响，利弊得失如何。

（4）产业结构调整与变化对企业人力资源供给与需求的影响分析。它对本企业将产生何种影响，企业的优势和劣势是什么。

（5）同行业各类劳动力供给与需求的分析。本企业与同行在人才市场的竞争中具有何种优势和劣势。

（6）竞争对手的分析。掌握竞争对手的相关情况，竞争对手采用何种策略吸引和留住人才，其企业文化状况与人力资源策略的分析，人力资源管理具体模式的分析等。

2. 人力资源内部能力分析

企业人力资源内部能力分析是从企业人力资源的现状出发，通过全面深入的分析，了解企业在未来发展中的优势和劣势，为人力资源战略的确定提供依据。通过对人力资源内部能力的客观全面分析，将有利于企业针对人力资源现存的问题，有效地克服各种妨碍企业战略目标实现的缺点或缺陷，并就如何继续保持和增强企业人力资源的竞争优势做出正确的决策。

企业人力资源内部能力分析的内容包括：

（1）企业人力资源的现状分析。各类专业人才（技术人才、管理人才和其他人才）的需求情况分析；人员素质结构的分析；员工岗位适合度与绩效情况的分析等。

（2）企业组织结构的分析。通过组织分析和诊断，发现组织上的优势以及存在的主要问题，提出组织变革和创新的设想。

（3）人力资源管理的规章制度以及相关的劳动政策的分析。企业在劳动组织、分工与协作、工作小组、工时与轮班制度、安全生产与劳动卫生、薪酬福利与保险以及劳动关系和劳动争议处理等方面存在的优势和劣势。

（4）企业文化的分析。从文化的内涵，如企业精神的培育、员工信念的树立、企业价值观的认可乃至企业形象的设计，通过认真的检讨，找出企业文化的优势与缺陷并提出意见和建议。

在对人力资源内外部环境条件和能力分析的基础上，还需要进一步对企业人力资源在未来发展中可能获得的机遇以及可能遇到的威胁和挑战做出冷静客观的分析。机遇包括：经济高速发展，政府政策更加宽松，劳动力市场机制日臻完善，竞争对手决策失误，突破同业的防御进入新的领域，企业全员素质迅速提高和集团凝聚力明显增强等；威胁包括：经济低迷，发展速度明显放慢，不利的政府政策，劳动力市场供求矛盾突出，劳动力成本上涨，竞争对手迅速成长，潜在竞争者进入市场，进攻不利、防御失败等。

3. 人力资源战略的选择

企业应结合以下因素来选择以上的各种人力资源战略。

（1）国家有关劳动人事制度的改革和政策。

（2）劳动力市场和人才市场的发育状况。

（3）企业的人力资源开发能力。

（4）企业人力开发投资水平。

（5）社会保障制度的建立情况。

第二节 企业人力资源管理诊断与决策案例实训

一、典型企业介绍

用友软件股份有限公司（以下简称"用友公司"）成立于 1988 年，长期致力于提供具有自主知识产权的企业应用软件和电子政务管理软件的产品、服务与解决方案，并在金融信息化和软件外包等领域处于市场领先地位。中国及亚太地区超过 150 万家企业与机构使用用友软件，中国 500 强企业超过 60% 使用用友软件。2011 年获"年度中国经济十大领军企业"和上交所"年度董事会奖"。

图 5-5 企业 LOGO

在中国 ERP 软件市场，用友公司从 2002 年开始一举打破国际厂商在该领域的垄断地位，连续两年摘取市场占有率第一的桂冠。用友公司的崛起改变了中国 ERP 市场的版图，使该市场成为一个以本土厂商为主的国际化竞争市场。作为中国最大的财务软件供应商的用友公司，以 30% 左右的市场占有率长期保持该市场中的领先地位，用友公司的财务软件在各行各业得到广泛深入的应用，成为推动中国财务管理信息化的主流应用软件和实际应用标准，为中国的财务会计改革提供了强有力的工具。从 1999 年开始，用友公司就成为中国最大的独立软件供应商。用友公司秉承"与用户真诚合作、做用户可靠朋友"的理念，长期专注于软件产品研发与市场推广，23 年的持续耕耘为用友公司积累了 30 多万客户，同时使用友公司成为中国行业应用最广泛、实际服务经验最丰富的企业应用软件供应商。用友公司的产业布局划分为三大板块，分别是企业管理软件、电子政务软件和软件外包业务。用友公司旗下有用友软件股份公司、用友政务软件公司和用友软件工程公司等 10 家投资控股的企业，5 家海外公司、31 家参股公司，用友公司在全国各地拥有 35 家分公司、15 家办事处，形成了近千人的软件开发队伍、逾千人的软件咨询顾问实施队伍和三千多人的企业规模。

2001 年 5 月，用友公司股票在上海证券交易所挂牌上市（股票简称：用友软件；股票代码：600588）。2002 年"用友"商标被认定为"中国驰名商标"。用友公司是中国最大的管理软件、ERP 软件和财务软件供应商。用友公司的企业应用软件产品线非常丰富，涉及ERP（企业资源计划）、SCM（供应链管理）、CRM（客户关系管理）、HR（人力资源管理）、EAM（企业资产管理）、OA（办公自动化）和行业管理软件等诸多领域。依靠领先的技术、丰富的产品线、强大的咨询实施队伍和优秀的本地化服务，用友管理软件、ERP 软件销售、服务收入持续几年稳居中国市场首位，在制造业、流通业、服务业、金融业、政府机构以及传媒出版行业，用友软件都得到了广泛的应用，成为推动中国企业管理信息化和政府信息化的主流应用软件。

二、企业人力资源管理现状

（一）企业人力资源管理优势

1. 规范而完善的人力资源体系

用友公司认为，软件企业吸引人才、留住人才的方式可分为三个层次：第一，企业发展是吸引人才、留住人才的首要前提；第二，人才薪资、福利待遇；第三，人才培训体系。围绕这三个层次，用友公司制定了一系列人力资源规划，将"来源于业务，服务于业务"作为指导思想之一，根据业务发展构建人才体系。用友的人力资源体系包括招聘和委任管理、培训体系、绩效评估、薪酬福利、员工关系和职业生涯规划。用友公司凭借其鲜明的企业文化内涵和完善的人力资源体系，吸引了大批一流的人才，在软件产品技术上不断创新，持续领先，与国际最新技术同步，为国家和民族软件产业的进步做出了巨大贡献。

2. 优秀的开发队伍

用友公司开发部聘请了五十余位教授、博士及各行业的应用专家作为企业开发顾问。规划产品模型，指导产品开发；建有国内唯一一家软件企业博士后流动站——用友企业应用软件博士后流动站；从开发的组织结构上，不仅有从事通用软件开发的产品本部，还设有行业软件开发部、软件工程公司来进行行业软件和项目软件的辅助开发，保证每个项目既有通用版产品的强大功能，又能解决个性化的需求。公司专职开发人员 1400 多人，其中本科以上学历占到了 90%以上，在北京上地信息产业基地建有面积约一万平方米、全智能型的用友软件大厦，是中国目前最大的企业管理软件产业发展基地。用友公司是国家级火炬计划软件项目承担单位，2002 年 6 月 21 日公司顺利通过 CMM3 级评估，2005 年 6 月公司又通过 CMM5 级评估。

（二）企业人力资源管理中存在的问题

用友的人力资源管理中也存在一些不利因素。

首先，复合型人才缺乏，员工整体素质有待提高。用友公司在创立初期，其主导产品为财务管理软件。企业中两类知识背景的员工较多，一是计算机软件技术人员，其主要职能是软件产品的开发；二是财会人员，其主要职能是帮助客户应用财务管理软件并解决应用中出现的问题，即产品服务人员。

为了适应市场需要，增强企业竞争力，用友的产品正逐步向多元化方向发展，主要包括 ERP、HRM、CRM、SCM 等管理软件，在企业与产品转型期间，研发、营销、服务和管理等各类人才缺口很大。同时，软件行业的主要变化趋势有：计算机技术迅猛发展，B/S、C/S 网络架构的软件产品逐步成为主流，系统日益庞大，业务更加复杂，这对软件研发人员的知识更新速度提出了更高的要求，营销和服务人员显然也要奋力跟上计算机技术的发展；软件产品在企业内应用范围迅速拓宽，如 ERP 产品的应用范围扩展到整个企业的生产运作、物流、财务、人力资源和客户关系管理等方面，管理软件企业的员工必须要花更多的时间深入了解新产品；软件产品的应用行业越来越多，机械、电子、化工和食品等行业客户不断增加，各具特色的行业知识成为员工必须要掌握的内容；项目型的团队合作在研发、营销和服务工作中均开始占据主导地位，单纯依靠个人力量来完成项目已经越来越不切实际。为了适应这种变化，老员工也面临巨大挑战。

目前用友及其他国产管理软件企业中既有计算机、管理知识背景，又具有行业和项目管理经验的复合型人才严重缺乏。

其次，人员流动的困扰。用友软件的人员流动也一直困扰着公司的 HR 人员，用友流失的 IT 员工有部分在当地的其他行业、企业、高新开发区流动；部分技术员工，特别是女性员工，在学习财务知识后，以其用友软件的技术能力为优势，开始将自己的职业发展规划转向各大中型企业的财务部；也有部分有经验、有能力的人员开始组建自己的公司，申请成为用友软件的代理商，从适合中小企业使用的软件开始，负责用友软件的销售和本地化实施、维护工作，并在企业培养较优秀的技术人才，有较强的实施能力后，慢慢向销售大型企业使用的软件发展。

三、企业人力资源管理规划

针对用友公司在人力资源管理方面存在的问题，公司应制定适应公司发展的人才制度，具体包括以下几点。

（1）规划并建立适应 ERP 业务特点的核心胜任能力体系（KCI）以及关键业务序列的岗位资格认定制度。

（2）实施精英人才战略，采取特别措施引进急需人才；执行末位淘汰，优化人才队伍结构。

（3）加大培训投入，全面提升组织能力；结合资格认证，使培训系统化、常规化。

（4）绩效/薪酬管理：基于职位评估，统一薪酬制度和激励政策；完善并推广以关键业绩指标体系（KPI）为核心的业绩管理体系，严格执行以结果为导向的业绩考核，加强对岗位的业绩管理；重点提高一线人员特别是 ERP 售前/销售/实施人员的待遇水平；推进岗位工资定级、调整的标准化和流程化；集中管理，保证薪酬政策执行到位；综合评价业绩、行为和能力，指导个人发展。

（5）专项开展企业文化工作，整合、提炼、传播公司文化，发挥用友文化优势。

（6）建立简洁、整合、统一和高效的人事管理体系。优化、统一各项人事管理制度及流程；建立员工网络自助服务系统；改进服务态度、提升服务效率。

（7）基于公司人力资源产品，建设全国统一的人力资源管理信息化应用平台（用友-EHR），实现人力资源的集中管理。

四、企业人力资源管理实施

（一）人力资源开发

人力资源开发始终配合着企业战略，推出了以能力建设为核心的人才产品、渠道、售前、实施和售后五大工程；人力资源部为配合整个公司的业务和策略，把加强 KCI 体系（核心胜任能力指标）的建设作为工作重点。

KCI 体系是用友人力资源管理体系的基础平台，它向全体员工传达一个信息；你必须具备什么资质和能力才能确保你现在或将来在工作中取得成功。KCI 体系将进一步配合公司战略，推动战略执行。

（二）人才结构优化

用友公司的人才结构优化战略是通过绩效考核管理方法实施的，在绩效管理方面，用友公司采用的是 KPI（关键业绩指标）。其目的就是怎么去落实公司的计划和战略，让公司的战略最终变成可操作的东西。

用友的 KPI 分三个层面，即公司级、机构和业务单位级以及员工级。公司级 KPI 通常是由董事会来制定的；人力资源部根据各机构的业务性质，将公司级 KPI 分解到产品事业部及各平台部门，形成机构级 KPI，如事业部的 KPI 有财务指标和非财务指标，财务指标包括销售收入、预算及费用指标，而非财务指标就是研发、产品市场、产品管理、产品开发、产品支持与服务等指标，对每个指标都有详细阐述，如产品市场涉及宣传、广告和市场工具等。机构级 KPI 是人力资源部的工作重心；至于员工级 KPI，人力资源部会做公共的模板，对相关的业务部门进行一些指导，并对模板进行一些说明。模板基本上是大同小异的，因为不同机构的员工很多，模板有很多公共的东西。模板有很多关键项目，如年度目标和策略、季度目标和策略。然后往下分解具体工作的权重、具体的目标值和业绩衡量的标准。员工级 KPI 通常要在季度初落实，季度末由人力资源部检查，员工要对目标完成情况有一个描述，并进行自我评价。

（三）人才使用

在用友软件有限公司内部，企业为员工提供在业内有竞争力的薪酬、福利、培训和成长机会，坚持"员工是企业的第一顾客"，重视员工激励以帮助员工融入企业，与企业共同发展作为人力资源管理的重点工作。

1. 员工薪酬方面

调查员工对现行的薪酬制度的意见，得到反馈后会同人力资源部门、高级管理人员、员工代表进行细节修改，使薪酬趋于平稳合理优化。

2. 工作本身方面

拓展工作上升通道，使员工在熟悉本职工作后，给员工提供纵向或横向的发展机会，使员工不会因为工作内容的枯燥无味而产生离职的情绪。

3. 绩效考核方面

绩效考核体系要做到对员工的公平，业绩考核尽可能地细化到每个员工的贡献，避免使某些员工对于绩效考核的公平性心生不满而出现离职现象。

4. 员工培训方面

在进行技术培训的同时，加强有助于提高员工创造力和思维能力的专项培训，并深入了解员工，为员工设置个性化的培训。

5. 企业文化方面

重视营造良好的企业文化，并经过提炼形成纲领指导，通过考核价值观，落实企业文化。"他们努力为员工营造一个认同、信任和尊重的工作环境，给予员工成为企业的主人、成为决策的参与者以及各项活动的管理者的机会。"用友公司把企业文化的最核心部分作为考核内容，在工作的各个细节中，用文化来考评人。

6. 员工职业发展规划方面

从员工新进公司开始，就对新员工明确企业的发展目标，使每个员工都知道本企业在发展上的长远战略目标。另外，用友软件公司在员工的每个发展阶段都为他提供纵向或横向的发展空间与众多的机会。

五、企业人力资源管理的评估与控制

（一）用友软件人力资源管理的评估

用友软件公司根据"双哑铃型"的人员能力建设架构以及"双通道"的人才发展战略加大对人力资源的投入，实施了"行业人才汇聚工程"，在全国范围内开展软件行业精英人才的大规模招聘，引进了大批优秀人才，为公司未来几年的发展储备了专业人才，加大了非核心业务的外包，公司人员结构进一步优化。

但是，用友软件公司在人力资源管理方面仍然存在一些不足。

首先，在渴望用高薪吸引优秀新人才的同时，怎样使有强烈历史贡献感的老员工感到公平，怎样设置有效的薪酬制度吸引新人才、留住旧人才，成为公司高层 HR 经理持续关注并亟待解决的问题。

其次，作为软件 IT 业，用友软件的用户大多是公司的管理人员。作为市场占有率保持领先的用友软件供应商，用友软件的用户数量每年都在飞快增长。与此同时软件的实施与维护工作量也不断地增加，为保持最好的客户满意度，软件实施与售后服务的工作强度不断增大。长期的加班加点致使员工工作压力过大，私人时间被占用，身体健康和正常生活受到影响。

最后，由于每个项目实施过程复杂，售后维护量大，业绩考核无法公平地细化到每个员工的贡献，这难免使某些员工对于绩效考核的公平性心生不满而出现离职现象。

（二）用友软件人力资源管理的控制

1. 建立和完善人才的竞争、激励和选择机制

竞争和激励机制能够激发人才的创新欲望，激活人才的创新潜能。竞争可以实现人才的优胜劣汰，保持人才队伍的良性循环。要用好的机制和好的作风选人，打破和舍弃选人用人中论资排辈的观念和做法，不拘一格，用人所长。人才激励机制的核心在于适当拉开不同层次人才的收入差距，克服事实上存在的平均主义。用友软件公司应通过建立现代工资制度，逐步形成以市场工资、业绩工资和岗位工资为内容的多元化工资分配模式；通过实行人才的优质优价，做到一流人才、一流业绩和一流报酬；通过实行技术成果作价入股、技术转让收入提成、技术成果转化利润分成等形式鼓励科技人员取得合法收入，从而较大幅度地提高高级人才的收入。对于高级人才的认定和分配其收入，不搞终身制，应加速实现专业技术职务评聘分开制度，逐步实现个人自主申报、社会量化评审以及单位自主聘任。对于基础理论研究和应用研究、长线专业与短线专业、可市场化专业与不可市场化专业等不同学科领域要因地制宜，设定考核评价的周期、指标和标准，采用不同的收入分配机制，达到收入与贡献相称，以充分调动人才的积极性。

2. 营造汇聚人才、用好人才并使他们建功立业的优良环境

吸引人才，留住人才，必须有尊重劳动、尊重知识、尊重人才、尊重创造的良好环境。环境包括"硬"和"软"两个方面，硬环境主要指人才的工作条件和生活条件，软环境主要指学术氛围、人际关系，等等。要尽可能地为人才创造良好的工作和生活条件，努力营造民主活泼的学术氛围、和谐融洽的人际关系。要关心、爱护、理解、信赖人才，从而吸引人才、留住人才、凝聚人才，为各类人才的创新、创业和发挥才能创造更为宽松的环境，以激励他们为祖国和人民多做贡献。

第三节　企业人力资源管理诊断与决策实验操作

本实训采用奥派企业经营与诊断实验软件。在"学习模式"可以查看管理诊断的专题案例与综合案例，点击案例图片或者名称，即可查看案例相关内容。

图 5-6　人力资源管理学习模式

一、企业人力资源管理理论学习

1. 企业人力资源管理理论学习

图 5-7　人力资源管理理论学习

左侧为该案例所属的理论知识，点击【目录】可以概览理论知识的大纲，点击标题可以直接查看该部分内容。

图 5-8　人力资源管理理论

2. 理论阅读与标注

选定理论知识中的一句话或一段话，可以编辑其字号、加粗、斜体、中划线、下划线、改变文字颜色及背景色，还可将这些格式清除。或者为选中的文字添加批注和书签。

3. 思考与问题

图 5-9 右侧为学习理论后回答的思考题，鼠标放在【参考答案】上会显示系统答案。

图 5-9　人力资源管理理论阅读

理论思考

1、人力资源管理的发展阶段。

保存

⬛ 参考答案

2、人力资源管理的含义。

3、人力资源管理的主要内容

①人事管理阶段人事管理阶段又可以分为科学管理阶段、工业心理学阶段、人际关系管理阶段。 ②人力资源管理阶段最早由1954年彼德·德鲁克在其著作《管理的实践》提出并加以明确界定，分为人力资源管理的提出和人力资源管理的发展两个阶段 ③战略性人力资源管理战略性人力资源管理体系是指在企业总体战略框架下对人力资源进行使用、管理、控制、协调、维

图 5-10　人力资源思考与问题

二、企业人力资源管理诊断实验操作

（一）案例定性分析

企业人力资源诊断实训就是通过对真实调查案例的分析，设计分析模型，进行数量分析。

图 5-11 左侧为该案例内容，点击【目录】可以概览案例大纲，点击标题可以直接查看该部分内容。

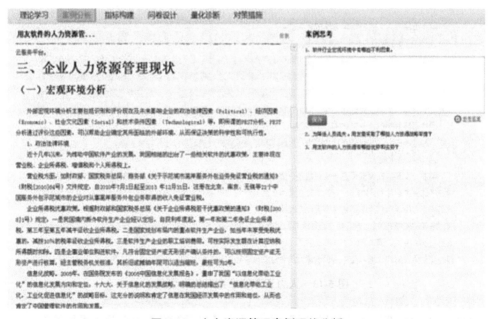

图 5-11　人力资源管理案例现状分析

图 5-12　人力资源管理案例的现状分析

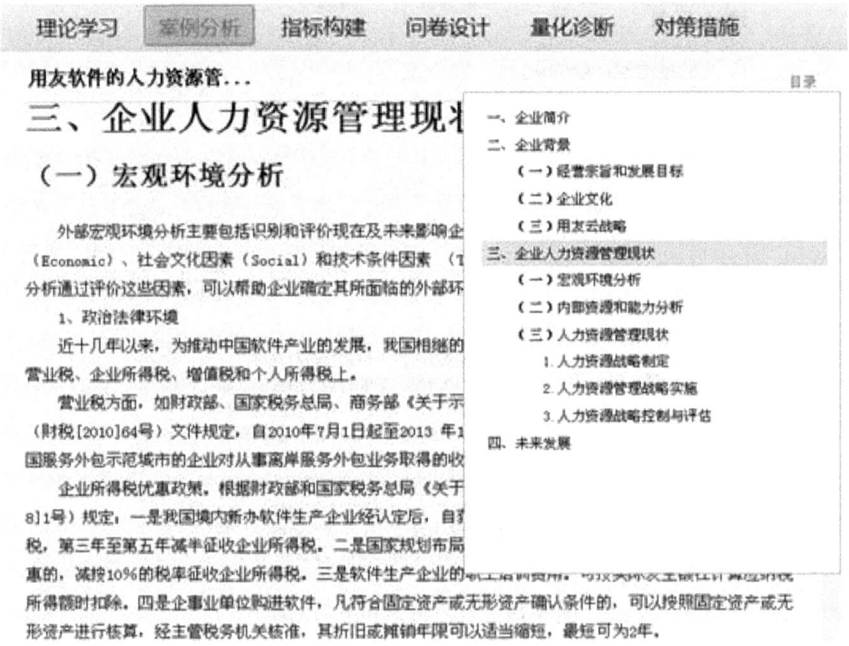

选定案例内容中的一句话或一段话，可以编辑其字号、加粗、斜体、中划线、下划线、改变文字颜色及背景色，还可将这些格式清除。或者为选中的文字添加批注和书签。

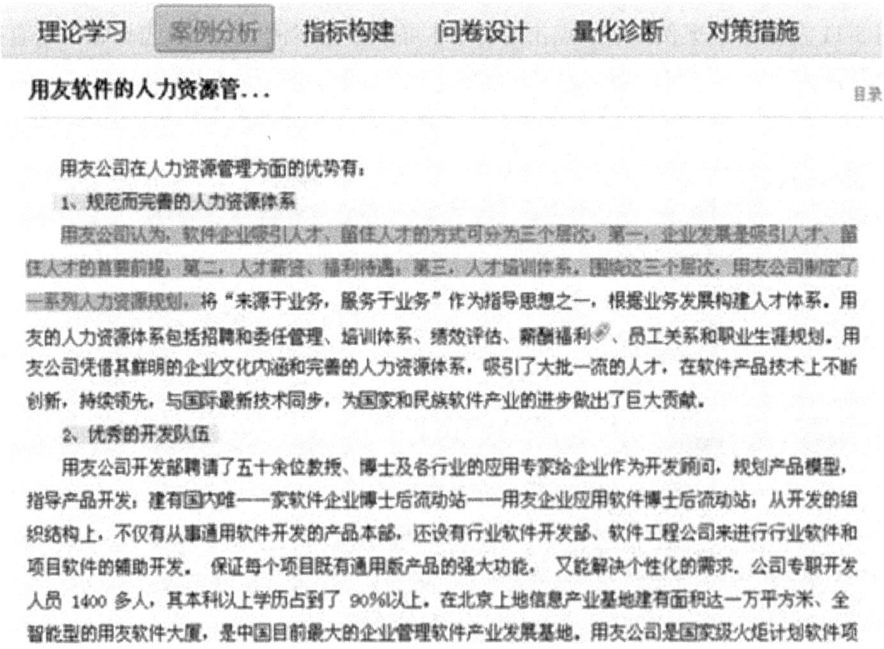

图 5-13　人力资源管理案例的现状分析

右侧为阅读案例后回答的思考题，鼠标放在【参考答案】上会显示系统答案。

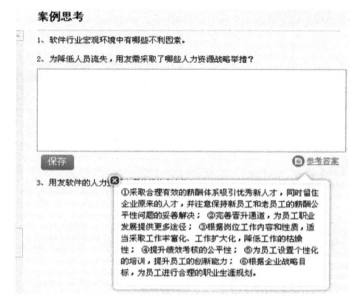

图 5-14　人力资源管理案例的思考

（二）案例量化分析

1. 指标构建

根据企业人力资源管理诊断理论，构建企业人力资源管理诊断指标体系。选择软件【指标构建】后，可以采用软件所提供的指标模型选用并创建指标，也可根据所分析的案例独立构建新指标体系。

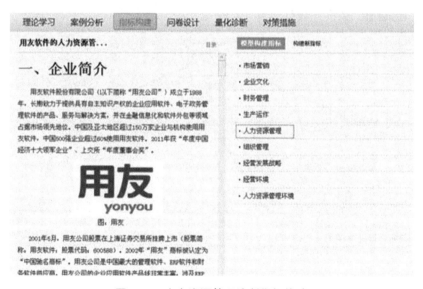

图 5-15　人力资源管理诊断指标构建

查看指标模板，可以此模板创建指标。点击"人力资源管理"，选择【模型构建指标】或【构建新指标】。

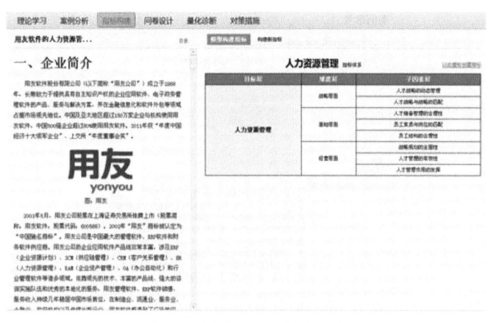

图 5-16　人力资源管理诊断指标模型

按照逻辑关系添加指标，点击【添加模块】或者【添加直线】，双击模块编辑指标名称，利用直线联系指标间的关系，完成后点击【保存】。

指标默认创建后，新创建的指标会覆盖之前的指标。若用户已创建指标，可通过"构建新指标"查看当前的指标。

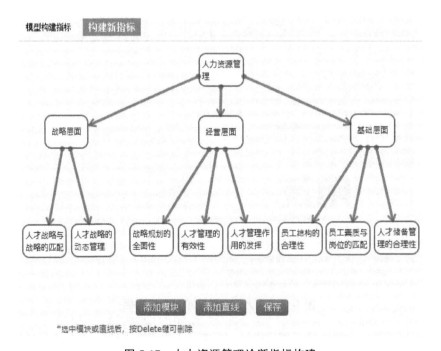

图 5-17　人力资源管理诊断指标构建

2. 问卷设计

根据构建的企业人力资源管理诊断指标模型，设计调查问卷，以便确定各项指标的数值和相关指标的量化关系。

（1）选择"问卷设计"，学生可以根据模板创建适合相关案例的调查问卷。

图 5-18　人力资源管理诊断问卷设计

（2）查看问卷模板，可以此模板设计新问卷。

编辑问卷基本信息，点击【保存】。

图 5-19　人力资源管理诊断问卷基本信息

（3）添加问卷问题。问题类型分为单选题、多选题、量表题与开放式题，根据需要添加各类型的问题，也可直接编辑现有题目。

图 5-20　人力资源管理诊断问卷设计

（4）在页面右侧点击【基本信息】，可以重新编辑问卷说明。

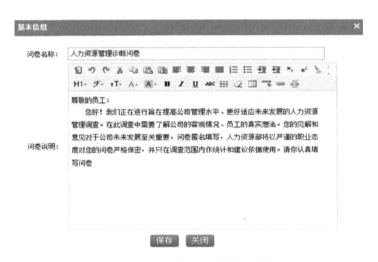

图 5-21　人力资源管理诊断问卷说明

（5）点击【设置指标】，可以设置问题指标，最多可设置十个。每个指标名称编辑完成后，按回车键确认。全部指标添加完成后，点击【保存】。

（6）如图 5-17 所示指标构建步骤，学生已创建指标，则此处显示指标模型的第二层即维度层。学生亦可根据需要修改，但修改需不影响前面的指标模型。

图 5-22　人力资源管理诊断问卷与指标的关联

（7）接下来将添加的指标与题目绑定。

图 5-23　人力资源管理诊断问卷与指标的绑定

（8）问卷题目和指标设置完成后，切记要点击页面上方的【保存问卷】。保存后，可以进行预览。

图 5-24　人力资源管理诊断问卷的生成

（9）在"我的问卷"中，一个案例只能设计一份问卷，再次设计的问卷会覆盖已设计的问卷。

图 5-25　人力资源管理诊断问卷的保存

3．量化诊断

选择"量化诊断"。

（1）点击【设计问卷】，可返回问卷设计部分，对问卷进行修改。如无修改需要，可点击"发布问卷"。

图 5-26　人力资源管理诊断问卷的保存

（2）点击【发布问卷】，则所发布的问卷发送到问卷库中，实验中的其他学生在问卷库中可以看见。其他学生根据对所读同一个案例的各自理解和分析，填写问卷，这是一个社会调查的过程。

（3）点击【填写问卷】，是根据对自己所读案例的理解和分析，填写自己所发布的问卷。

量化诊断

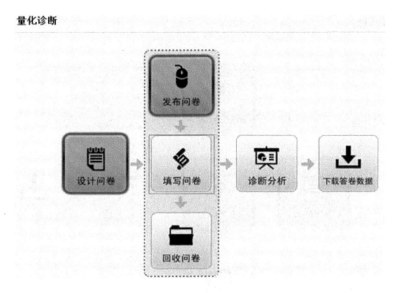

图 5-27 人力资源管理诊断问卷的发布与填写

（4）填写完所有问题后，点击问卷右上角的【提交问卷】。

图 5-28 人力资源管理诊断问卷的提交

（5）点击【回收问卷】，问卷回收后不在问卷库显示，其他同学无法填写。若需要收集多份答卷，请确认其他同学完成问卷填写后再回收。

量化诊断

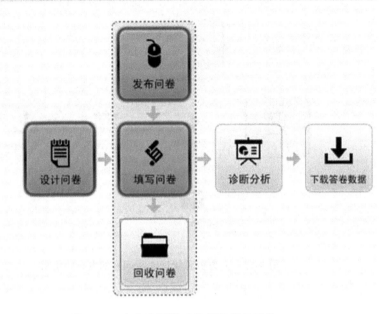

图 5-29　人力资源管理诊断问卷的回收

（6）问卷填写完并进行回收后，开始进行诊断分析。

量化诊断

图 5-30　人力资源管理问卷的诊断

（7）系统提供三类自动统计：单题统计、分类统计与汇总统计。

点击【单题统计】，可以查看每道题的回答情况。

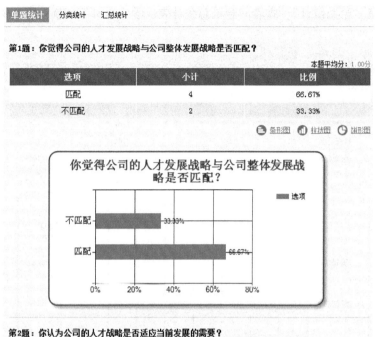

第1题：你觉得公司的人才发展战略与公司整体发展战略是否匹配？

本题平均分：1.00分

选项	小计	比例
匹配	4	66.67%
不匹配	2	33.33%

第2题：你认为公司的人才战略是否适应当前发展的需要？

图 5-31　人力资源管理问卷的单题统计

（8）点击【分类统计】，可查看同一指标下各个问题的答题情况。

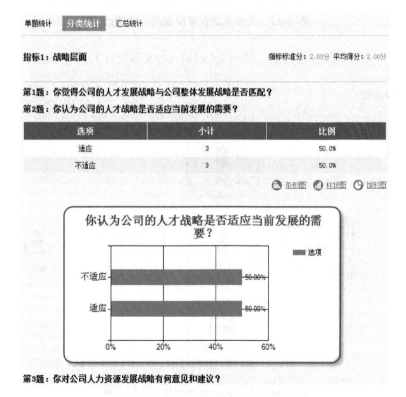

指标1：战略层面

指标标准分：2.00分　平均得分：2.00分

第1题：你觉得公司的人才发展战略与公司整体发展战略是否匹配？

第2题：你认为公司的人才战略是否适应当前发展的需要？

选项	小计	比例
适应	3	50.0%
不适应	3	50.0%

第3题：你对公司人力资源发展战略有何意见和建议？

图 5-32　人力资源管理问卷的分类统计

（9）选择"汇总统计"，查看问卷汇总统计表，学生也可下载统计报告进行查看。

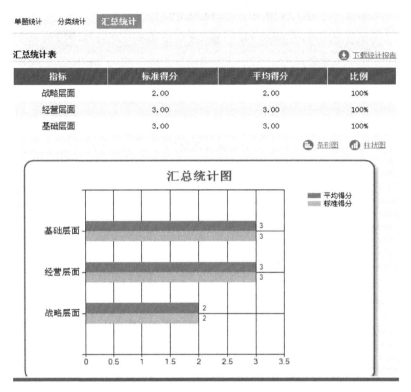

指标	标准得分	平均得分	比例
战略层面	2.00	2.00	100%
经营层面	3.00	3.00	100%
基础层面	3.00	3.00	100%

图 5-33　人力资源管理问卷的汇总统计

（10）用户也可下载答卷数据，使用 Excel 或 SPSS 等统计工具对问卷进行二次统计。

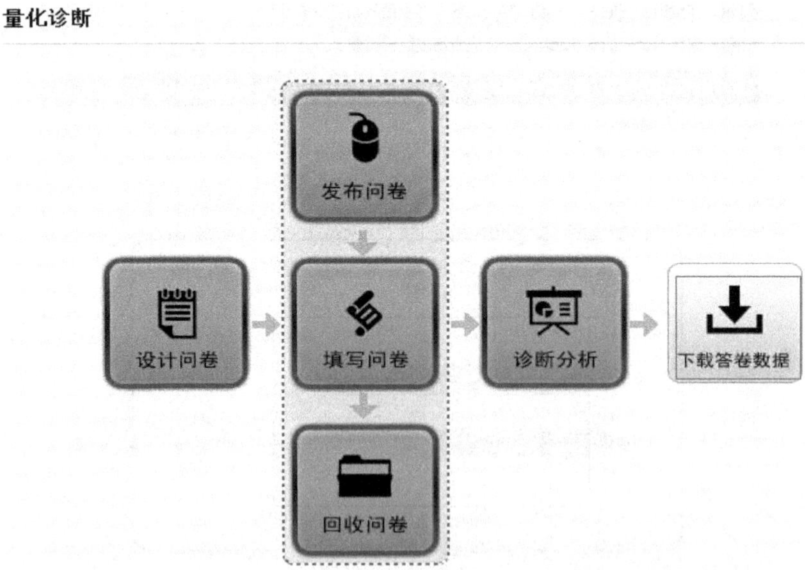

量化诊断

图 5-34　人力资源管理问卷的数据下载

三、企业人力资源管理决策实验操作

（一）人力资源管理存在问题分析

点击【对策措施】，选择【存在问题】，根据调查数据和图表，分析该企业人力资源管理存在的问题，填写案例中企业存在的问题。

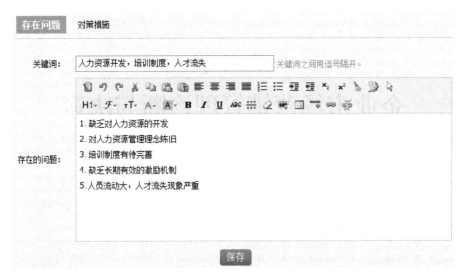

图 5-35　人力资源管理存在问题诊断

（二）企业人力资源管理决策

根据案例提供的材料，填写关键词与对策措施，完成后点击【保存】。

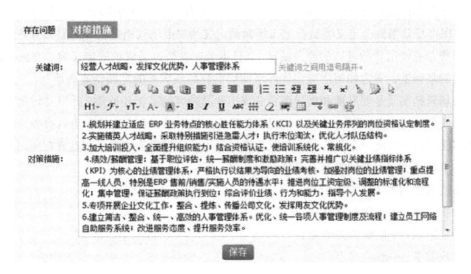

图 5-36　人力资源管理对策措施

第六章
企业市场营销管理诊断与决策

第一节　企业市场营销管理诊断与决策原理

一、企业市场营销管理概述

（一）市场营销

1. 概念

市场营销是指将商品由生产者转移到消费者的各项活动。即生产者或者经营者设法在适当时机、最佳地点、提供恰好产品的策略性活动，其目的是满足各种消费需求，推动商品销售。

市场营销译自英语 marketing，简称"营销"，还有人把它译为市场学、营销学等。1960年，美国市场营销协会定义委员会把市场营销定义为"市场营销是引导商品和劳务从生产者到消费者或使用者所进行的商业活动"。日本企业界给市场营销的定义为"在满足消费者利益的基础上，考虑如何适应市场需求而提供商品或服务的全面企业活动"。

市场营销实质是要发现和引导消费者或工业品顾客的需求和欲望，并将其转化为对企业产品或服务的需求，再通过有效的促销策略、分销渠道、合理定价和售后服务，使更多的顾客使用或继续使用企业的产品和服务项目。市场营销要把消费者利益放在突出地位，强调在满足消费者需要的基础上开展企业活动。

市场营销的本质：需求管理。

分析需求——开展营销调研；

确定需求——明确服务对象；

影响需求——寻找卖点；

满足需求——4P（product，price，place，promotion）。

2. 营销组合

企业根据目标市场的需要和自己的市场定位，对企业可控制的各种要素（4P）进行优化组合和综合运用，以取得理想的经济效益和社会效益。

3. 营销渠道

营销渠道是商品和服务从生产者向消费者转移过程的具体通道或路径，有时也称营销通路。

4. 营销

营销是指企业以等价交换为特征的市场交易活动，即通过提供某种产品满足顾客的某种物质文化需求以换取某种对企业有价值的东西。

营销是一个过程，是一系列活动的总和。营销内容主要包括市场调查、产品规划设计、市场定位、产品定价、营销策略、销售渠道设计和管理、广告宣传和公共关系等。

5. 销售

销售是指企业按销售价格出售产品（商品）和劳务等业务所收取货款的过程。通过销售收回货币资金，用以重新购买原材料，支付工资及其他费用等，以实现简单再生产和扩大再生产。

6. 营销和销售的区别

营销（marketing）和销售（selling）有很大的区别。营销活动既发生在生产之后，也发生在生产之前。营销不仅包括将其最终产品推销给用户，而且包括市场研究、产品设计、定价等售前活动和收集顾客使用产品后的意见以作为市场研究和产品开发时的参考等售后活动。营销是一门应用学科，它包含了从产品、价格、渠道和促销等问题中引申出的一系列学问，营销同时也是一种理念和一种战略。

销售是创造、沟通与传送价值给顾客，以及经营顾客关系以便让组织与其利益关系人受益的一种组织功能与程序；销售也是介绍商品提供的利益，以满足客户特定需求的过程。销售，一般特指卖的环节或者说特指营销中卖的部分。

营销和销售的区别简单来说，营销有两个方向：做市场和做销售。市场主要是指产品的市场策划、品牌管理之类的，销售主要是指产品的售卖，业务的开拓之类。而分销则是销售里面的其中一个环节，就是如何选择适当的渠道或者途径将公司的产品销售出去。

销售在于一个销字，要把产品售与客户，销售通常是和产品结合在一起的。营销除了销以外，还要营，即经营，思考如何去经营，更多的在于宏观方面。营销，需要策划、管理和制定战略，一个营销的总负责人需要有很多方面的知识和经验。而销售，就是将产品卖给买家，销售人一般很少考虑产品的发展，而只考虑如何将现在的产品售出。

简单点说，销售就是怎么卖好你的东西；营销就是怎么使你的东西好卖，营销更注重长远性、战略性和宏观性。

（二）营销管理

营销管理是指为了实现企业或组织目标，建立和保持与目标市场之间互利的交换关系，而对设计项目进行的分析、规划、实施和控制。营销管理的实质，是需求管理，即对需求的水平、时机和性质进行有效的调解。在营销管理实践中，企业通常需要预先设定一个预期的市场需求水平，然而实际的市场需求水平可能与预期的市场需求水平并不一致，这就需要企业营销管理者针对不同的需求情况，采取不同的营销管理对策，进而有效地满足市场需求，确保企业目标的实现。

市场营销管理过程包括：发现和评价市场机会、制定营销战略、确定营销组合策略、执行和控制市场营销活动。

二、企业市场营销管理诊断

市场营销诊断，是指在企业目前的条件以及竞争环境下，通过全面的营销检查，发现目前所存在的营销问题，并找到解决方案的过程。营销诊断就好像给企业"看病"一样，要找出症结所在，对症下药，才能使企业"病体"恢复健康和正常。

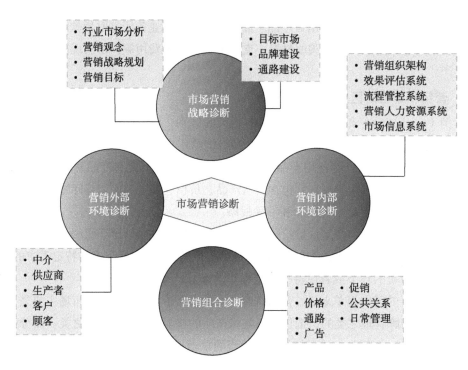

图 6-1　市场营销诊断模型

（一）企业市场营销诊断模型

1. 市场营销战略诊断

项目选择方面诊断或行业市场分析：决策层如何看待企业在行业中所处地位。

市场营销观念、企业核心价值方面诊断：营销管理者在策划营销活动时的基本态度和行为准则是否正确。

营销战略规划诊断：营销各级主管是否了解企业营销总体目标、步骤以及相关决策。

营销目标诊断：目标是否明确、实际，是否以合理的营销组合目标为手段来规范市场行为。

目标市场诊断：是否了解地域目标市场及目标消费者的定位、认知和把握。

品牌战略诊断：如何看待本企业的品牌形象定位、品牌形象规划和品牌形象推广。

通路建设诊断：有无通路政策；效果如何（要拜访经销商）；通路是怎样设定的（经验、习惯还是战略考虑）；经销商对下级经销商有哪些具体的支持。

2. 市场营销外部环境诊断

中介诊断：企业能否灵活运用营销中介单位；能否区分营销中介与直销的优缺点。

供应商诊断：企业的供应渠道分布情况如何；与供应商的关系如何；采购决策能力如何。

生产者诊断：企业在行业中的地位；企业在市场竞争中有无明显优势。

客户诊断：企业主要客户的分布情况，企业是否重视客户的发现与引导。

3. 市场内部营销环境诊断

营销组织架构诊断：目前的组织架构是否站在客户的立场上考虑过？企业管理者是否了解其职责和权力范围等？

效果评估系统诊断：企业员工对现有评估制度是否了解或认可。

流程管控系统诊断：职工是否了解营销目标，主管是否定期检查销售队伍的效率与效果。

专业销售队伍和系统人员培训方面的诊断：销售人员是否了解竞争对手的队伍情况；企业是否对销售队伍进行系统培训。

市场信息系统诊断：做决策参考哪些依据；信息如何收集；信息反馈后处理效率(反应速度)如何。

4. 市场营销组合与管理诊断

营销组合指的是营销基本要素的组合，所以，主要是针对以下七个方面进行诊断。

（1）产品诊断

产品品质诊断：如何看待产品品质与包装在同行中的水平；消费者如何评价。

产品定位诊断：如何进行产品定位。

产品概念诊断：有无独特概念；给顾客带来什么利益；顾客如何认知这种概念。

产品线及其延伸诊断：什么样的体系；其中强势产品的地位；有无延伸的设想。

（2）价格诊断

定价诊断：定价基于什么因素；是否了解各环节价格差；经销商或消费者的心理接受价位预计是多少。

价格政策的管理与控制诊断：有无价格政策；是否认同、如何进行控制与管理；价格异议程度多大；有无串货、抬价与压价现象；如何做的处理。

（3）通路（渠道）诊断

通路建设与控制诊断：有无通路政策；效果如何（要拜访经销商）；通路是怎样设定的（根据经验、习惯还是战略考虑）；经销商对下级经销商有哪些具体的支持。

通路促销诊断：让采访对象以案例说明通路促销政策，效果如何（要拜访经销商）；未来1～2年的通路促销计划是如何制定的。

（4）广告诊断

广告策略是如何制定的；有无投放（含资金）计划和媒体组合；有无效果测定与跟踪。

（5）促销诊断

如何制定年度促销的计划；对不同的消费者和通路的不同层面，采用了何种促销方法；效果如何测定；是否有专门的促销活动督导人员；如何计算促销活动的预算。

（6）公关诊断

有无公关活动计划；操作中如何提升或把握知名度与美誉度的关系。

（7）日常管理诊断

各级销售目标如何进行制订与落实；销售费用如何进行预算和控制；对销售员如何进行日常管理；销售员是否认为其在上级监控之下。

在对以上内容进行分析后，还要进行综合分析才能找出问题的根源出在哪里，并对企业的市场营销现状做出准确的诊断。

（二）企业市场营销观念诊断

营销观念是指营销管理者在谋划营销活动时的基本态度和行为准则。从西方发达国家市场经济的实践看，产业革命后，企业营销观念大体经历了前市场营销观念、市场营销观念和后市场营销观念三大阶段。

1. 前市场营销观念

"前市场营销观念"是指在真正意义上的市场营销观念形成之前，企业用以指导营销活动的观念。主要包括：生产观念（production concept）、产品观念（product concept）；推销观念（selling concept）。

生产观念是以生产为中心，以提高效率、降低成本为重点的营销观念。主要特点是"以生产为纲""以产定销"和"等客上门"。

产品观念以产品的设计和改进为中心，以提高现有产品的质量和功能为重点的营销观念。其主要特点是 R&D 处于主导地位；不重视调研；强调以质取胜。其局限性在于脱离市场要求一味地提高产品质量和性能，无论对消费者、对企业还是对社会都有不利的一面。

推销观念以现有产品的生产为中心，以刺激购买、促进销售为重点的营销观念。主要特点是以产定销、高压式销售和强买强卖。

2. 市场营销观念

市场营销观念是以市场需求为中心，以确定和满足目标消费者需求为重点的营销观念。市场营销观念是以消费者需要和欲望为导向的经营哲学，是消费者主权论的体现。该观念认为，实现企业诸目标的关键在于正确确定目标市场的需要和欲望，一切以消费者为中心并且比竞争对手更有效、更有利地传送目标市场所期望满足的东西。市场营销观念要求企业营销管理贯彻"顾客至上"的原则，从而实现企业目标。因此，企业在决定其生产经营时必须进行市场调研，根据市场需求及企业本身条件选择目标市场，组织生产经营，最大限度地提高顾客满意程度。

3. 后市场营销观念

后市场营销观念包括社会营销观念和大市场营销观念。

社会营销观念是对市场营销观念的进一步完善发展，社会营销观念以企业的社会责任为中心，把满足消费者的需求和全社会的生存和发展相结合作为重点。与市场营销观念相比，社会营销观念有以下特点：在继续坚持通过满足消费者和用户需求及欲望而获取利润的同时，更加合理地兼顾消费者和用户的眼前利益与长远利益，更加周密地考虑如何解决满足消费者和用户需求与社会公众利益之间的矛盾。

大市场营销观念是指"为了成功地进入特定市场和在特定市场经营，在策略上必须协调地运用政治的、经济的、心理的和公共关系等手段，以赢得若干参与者的合作和支持。"

大市场营销观念是指导企业在封闭市场上开展市场营销的一种新的营销战略思想，其核心内容是强调企业的市场营销既要有效地适应外部环境，又要能够在某些方面发挥主观能动作用和使外部环境朝着有利于企业的方向发展。

大市场营销观念与一般营销观念相比，具有以下两个特点：第一，大市场营销观念打破了"可控制要素"和"非可控制要素"之间的分界线，强调企业营销活动可以对环境产生重要的影响，使环境朝着有利于实现企业目标的方向发展；第二，大市场营销观念强调必须处理好多方面的关系，才能开展常规的市场营销，从而扩大了企业市场营销的范围。

（三）企业市场营销战略诊断

市场营销战略是指企业根据自己的内在条件和外部环境所确定的在市场营销中的方针、发展方向以及远期目标的一种谋划。市场营销战略的内容主要包括：企业的营销战略思想、营销战略目标、营销战略重点和营销战略措施等。

制定企业营销战略，应符合以下要求：

（1）全局性。即考虑企业全面综合发展情况；

（2）长期性。即考虑企业长远发展情况；

（3）层次性。即考虑企业高、中、低各层次的发展情况；

（4）激励性。即战略目标能激发职工的积极性；

（5）可行性。即营销战略方案要切实可行。

企业的营销战略是多因素、多层次的复杂体系，既要调整企业与外部环境之间的联系，又要调整企业自身的内部结构；既要重视经济、技术的变动因素，又要重视社会、政治的变动因素；还要把战略规划、计划衔接一致。其制订程序一般可分为三个阶段。

（1）战略调研阶段。主要摸清宏观战略和中观战略及其方针、政策，摸清外界环境和内在条件。

（2）战略形成阶段。主要提出战略思想、战略目标、战略重点等。

（3）战略实施阶段。主要提出战略规划、计划和措施。

合理制定企业的营销战略，对于有效利用企业现有的与潜在的资源与能力优势，寻找和发掘新的市场机会，适应瞬息万变的外部环境，从而在日益激烈的市场竞争中谋求持续的生存与发展具有极为重要的意义。

营销战略框架如图 6-2 所示。营销战略的外围是宏观环境，包括政治、经济、人文和技术；紧接着是营销活动的微观环境，指的是营销活动中涉及四大参与主体，分别为生产者、供应商、营销中介单位和客户；再往里层是企业营销活动的支持体系，即营销管理系统，包含四个系统：营销计划系统、营销组织和执行系统、营销控制系统、营销信息系统；接下来是市场营销组织 4P 策略，分别为产品、价格、渠道、促销；营销战略的最内层即为目标顾客。

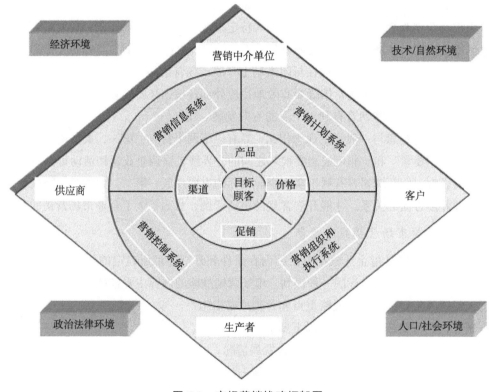

图 6-2　市场营销战略框架图

（四）企业市场营销微观环境诊断

市场营销环境是指影响企业营销活动的所有外部因素，可以简单分为微观环境和宏观环境两大类。微观环境指与企业紧密相联，直接影响企业营销能力的各种参与者，包括企业本身、市场营销渠道企业、顾客、竞争者以及社会公众；宏观环境则是指影响营销环境的一系列巨大的社会力量，主要是人口、经济、政治法律、科学技术、社会文化及自然生态等因素。微观环境直接影响与制约企业的营销活动，多半与企业具有或多或少的经济联系，也称直接营销环境，又称作业环境；宏观环境一般以微观环境为媒介去影响和制约企业的营销活动，在特定场合，也可直接影响企业的营销活动，宏观环境也被称作间接营销环境。

市场营销微观环境（microenvironment）是指与特定企业关系密切、直接影响企业营销活动的环境力量——公司的其他部门、供应商、中间商、顾客、竞争对手和各类公众。

1. 公司内部环境

企业开展营销活动要充分考虑到企业内部的环境力量和因素。企业是组织生产和经营的经济单位，是一个系统组织。企业内部一般设立计划、技术、采购、生产、营销、质检、财务和后勤等部门，企业内部各职能部门的工作及其相互之间的协调关系，直接影响企业的整个营销活动。

营销部门与企业其他部门之间既有多方面的合作，也经常与生产、技术、财务等部门发生矛盾。由于各部门各自的工作重点不同，有些矛盾往往难以协调，如生产部门关注的是长期生产的定型产品，要求品种规格少、批量大、标准订单、较稳定的质量管理，而营销部门注重的是能适应市场变化、满足目标消费者需求的"短、平、快"产品，则要求多品种规格、少批量、个性化订单、特殊的质量管理。所以，企业在制订营销计划以及开展营销活动时，必须协调和处理好各部门之间的矛盾和关系。这就要求进行有效沟通，协调、处理好各部门的关系，营造良好的企业环境，更好地实现营销目标。

2. 供应商

供应商是指对企业进行生产所需而提供特定的原材料、辅助材料、设备、能源、劳务和资金等资源的供货单位。这些资源的变化直接影响到企业产品的产量、质量以及利润，从而影响企业营销计划和营销目标的完成。

对于供应商因素，企业必须密切关注：供应品的价格、供应品的质量、供应品的供应量和供应品的交货期。

3. 营销中介

营销中介指协助企业推广、销售和配送产品给最终消费者的企业和个人。一般包括四类：中间商、实体分配机构、营销服务机构和融资机构。

营销中介对企业营销产生直接的、重大的影响，只有通过有关营销中介所提供的服务，企业才能把产品顺利地送达到目标消费者手中，营销中介的主要功能是帮助企业推广和分销产品。

4. 竞争者

企业竞争对手的状况将直接影响企业营销活动，如竞争对手的营销策略及营销活动的变化就会直接影响企业营销，最为明显的便是竞争对手的产品价格、广告宣传和促销手段的变化，以及产品的开发、销售服务的加强都将直接对企业造成威胁。为此，企业在制定营销策略前必须先弄清竞争对手，特别是同行业竞争对手的生产经营状况，做到知己知彼，有效地开展营销活动。

企业实际上面临四个层面的竞争者：品牌竞争者、产品竞争者、替代竞争者和愿望竞争者。

品牌竞争者：指以相似的价格，向相同的顾客，提供类似产品和服务的竞争者。

行业竞争者：指那些能够满足同种需要的同类产品，但产品形式不同的竞争者。

替代竞争者：指那些提供满足同样需要的不同类型产品的竞争者。

愿望竞争者：指提供不同产品以满足不同需求的供应者。

具体竞争者分析。

（1）辨别谁是主要竞争者——"战略集团"的概念。

（2）判定竞争者的目标——竞争者的"目标组合"的"优先级"不同。

（3）评价竞争者的营销组合——竞争者的"4P"战略。

（4）分析竞争者的资源与能力——竞争者的技术能力、生产能力、营销能力和管理能力等。

5. 公众

公众是指任何对组织有实际或潜在兴趣，对组织实现目标的能力有影响的群体。企业面临的公众有六类。

金融公众：主要包括银行、投资公司和股东等，金融公众对企业的融资能力有重要的影响。

媒介公众：指报纸、杂志、电台和电视台等传播媒介，其掌握传媒工具，具有广泛的社会联系能直接影响社会舆论对企业的认识和评价。

政府公众：与企业营销活动有关的非政府机构，如消费者组织、环境保护组织，以及其他群众团体。企业营销活动涉及社会各方面的利益，来自社会公众的意见、建议对企业营销决策有着十分重要的影响。

社团公众：与企业营销活动有关的给政府机构，如消费者组织、环境保护组织，以及其他群众团体。企业营销活动涉及社会各方面的利益，来自社团公众的意见、建议对企业营销决策有着十分重要的影响。

社区公众：与企业所在地附近的居民和社区团体。团体是企业的邻里，企业保持和社区的良好关系，为社区的发展作一定的贡献，受到社区居民的好评，他们的口碑能帮企业树立形象。

内部公众：企业内的管理人员及一般员工。企业的营销活动离不开内部公众的支持。

（五）企业市场营销宏观环境诊断

宏观市场营销环境主要包括人口、经济、自然、科学技术、政治法律及社会文化等一些企业很难控制的大的环境因素。一般来说，宏观环境包括：人口环境、经济环境、自然环境、技术环境、政治法律环境和文化环境。企业通过宏观营销环境诊断可以更好地认识环境并发现机会——尚未满足的需要以及未来的发展趋势。

宏观环境分析常用方法：PEST 分析（political and legal forces, economic conditions, social and cultural forces, technology）。

1. 人口环境分析

市场是由人组成的，人口环境是市场营销人员研究的首要因素。人的需求是市场营销活动的基础，人口数量直接决定市场规模和潜在容量，人口的地理分布、密度、流动趋势、年龄、出生率、结婚率和死亡率等也对市场格局产生着深刻影响，从而影响着企业的营销活动。企业应重视对人口环境的研究，密切关注人口结构特征及其发展动向，及时地调整营销策略以适应人口环境的变化。

首先，人口数量是决定市场规模的一个基本要素。一个地区、一个国家的总人口数，基本上反映了该地区、国家的消费市场大小。在收入水平不变的条件下，人口越多，对食物、衣着和日用品的需求量也越多，市场也就越大。企业营销首先要关注所在国家或地区的人口数量及其变化，尤其对人们生活必需品的需求内容和数量影响很大。对于生活必需品来说，一般与人口总数成正比；对于高级消费品来说，与购买力的关系更为密切。

其次，不同年龄层次的消费者对商品和服务的消费需求是不同的，一个国家或地区的年龄构成类型是企业营销必须研究的重要因素。人口年龄构成年轻的国家和地区，对老年保健用品、食品、衣物就可能不会考虑得十分周到，此类商品的市场选择余地就较小；而在老龄化程度较高的国家，则需要考虑老年人口对商品及劳务的需求特征。企业应当考虑不同年龄结构所具有的需求特点，从而决定企业产品的投向，寻找目标市场。

再次，人口的性别构成也与市场需求有着密切关联。男性和女性在生理、心理和社会角色上的差异决定了他们不同的消费特征，性别差异给人们的消费需求带来显著的差别，反映到市场上则是男性用品市场和女性用品市场。

最后，不同教育程度的消费者的消费行为显著不同。一般来说，随着受教育水平的提高，消费者对报刊、书籍、杂志等文化消费品的需求会提高，且呈现个性化和多样化的趋势。不同的职业往往和不同的收入水平联系在一起，直接制约着消费者的购买能力。另一方面，特定的职业通常和一定的生活方式相联系，从而影响消费方式和消费习惯。

2. 经济环境分析

经济环境是指构成企业生存和发展的社会经济状况和国家经济政策，是影响消费者购买能力和支出模式的因素，它包括收入的变化和消费者支出模式的变化等。企业的经济环境主要由社会经济结构、经济发展水平、经济体制和宏观经济政策等四个要素构成。

社会经济结构指国民经济中不同的经济成分、不同的产业部门以及社会再生产各个方面在组成国民经济整体时相互的适应性、量的比例及排列关联的状况。社会经济结构主要包括五方面的内容，即产业结构、分配结构、交换结构、消费结构和技术结构，其中最重要的是产业结构。

经济发展水平是指一个国家经济发展的规模、速度和所达到的水准，反映一个国家经济发展水平的常用指标有国民生产总值、国民收入、人均国民收入、经济发展速度和经济增长速度。国民生产总值是衡量一个国家经济实力与购买力的重要指标和国民生产总值增长越快，对商品的需求和购买力就越大，反之，就越小。一般来说，人均收入增长，对商品的需求和购买力就大，反之就小。

经济体制是指国家经济组织的形式。经济体制规定了国家与企业、企业与企业、企业与各经济部门的关系，并通过一定的管理手段和方法，调控或影响社会经济流动的范围、内容和方式等。

经济政策是指国家、政党制定的一定时期国家经济发展目标实现的战略与策略，它包括综合性的全国经济发展战略和产业政策、国民收入分配政策、价格政策、物资流通政策、金融货币政策、劳动工资政策和对外贸易政策等。

因此，企业的经济环境分析就是要对以上的各个要素进行分析，运用各种指标，准确地分析宏观经济环境对企业的影响，从而制订出正确的企业营销战略。

3. 政治法律环境分析

政治法律环境是影响企业营销的重要宏观环境因素，包括政治环境和法律环境。政治环境引导着企业营销活动的方向，法律环境则为企业规定经营活动的行为准则。政治与法律相互联系，共同对企业的市场营销活动产生影响和发挥作用。

（1）政治环境分析。政治环境是指企业市场营销活动的外部政治形势，一个国家的政局稳定与否，会给企业营销活动带来重大的影响。如果政局稳定，人民安居乐业，就会给企业营销提供良好的环境。相反，政局不稳、社会矛盾尖锐、秩序混乱，就会影响经济发展和市场的稳定，企业在市场营销中，特别是在对外贸易活动中，一定要考虑东道国政局变动和社会稳定情况可能造成的影响。

政治环境对企业营销活动的影响主要表现为国家政府所制定的方针政策，如人口政策、能源政策、物价政策、财政政策和货币政策等都会对企业营销活动带来影响。例如，国家通过降低利率来刺激消费的增长；通过征收个人收入所得税调节消费者收入的差异，从而影响人们的购买；通过增加产品税，对香烟、酒等商品的增税来抑制人们的消费需求。在国际贸易中，不同的国家也会制定一些相应的政策来干预外国企业在本国的营销活动。主要措施有：进口限制、税收政策、价格管制、外汇管制和国有化政策。

（2）法律环境分析。法律环境是指国家或地方政府所颁布的各项法规、法令和条例等，它是企业营销活动的准则。企业只有依法进行各种营销活动，才能受到国家法律的有效保护。为适应经济体制改革和对外开放的需要，我国陆续制定和颁布了一系列法律法规，例如，《中华人民共和国产品质量法》《企业法》《经济合同法》《涉外经济合同法》《商标法》《专利法》《广告法》《食品卫生法》《环境保护法》《反不正当竞争法》《消费者权益保护法》《进出口商品检验条例》，等等。企业的营销管理者必须熟知有关的法律条文，才能保证企业经营的合法性，才能运用法律武器来保护企业与消费者的合法权益。对从事国际营销活动的企业来说，不仅要遵守本国的法律制度，还要了解和遵守国外的法律制度以及有关的国际法规、惯例和准则。例如，前一段时间欧洲国家规定禁止销售不带安全保护装置的打火机，无疑限制了中国低价打火机的出口；日本政府也曾规定，任何外国公司进入日本市场，必须要找一个日本公司同它合伙，以此来限制外国资本的进入。只有了解掌握了这些国家的有关贸易政策，才能制定有效的营销对策，在国际营销中争取主动。

4. 社会文化环境分析

销售反映了人们的需求，而人们的需求又是社会和文化的反映。企业的经营活动是在社会中展开的，与社会有着密切的联系，各种社会文化因素的变动都可能对经营战略和策略的制订与实施产生重大的影响。因而，密切关注、分析和把握不同的社会文化环境之间的差异性、同一社会文化内各因素之间的差异性以及它们的变动趋势对企业经营活动具有十分重要的意义。

5. 科学技术环境分析

科学技术是社会生产力中最活跃的因素，它影响着人类社会的历史进程和社会生活的方方面面，对企业营销活动的影响显而易见。

（1）科技发展会促进社会经济结构调整。每一种新技术的发现、推广都会给有些企业带来新的市场机会，导致新行业的出现。同时，也会给某些行业、企业造成威胁，使它们受到冲击甚至被淘汰。例如，电脑的运用代替了传统的打字机，复印机的发明排挤了复写纸，数码相机的出现将夺走胶卷的大部分市场，等等。

（2）科技发展促使消费者购买行为改变。随着多媒体和网络技术的发展，出现了"电视购物""网上购物"等新型购买方式。人们还可以在家中通过"网络系统"订购车票、飞机票、戏票和球票，工商企业也可以利用这种系统进行广告宣传、营销调研和推销商品。随着新技术革命的进展，"在家便捷购买、享受服务"的方式还会继续发展。

（3）科技发展影响企业营销组合策略创新。科技发展使新产品不断涌现，产品寿命周期明显缩短，要求企业必须关注新产品的开发，加速产品的更新换代。科技发展运用降低了产品成本，使产品价格下降，并能快速掌握价格信息，要求企业及时做好价格调整工作，科技发展促进流通方式的现代化，要求企业采用顾客自我服务和各种直销方式，科技发展促进了广告媒体的多样化、信息传播的快速化，提高了市场范围的广阔性，促销方式的灵活性。为此，要求企业不断分析科技新发展，创新营销组合策略，适应市场营销的新变化。

（4）科技发展促进企业营销管理现代化。科技发展为企业营销管理现代化提供了必要的装备，如电脑、传真机、电子扫描装置、光纤通讯等设备。它们的广泛运用，对企业改善营销管理，实现现代化起了重要的作用。同时，科技发展对企业营销管理人员也提出了更高要求。

（六）企业市场营销组合诊断

1. 营销组合 4P

在市场营销组合观念中，4P 分别是产品（product）、价格（price）、渠道（place）和促销（promotion）。4P 是美国营销学学者麦卡锡教授在 20 世纪 60 年代提出，包括产品、价格、渠道和促销。他认为一次成功和完整的市场营销活动，意味着以适当的产品、适当的价格、适当的渠道和适当的传播促销推广手段，将适当的产品和服务投放到特定市场的行为。

产品的组合，主要包括产品的实体、服务、品牌和包装。它是指企业提供给目标市场的货物、服务的集合，包括产品的效用、质量、外观、式样、品牌、包装和规格，还包括服务和保证等因素。

定价的组合，主要包括基本价格、折扣价格、付款时间和借贷条件等。它是指企业出售产品所追求的经济回报。

分销的组合通常称为地点，主要包括分销渠道、储存设施、运输设施和存货控制。它代表企业为使其产品进入和目标市场所组织、实施的各种活动，包括途径、环节、场所、仓储和运输等。

促销组合是指企业利用各种信息载体与目标市场进行沟通的传播活动，包括广告、人员推销、营业推广与公共关系等。

以上 4P（产品、价格、渠道、促销）是在市场营销过程中可以控制的因素，也是企业进行市场营销活动的主要手段，对它们的具体运用，形成了企业的市场营销战略。

2. 营销组合 4P 策略

（1）产品策略。产品策略是企业在其产品营销战略确定后，在实施过程中所采取的一系列有关产品本身的具体营销策略，主要包括商标、品牌、包装、产品组合和产品生命周期等方面的具体实施策略。企业的产品策略是其市场营销组合策略中的重要组成部分。

（2）定价策略。定价策略是企业根据定价目标而制定产品出售价格的对策。在市场营销活动中，价格始终是重要的因素，它是一种重要的竞争手段，最能引起社会各方面的重视。价格应对整个市场变化做出灵活的反应，定价是否适当往往决定产品能否为市场所接受，直接影响产品在市场上的竞争地位与占有的份额，从而关系到企业的兴衰成败。企业在定价策略中，首先要选择具体的定价目标，如以维持企业生存为目标；以当期利润最大化为目标；以扩大市场占有率为目标；以优质高价为目标等。在确定定价目标后，可采取以成本导向定价、以市场需求导向定价或以竞争对手的价格导向定价等定价方法。此外，企业在推出新产品时，常用的定价方法有市场撇油定价、市场渗透定价等。

市场撇油定价是在新产品投放市场时，将价格定得大大高于成本，以便在短期内获取厚利的定价策略。其优点在于投资回收快，定价富有弹性，能够提高产品身价，但不利于市场开拓，且容易吸引竞争者进入。市场撇油定价适用于价格敏感度低的产品或竞争者难以在短期内推出类似产品以及提高产品身价的情况。

市场渗透定价是当新产品投放市场时，将价格定得较低，以求迅速占领市场并赢得较大市场份额的策略。市场渗透定价有利于迅速进入市场并有效地排挤竞争对手，从而获取长期的最大收益，但投资回收慢，定价缺乏弹性。

市场渗透定价适用于价格敏感度高的产品，竞争者可能在短期内推出类似的产品以及随着销量扩大可以获得规模经济的产品。

（3）渠道策略。渠道策略又称为分销策略。对于分销渠道的概念，菲利普·科特勒认为："一条分销渠道是指某种货物或劳务从生产者向消费者转移时取得这种货物或劳务的所有权的途径或帮助转移其所有权的所有企业和个人"。

生产者对销售渠道进行分析以后，选择以期把商品迅速地通过批发商、零售商或者自行销售送到消费者手中的渠道，这种选择即为渠道策略。选择渠道的基本策略有以下几种。

渠道长度策略。利用批发商，再经过零售商推销商品的叫长渠道；不利用批发商，直接选择零售商推销商品的叫短渠道。选择长渠道或者短渠道，应视产品特性和消费者人数的多少而定。

渠道宽度策略。在决定采用长渠道策略以后，必须在选择中间商的多少上做出决策。在同一地区设几条销售路线，就是增大销售渠道的宽度。

选择中间商类型的策略。制造商在对销售渠道做出基本决策后，就应对批发商进行选择、识别和挑选渠道对象。对制造商来说，选择中间商条件总的要求是：谁能以最有效率的方式和最低的费用销售我的产品，谁就是最理想的中间商。

（4）促销策略。促销策略是企业为了促使消费者购买，从而使自己扩大销售所采用的一些有效营销方法。促销策略有许多，如市场策略、渠道策略、产品策略和价格策略等在客观上也起到促销的作用，但它们的促销作用是间接的，各自都有其独立存在的工作领域和离开消费者独立存在的工作对象，不能说是专门的或直接的促销策略。专门的、直接的促销策略，是通过某种有效手段直接作用于消费者，刺激他们的购买欲望，并促使其形成购买行为的那种营销策略。适用于乡镇企业、个体企业的促销策略有广告宣传策略和人员推销策略等。

（七）企业市场营销管理诊断

营销管理就是在市场行为中，以营利为目标，把组织、架构、人员、培训、绩效、考评和薪资等众多要素综合制定、优化实施的行为。市场营销管理包括营销组织、营销执行和营销执行。

1. 营销组织

营销计划需要有一个强有力的营销组织来执行。根据计划目标，需要组建一个高效的营销组织结构，需要对组织人员实施筛选、培训、激励和评估等一系列管理活动。

2. 营销执行

市场营销计划的既定目标实现，需要市场营销管理人员和专业计划人员的有效沟通，从而将计划转为行动方案，保证营销目标顺利达成。

3. 营销控制

在营销计划实施过程中，需要控制系统来保证市场营销目标的实施。营销控制主要有企业年度计划控制、企业盈利控制和营销战略控制等。

三、企业市场营销管理决策

（一）市场营销可供选择的方式

1. 扭转性营销

负需求指市场上的潜在顾客不喜欢某种产品或服务，甚至持厌恶或反对的态度。对于市场负需求，企业可以采取扭转性营销方式，通过了解负需求产生的原因，采取有效的产品策略、营销沟通策略来扭转顾客对市场的态度。

2. 刺激性营销

无需求指目标消费者对某种产品不感兴趣，漠不关心或者说既无正需求也无负需求。对于市场无需求时，企业可以采取刺激性营销方式，通过营销管理找到某种方式，把产品的利益与人们需求和兴趣联系起来，使无需求变为有需求。

3. 开发性营销

潜在需求指相当一部分人对某种实际还不存在的产品有强烈的需求。对于市场存在潜在需求时，企业可以采取开发性营销方式，通过分析、预测潜在需求，衡量潜在需求范围，并通过技术可行性分析和商业可行性分析，开发适宜的产品和服务来满足这些需求。

4. 同步性营销

不规则需求指市场上对某种产品的需求与供给在时间上不均衡、不同步的情况。对于不规则需求，企业可以采取同步性营销方式，具体策略包括：灵活定价、季节性促销、寻找新市场和调节供给。

5. 恢复性营销

衰退需求指市场上对某种产品的需求逐渐减少，出现衰退的现象。对于市场衰退需求，企业可以采取恢复性营销方式，具体策略包括：开发新的目标市场、改变产品设计、开发新的用户、采取新的沟通手段促进销售。

6. 维持性营销

饱和需求指目前市场对某种产品的需求在水平上和时间上与预期的相吻合的状态，有三种因素会影响均衡性。对于市场饱和需求，企业可以采取维持性营销方式，具体策略包括：严格地控制产品质量；严格地控制产品成本；稳定与中间商的关系。

7. 降低性营销

超饱和需求指市场的需求量超过了卖方能够供给或愿意供给的水平。对于市场超饱和需求，企业可以采取降低性营销方式，具体策略包括：提高价格；减少服务；减少促销活动；减少新产品开发；放弃低利产品项目；停止向一般顾客供货；根据支付能力供货。

8. 抵制性营销

无益需求指无论对消费者或公众福利来说都是有害无利的需求。对于无益需求，企业可以采取抵制性营销方式，抵制和否定这种需求，抵制销售，具体策略包括：教育、提价、减少供给。

（二）企业市场营销设计

1. 分析市场机会

在竞争激烈的买方市场，有利可图的营销机会并不多。企业必须对市场结构、消费者和竞争者行为进行调查研究，识别、评价和选择市场机会。对企业市场机会的分析、评估，首先是通过有关营销部门对市场结构的分析、消费者行为的认识和对市场营销环境的研究；还需要对企业自身能力、市场竞争地位、企业优势与弱点等进行全面、客观的评价；还要检查市场机会与企业的宗旨、目标与任务的一致性。营销机会分析具体分为两个步骤：发掘市场机会、评估市场机会。

2. 选择目标市场

对市场机会进行评估后，对企业要进入的哪个市场或者某个市场的哪个部分，要研究和选择企业目标市场。目标市场的选择是企业营销战略性的策略，是市场营销研究的重要内容。企业首先应该对进入的市场进行细分，分析每个细分市场的特点、需求趋势和竞争状况，并根据本公司优势，选择自己的目标市场。具体的工作步骤为：

（1）市场需要衡量与预测；

（2）市场细分；

（3）选择目标市场；

（4）市场定位。

3. 拟定市场营销组合，确定市场营销策略

企业营销管理过程中，制定企业营销策略是关键环节，企业营销策略的制定体现在市场营销组合的设计上。为了满足目标市场的需要，企业对自身可以控制的各种营销要素如质量、包装、价格、广告和销售渠道等进行优化组合。重点应该考虑产品策略、价格策略、渠道策略和促销策略，即"4P"营销组合。

（1）产品：指企业提供给目标市场的货物或服务的组合，包括产品的品牌、包装、品质、服务以及产品组合等内容。

（2）价格：指消费者为获得该产品所付出的金额，包括制订零售价、批发价、折扣和信用条件等。

（3）分销：指企业为使产品送达目标顾客手中所采取的各种活动，包括发挥批发商和零售商的作用等。

（4）促销：指企业为宣传其产品优点及说服目标顾客购买所采取的各种活动，包括广告、人员推销、营业推广和公共关系等。

第二节　企业市场营销管理诊断与决策案例实训

一、典型企业介绍

华泰证券股份有限公司前身为江苏省证券公司，1990 年经中国人民银行批准设立，1991 年 5 月 26 日在南京正式开业，注册资本 1000 万元，经过 5 次增资扩股，前华泰证券注册资本为 22 亿元，是中国证监会首批批准的综合类券商之一。1999 年公司更名为华泰证券有限责任公司，2005 年 3 月，经中国证券业协会从事相关创新活动证券公司评审委员会第四次会议评审通过，华泰证券获得创新试点资格。截至 2012 年，华泰证券在全国 28 个省、直辖市、自治区大中城市拥有近 217 个营业网点。

图 6-3　华泰证券 LOGO

2007 年 7 月，华泰证券在券商首次分类评级中被中国证监会评定为 A 类 A 级券商，2008 年 7 月被评定为 A 类 AA 级，成为全国十家获此评级的券商之一。华泰证券旗下拥有南方基金、友邦华泰基金、长城伟业期货、华泰金融控股有限公司和华泰紫金投资有限责任公司，同时是江苏银行的第二大股东，已基本形成集证券、基金、期货和直接投资为一体的、国际化的证券控股集团雏形。2009 年 11 月 30 日，中国证监会发审委正式批准了华泰证券的 IPO 申请。2010 年 2 月 9 日成功发行 A 股（601688），随着上市锣声的敲响，江苏第一家市值超千亿元的上市公司以及第一家上市券商将就此诞生。2012 年公司实现营业收入 58.8 亿元，同比下滑 5.57%；实现净利润 16.2 亿元，同比下滑 9.46%；每股盈余 0.29

元，符合预期；公司净资产 342 亿元，同比增加 2.87%；公司营业利润率为 36%，同比下滑 3 个百分点；净利润率为 27.5%，同比下滑 1.1 个百分点。公司业绩符合预期，但净利润率偏低。

华泰证券目前在全国拥有 82 家证券营业部，主要分布在国内经济发达地区或具有较大影响的大中城市。依托营业部设有证券服务部 26 个。华泰证券各营业网点交通便利、宽敞舒适，沪、深 A 股、B 股、债券、基金和代办股份转让等交易品种齐全。华泰证券可为投资者提供电话委托、磁卡委托、小键盘委托、钱龙自助委托、可视电话委托、网上委托（含页面委托）、STK 卡手机炒股、GPRS 手机炒股和固定电话"家家 E"证券短消息炒股等交易手段。华泰证券与中国银行、中国工商银行和中国建设银行等银行开通了银证通业务，证券投资更加方便快捷。

华泰证券于 2003 年取得开放式基金代销业务资格，已与全国主要基金管理公司建立了广泛业务合作，可以为广大投资者提供股票型、债券型和货币型等各类型开放式基金产品的申购、赎回和查询等服务。华泰证券建立了系统化的基金代销业务客户服务体系，以专业分析判断为基础，根据市场的变化对各类基金产品进行精选推介，以满足客户资产配置需求、实现客户资产价值最大化为目标。

"以客户服务为中心、以客户需求为导向、以客户满意为目的"是华泰证券坚持的服务理念。华泰证券拥有证券经纪服务、资产管理服务、投资银行服务、固定收益服务和直接投资服务为基本架构的完善的专业证券服务体系，以及研究咨询、信息技术和风险管理等强有力的服务支持体系。2007 年，华泰证券在"高效、诚信、稳健、创新"核心价值观的基础上，明确提出了"做最具责任感的理财专家"的品牌精神，得到了市场和社会各界的广泛认同。华泰证券的市场地位和品牌影响力不断提升，正在成长为具有核心服务优势和较强市场竞争能力的综合金融服务提供商。

二、企业市场营销管理现状

（一）企业市场营销主要优势

华泰证券的市场营销活动主要体现在其经纪业务上。经纪业务是开展投行、资产管理等业务的平台，是证券公司营销的前端，这从三个方面可以体现。一是经纪业务是创建公司品牌的最直接方式。公司利用其广泛的营业网点设置，强化对市场的影响力，从而为其他业务提供了品牌形象支持。二是在大经纪业务的背景下，经纪业务也是资产管理产品、金融创新产品的销售平台，甚至公司的投行业务、研究咨询业务也能在此平台上销售。当前证券行业普遍"以客户为中心"的战略调整均是以经纪业务体系为基础展开的。三是经纪业务拥有的广泛客户基础为其他各项业务提供客户资源。在客户资源共享的经营战略下，经纪业务在为其他业务开发客户，为客户提供综合服务方面将发挥更重要的作用。

华泰证券拥有遍布全国的营业网点，专业的理财服务队伍，安全、快捷的理财服务平台，能够为客户提供专业化、个性化的理财服务体系，以及持续发展的创新业务。经纪业务是华泰证券的一项基础业务，是华泰证券最为核心和稳定的利润来源，为公司确立现有的行业地位做出了重大贡献。

在华泰证券经纪业务、投行业务、证券投资和资产管理业务四大业务中，经纪业务收入平均占份额的60%以上，构成华泰证券收入的主要来源。表6-1为2012年四大业务收入构成，经纪业务收入主要表现在两个方面：一是为投资者提供交易获取的手续费收入；二是客户保证金在金融同业市场获得的利差收入，在计算中扣除了亏损项目。

表6-1　2012年华泰证券四大业务收入构成

单位：万元　币种：人民币

业务类别	营业收入	占总收入比例（%）	上年同期金额	同期占总收入比例（%）	增减
证券经纪业务	354822.36	60.31	427445.93	68.61	减少8.30个百分点
投资银行业务	66585.50	11.32	84909.87	13.63	减少2.31个百分点
证券投资业务	86666.02	14.73	17692.03	2.84	增加11.89个百分点
资产管理业务	8670.27	1.47	9287.31	1.49	减少0.02个百分点
总营业收入	588319.94	100	623034.31	100	—

在证券市场低迷的环境下，市场筹资能力下降、融资渠道狭窄、证券投资盈利能力下降，公司难以调整自营业务；投行业务自股权分置改革以来首次公开发行股票（IPO）项目基本停止；资产管理业务目前还处于清理整顿阶段，因此，在未来一段时间内公司对经纪业务的依赖程度将会更高。

不同于投资业务，经纪业务属于中间业务，虽然也存在着风险，但主要是人为的风险较多，可以通过流程和风险制度机制来控制，而承担的市场风险相对较小。分析华泰证券近几年的年报，资产管理收益一直为负，自营业务收入起伏不定，投行业务收入在大幅度下降。而经纪业务收入的稳定性更强，是证券公司经营的稳定器，加大经纪业务发展有利于降低整个公司经营的系统性风险。

（二）企业市场营销主要劣势

1."坐商"思维根深蒂固，营销意识薄弱

由于我国证券市场起步晚，证券公司受到的行政干预太多，加上初期证券品种和数量有限，作为在证券市场中占主要地位的股票在总体上是供给短缺，前几年一直处于卖方市场。佣金收入虽然是证券公司经纪业务主要的收入来源，但严重依赖交易规模，也就是等客上门、靠天吃饭的"坐商"模式。营销意识薄弱或者说根本没有营销意识是证券公司之间的通病，华泰证券也不例外。

2. 片面追求利润，忽视客户的需求

长期以来，经纪业务以业务为中心，片面追求利润，而忽视了客户的需求。营业部通常出于管理方便的需要，根据客户初始的入市资金把客户简单地划分机构户、大户、中户和散户等。不少营业部也曾在提高服务质量手段上、服务方式推陈出新上动过很多脑筋，也取得了一定效果，但一般也仅限于中大户以上。而且这些服务手段很容易被竞争对手模仿，当普及之后，对客户的吸引力也随之降低，佣金价格战就是典型的例子。在"以业务为中心"的理念下，营业部很少主动关心过、研究过客户的需求，提供有针对性的服务。

在现实中，很少有一个在营业部开过户的，资产在 10 万元以下的客户能够接到营业部的电话或其他方式的联系，得到一些操作建议，甚至只是一个简单的慰问。

"逆水行舟，不进则退"，如果经纪业务没有及时转向以客户为中心，分析有价值的客户，注重与客户关系的建立、维持和发展，为客户实行一对一差异化服务。否则一旦当新的竞争对手出现，打破平衡格局，客户流失、利润下滑是必然的结果。

3. 传统经纪业务以营业部为中心模式，收益与风险不成比例

从证券营业部产生的历史看，其原生功能是提供证券经纪代理，是证券公司进行证券经纪业务的主要基层机构。营业部既是利润中心，又是成本控制中心，更是风险中心。营业部在创造利润的光环下被赋予很大的自由度，高收益的同时蕴藏着巨大的风险。由于当前营业部的经营环境发生了根本改变，利润空间被压缩，在这样低迷的市场中，总部不可能拿钱来养活营业部，而营业部如果没有利润，总部常用的办法就是换掉总经理，也就是说营业部总经理一直生活在利润指标的压力下，巨大的生存压力再加上风险监管的缺失，往往会导致一些营业部铤而走险。近几年，营业部违规操作现象一般都集中在违法拆借、募集资金，炒股坐庄，搞自营，违规利用国债回购炒作股票，挪用股民结算资金私自申购新股和允许大户透支炒股等。而一个营业部出现风险，所造成的经济损失往往是该营业部几年利润所难以弥补的，甚至影响到整个公司经纪业务利润。

4. 经纪业务管理总部职能弱化，营销组织体系分散

华泰证券经纪业务原来的组织结构是比较通行的"小总部—大营业部"模式，以对营业部进行业务考核与管理为主、营销服务为辅，总部职能弱化。2003 年 8 月，经纪业务管理总部进行了一次机构调整，增置了两个营销策划岗位，营销工作才逐渐被重视和开展起来。但是在营业部内部主要还是围绕客户的交易设置岗位，没有专职营销岗位。也有少部分营业部尝试实行客户经理制，但没有公司总部相关的激励等措施支持，效果也不太明显。资源分散是"小总部—大营业部"模式的又一缺点，这包含两个层面。一是从总部来讲，由于经纪业务管理部门职能少、岗位少，一些本可以直接为经纪业务客户服务的公司资源分散在公司其他职能部门，而且由于沟通不畅而影响了效率，增加了协调成本。如网站、移动证券平台（手机短信系统）、针对经纪业务的咨询研究职能等在研究部门；网上交易系统由信息技术部维护；品牌等的宣传策划在办公部门；岗位培训等在人力资源部；而且这些部门都分属不同的公司领导分管，内耗严重。另一方面，从营业部来看，以营业部为中心的模式造成各营业部为了自己的利益自行其是，难以形成整体核心优势。特别是在某一地区有多家营业部的情况下，统一品牌、统一的客户服务和统一的市场营销问题难以解决。

5. 地区券商特有优势被不断蚕食

华泰证券公司的前身是江苏省证券公司，原有 34 家营业部中有 23 家在江苏省内（15家服务部则全部在江苏），其余 11 家营业部分布在江苏省以外 9 个省、直辖市，主要市场份额和客户在江苏地区。江苏省内 23 家营业部因为历史和地缘原因，几乎全部盈利，而省外 11 家营业部则有 9 家亏损。因此，多年来华泰证券公司一直奉行地区集中策略，即

紧紧守住江苏这片市场，效果非常明显。

但也正是这种成功掩盖了其经纪业务缺乏变革、竞争手段单一的缺陷。近几年来，经纪业务在江苏省内的市场份额不断地被蚕食。由于江苏较好的经济基础和人均收入水平，吸引其他证券公司不断增设网点，市场竞争日趋激烈。据中国证监会网站资料公布，江苏省境内证券营业部从 1999 年的 143 家增加到 2005 年的 202 家，更多的外地证券公司借助银行或 IT 行业通过"银证通"方式、采用低佣金策略进行渗入。华泰证券 2005 年在江苏地区市场份额绝对额同比下降 1.72%。现在华泰证券因为收购亚洲证券经纪业务，营业部数量有所增加，网点分布在全国多个省、直辖市和自治区，地区优势不复存在，如果不改变营销策略将直接关系到经纪业务的竞争力和持续发展问题。

6. 电子商务系统需要整合

华泰证券电子商务系统经过几年的发展已经比较成熟，但营销数据库系统和客户关系管理系统还处于论证和建设中。而且在电子商务系统中，网站、网上交易、移动证券等电子交易系统的管理和维护权限分散在不同的部门，这些都制约了经纪业务营销信息系统的建设进程，需要进行整合。

（三）企业市场营销主要机会

1. 国家宏观管理政策的鼓励

《国务院关于推进资本市场改革开放和稳定发展的若干意见》中鼓励各证券公司创新，增强核心竞争力，形成证券公司差异化经营的局面。可以看到我国对证券公司的宏观管理将由鼓励证券公司做大逐步转向鼓励证券公司做强，更加重视证券公司的竞争优势。一些以前只能对综合类证券公司开放的业务有可能对优质的经济类证券公司开放，促进优质证券公司不断创新和发展，以形成有效的市场差异化竞争。因此，华泰证券公司应首先练好内功，不断创新公司服务营销形成差异化经营，打造公司核心竞争力，才能有效抓住机遇，在竞争中抢占市场先机。

2. 证券市场的良性发展

随着证券市场的不断改革和发展，证券产品和服务的创新条件也将更加宽松，而证券投资也必将更加专业化，这将为各证券公司提供专业化服务和更大的发展空间，证券公司能否为顾客提供有价值的、个性化的专业服务成为公司是否具有竞争力的关键。证券市场的良性发展也有利于证券公司服务产品、服务方式、服务渠道和服务手段等多方面服务营销的不断创新，推动证券服务营销的不断发展。

3. 行业内战略联盟的建立

随着顾客服务内容和要求的丰富化和复杂化，顾客对服务的内容和要求也将更加广泛。证券公司内部的专业化队伍、知识体系和业务范围可能无法涵盖全部的内容，因此公司的专业化服务能力不仅体现在自身的能力，更依赖于其是否能够在公司外部寻找到专业化、权威化的服务单元并与之建立紧密的合作关系，将外界资源纳入自身的服务体系。例如，目前在中国证券市场上占主导影响的咨询单位不是证券公司，而是一些专业咨询机构，如神光、万国测评等，许多证券公司在对顾客的服务中提供了这些机构的产品，不足之处在于还只是完整地照搬给顾客，没有进行系统的整理，因此公司可和一些有实力的专业咨询机构结盟，利用他们的优势为公司顾客提供更完善的服务。又如，由于一些现实条件限制，公司不能提供一些投资产品的交易，如基金、信托和外汇等产品，但公司可和其他相关联业务单位开展业务合作，通过各自的专业化服务分工与合作，为公司顾客提供完善的服务产品，同时可分享顾客资源，实现交叉销售，共同盈利。

（四）企业市场营销主要威胁

1. 管制的普遍存在

中国证券市场发轫之日，在重要的证券发行环节采用以额度为特征的计划指标模式；证券发行进行实质性审核，采用审批方式，难以采用被许可之外的金融工具，从而金融工具的创新受到极大限制。同时，管制几乎是无处不在的，证券经营机构的行为受到管制；价格受到管制，如发行市盈率区间限制和佣金费率限制等；在证券公司的恶性竞争愈演愈烈之后，竞争手段开始受到管制，如融资担保的禁止等。管制的普遍存在，是中国证券公司所面临的基本市场环境。在金融管制下，证券公司业务趋同，资本实力和行政分割成为决定市场份额的首要因素。不过随着市场化改革的进展以及金融深化步伐的加快，管制将逐步趋向宽松。

2. 寡头垄断现象明显

在管制色彩浓厚的市场环境下，证券公司与证券主管部门的沟通起着至关重要的作用，因而那些政府关系背景深厚、资源配置能力强的证券在市场中居于领导，形成寡头垄断的市场地位。同时在资本成为稀缺资源的短缺经济环境下，由于发行价格长期受到管制，发行市场几乎无风险。因而在发行承销额度的行政分配模式中，行政力量也在配给证券公司市场份额方面发挥着重要作用，从而呈现出寡头垄断与行政并存的市场割据。随着证券业与银行业（指商业银行）、信托业分业经营、分业管理体制确立及券商分类制度的实施和行政"审批制"的退出，行政力量的作用渐趋微弱，但另一方面也加剧了已占据证券公司市场份额最大的几家寡头间竞争的激烈程度。

3. 非价格竞争在市场竞争中始终居于优先地位

非价格竞争早期表现为争夺行政关系资源以及融资承诺和担保安排等。在行政配给力量逐步弱化的同时，分业体制使融资承诺及担保被视为不正当竞争，尤其是发行体制的市场化改革和核准推行，长期以来形成的分配市场份额的主导因素或基础已经动摇。市场要求平等竞争，因此提供更能满足客户需要的个性化服务和更优质的服务，成为证券公司间激烈竞争的制胜之器。

三、企业市场营销管理规划

华泰证券在对证券市场深入分析的基础上，结合公司的战略定位确定营销策略，华泰证券经纪业务营销策略紧紧围绕公司的战略进行选择并有所侧重。

1. 实行规模策略

目前国内证券公司面临着新一轮的洗牌，一批规模较小、竞争能力不强或违规经营的证券公司将被收购、兼并和关闭拍卖。华泰证券将利用首批创新试点证券公司的优势，采取收购、兼并和参股方式增加营业部的数量，扩大规模，力争始终保持在前 10 大证券公司之列，这样才能在国内外竞争中立于不败之地。

2. 实行差异化策略，合理配置和优化公司资源

华泰证券和中金公司、申银万国等一批大型实力证券公司相比，研究队伍跟不上。和一批中小型证券公司相比，机制不灵活。所以华泰证券经纪业务营销的目标客户主要是以中小散户为主，选择走低端客户道路，在某些发达地区或城市，可以考虑采用不同的营销模式。

3. 坚持品牌策略

华泰证券经过十几年的发展已经建立了较好的客户基础和良好的市场品牌形象。网上证券交易是华泰的品牌，但是近两年感觉有些后劲不足，中国证监会首批 12 家创新试点证券公司也是树立华泰品牌的大好机会。华泰证券将利用收购亚洲证券、网点辐射面扩大的机会，抓住构建营销网络的机会发动新一轮宣传攻势，尤其是在江苏省外，在以前没有网点的地区，扩大公司影响，逐步树立品牌形象。另外还将注重品牌的维护和管理，不断增强品牌的价值。通过新产品开发与销售、新业务开拓与推广来提升品牌内涵，用品牌的影响力来增强客户的认同感。

4. 继续巩固江苏地区优势

除此之外，在福建和浙江两省沿海地区应适当多设置营业部，通过合理布局覆盖全省，最好在这两个省份收购或参股 1~2 家证券公司。同时，适当辅之以创新和灵活地运用价格策略并推广实行全员客户经理制，建立健全用人机制和考核激励机制，发挥客户经理的营销能力。

四、企业市场营销管理实施

1. 变革营销组织

华泰证券的战略是"以经纪业务为主的综合类证券公司"、"近三年内，以营销网络发展为主线，通过托管、收购兼并、合并等方式，迅速将公司营业网点扩展到 150 家左右"，这是一个既追求规模扩张，又追求市场经济效益的公司战略，单纯的事业部制营销组织模式已经不能满足要求。在发展到控股集团公司前，华泰证券实施一种与该战略相适应的营销组织模式：公司经纪业务以事业部制为基础，下设市场营销部、客户服务部、业务管理部和业务营运部等相应的二级部门，配置相应的公司资源。把产品设计、网站营运和研究咨询等职能由研究所划归营销部和客户服务部，把网上交易、移动证券、客户关系管理系统开发和应用等职能由信息技术部划归客户服务部。具体如图 6-4 所示。

2. 重构营销渠道

经纪业务营销渠道重构就是在现有营销渠道的基础上，根据新的业务流程重新进行定位与整合，保证渠道网络的畅通。重构的目标是通过扩大产品对市场和客户的接触面，推动经纪业务产品能够以最有效的方式送达客户手里，并且实现持续销售。华泰证券的营销渠道重构从以下两个方面开展。

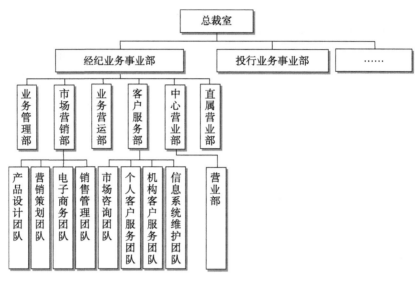

图 6-4　华泰证券经营业务营销组织结构

（1）内部有形网点渠道整合。通过营业网点布局与调整，强化并突出对核心客户的销售和服务。

（2）外部营销渠道的选择与合作——外部关系的重新定位。从产业链角度看，证券公司需要与其他机构加强合作，但这种合作绝不是如当前证券公司与银行等的一种表面合作关系，而是一种联盟。因此，在现阶段，应该对华泰证券与银行、电信、基金公司、上市公司、保险公司和信托公司等外部机构的关系进行重新定位，建立一种更深层次的合作与联盟。

3. 建设营销信息系统

华泰证券电子商务系统经过几年的发展已经比较成熟，但营销数据库系统和客户关系管理系统还处于论证和建设中。而且在电子商务系统中，网站、网上交易和移动证券等电子交易系统的管理和维护权限分散在不同的部门，这些都延缓了经纪业务营销信息系统的建设进程，需要进行整合。华泰证券从下面三个方面建立公司的营销信息系统。

（1）整合证券电子商务系统资源。华泰证券公司电子商务系统包括网上交易系统、网站、Web 页面委托系统和移动证券炒股系统。移动证券炒股系统包括：移动公司的 GPRS 系统、WAP 系统、STK 卡系统和短信系统；联通公司的 CDMA 系统、WAP 系统和短信系统；电信公司的小灵通 C-MODE 系统和短信系统等。移动证券炒股系统主要为经纪业务客户服务，但是这些系统资源都分散在不同的部门，管理、沟通、协调成本大，迫切需要整合利用。

证券电子商务平台作为营销信息系统的一部分，主要作用是辅助营销活动实施，提高营销效率。因此，华泰证券应从整合、配置经纪业务营销资源的角度，对电子商务系统进行整合。

（2）建立营销数据库系统。一个有效的营销信息系统离不开一个完整的营销数据库。营销数据库的数据内容包含两个方面，一是来自于前台交易系统的客观信息，如客户基本资料、交易信息等；二是有意识地收集现有客户或潜在客户的一些综合信息，如客户的社会关系、投资偏好和客户的个性化需求等。

2005 年，华泰证券在原 34 家营业部集中交易上线的基础上，完成了数据集中并建立了公司数据中心。同时，在数据中心的基础上，开发了客户关系管理系统（一期）。公司数据中心反映的是客户的基本资料和历史交易等客观原始信息，一般的应用系统如风险监控、报表制作等可直接建立在该数据中心基础上，基本能满足需求。而客户关系管理系统对数据的要求更高，客户关系管理系统直接采用公司数据中心的数据已经远不能满足需要，经纪业务有必要建立自己的数据库，即营销数据库，建立流程如图 6-5 所示。

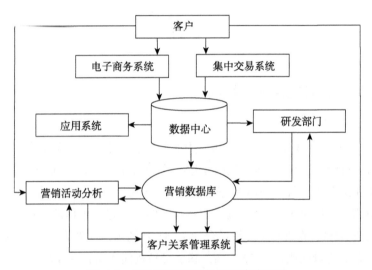

图 6-5　华泰证券营销数据库构建流程

（3）建设客户关系管理系统。华泰证券 CRM 系统 2003 年开始立项，2004 年一期项目基本完成，并在 34 家营业部上线应用。系统一期主要完成了客户关系管理子系统、客户经理管理子系统、核心客户关系管理子系统和业务表子系统等功能模块。由于 CRM 系统是个全新的概念，在营业部推广过程中遇到了不少阻力，又因为各营业部需求的个性化使得系统具体功能很难满足需要，所以 2005 年系统新的开发工作基本停止，只是在改进和完善现有功能。

CRM 不仅仅是技术，更是一种理念和思想。因此，华泰证券经纪业务下一步的 CRM 系统的开发工作将从以下几个方面进行：一是聘请专业培训机构对全体员工进行培训，促进员工尽快转变观念，树立客户关系管理理念；二是把呼叫中心项目提前，尽快增加经纪业务与客户的交流和服务通道，提升公司品牌形象；三是继续完善应用型系统；四是向分析型发展。具体功能模块包括呼叫中心子系统、资讯管理子系统、营销管理与分析子系统、核心客户分析子系统和业务报表分析子系统等。但是要吸收一期开发的教训，不能急于求成，要在充分调研和收集各方需求的基础上，制定出详细的开发方案，分步实施。如图 6-6 所示。

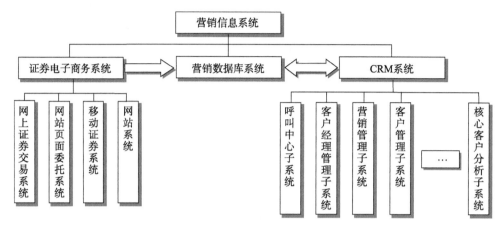

图 6-6　华泰证券营销信息系统

五、企业市场营销管理评估与控制

（一）华泰证券市场营销的评估

华泰证券于 2010 年成功在 A 股上市，为业务发展积累了宝贵的资本。目前在全国 28 个省、直辖市、自治区拥有逾 220 家营业网点，形成了分布广泛、布局合理的有形服务网络。根据证券业协会的排名，2014 年华泰证券总资产逾 2000 亿元，排名行业第五。2014 年华泰证券股票交易量为 9.65 万亿元，占比 6.52%，超过了中信证券；基金交易量 2.76 万亿元，占比 29.45%，股票基金交易量合计 12.41 万亿元，股票基金交易量排名位居行业第一。其中股票交易量同比增长 72.72%，基金交易量同比增长 904.21%。

华泰证券作为创新试点券商，融资融券、投资顾问、IB 业务、套利业务等创新业务发展迅速，为客户提供多元化的投资方式，进一步满足了不同类型的客户需求，为实现通道向理财服务转型奠定更加坚实的基础。建立了以"紫金"系列服务产品为主的服务体系，在业内率先实行"同类客户、同等服务、同等收费"的服务模式。

（二）华泰证券市场营销的控制

华泰证券通过客户关系管理系统来加强其营销服务控制。客户关系管理系统是以客户需求为导向，以信息化和数据分析为手段的客户关系管理模式。

客户关系管理是一个不断加强与顾客交流，不断了解顾客需求，并不断对产品及服务进行改进和提高以满足顾客需求的连续过程。其内涵是以客户为核心的企业营销的技术实现和管理实现，是企业利用信息技术和数据挖掘等技术手段实现对客户的整合营销。客户关系管理不仅是一种创新的、先进企业管理理论和商业运作模式，也是一种被市场认可的有效提高企业收益、客户满意度和员工积极性的具体软件和实现方法。

华泰证券的管理层认为，从简单的佣金价格竞争转向客户服务竞争，充分利用信息技术和网络力量来提高服务质量、降低服务成本已成为证券服务商变革的焦点。华泰证券需要一个以"客户为导向"的信息平台来提高客户服务质量,赢得客户继而赢得市场。经过广泛的市场调查和充分论证,在对软件厂商进行综合比较后,华泰证券引入 Oracle Siebel CRM 产品来打造其战略性的客户关系管理系统。目前,系统包括:金融服务的 CRM 基础、账务账目管理、金融服务的建议与介绍、呼叫报告、需求分析、应用、投资管理、财务管理和目标客户销售等。

Siebel CRM 针对华泰证券而设计的完善且灵活的产品功能及可靠的实施服务,能够很好地帮助华泰证券实现战略目标。华泰证券将以客户为导向,实现价值营销与竞争优势的创新,使公司的核心竞争力、业务规模和综合实力再上一个新台阶。华泰证券同时进行了一系列内部组织重新构架和内部资源整合,配合客户关系管理系统。

第三节　企业市场营销管理诊断与决策实验操作

本实训采用奥派企业经营诊断与决策实验软件。在"学习模式"可以查看管理诊断的专题案例与综合案例,点击案例图片或者名称,即可查看案例相关内容。

图 6-7　市场营销学习模式

一、企业市场营销管理理论学习

1. 市场营销理论学习

左侧为该案例所属的理论知识,点击【目录】可以概览理论知识的大纲,点击标题可以直接查看该部分内容。

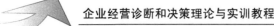

图 6-8　市场营销理论学习

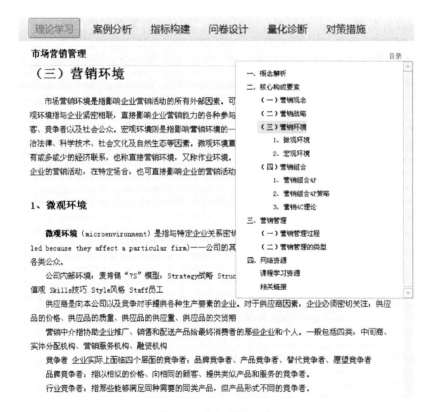

图 6-9　市场营销理论

2. 理论阅读与标注

选定理论知识中的一句话或一段话，可以编辑其字号、加粗、斜体、中划线、下划线、改变文字颜色及背景色，还可将这些格式清除或者为选中的文字添加批注和书签。

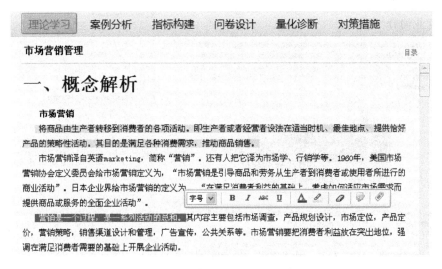

图 6-10　市场营销理论阅读

3. 思考与问题

右侧为学习理论后回答的思考题，鼠标放在【参考答案】上会显示系统答案。

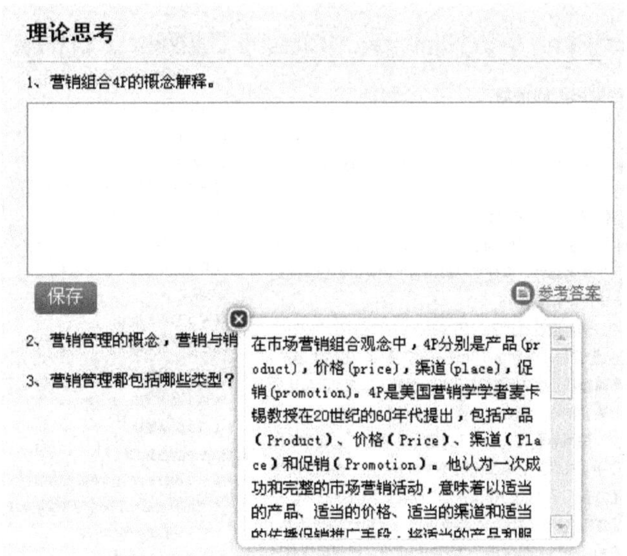

图 6-11　市场营销思考与问题

二、企业市场营销管理诊断实验操作

（一）案例定性分析

市场营销诊断实训就是通过对真实调查案例的分析，设计分析模型，进行数量分析。

图 6-12　市场营销案例分析

左侧为该案例内容，点击【目录】可以概览案例大纲，点击标题可以直接查看该部分内容。

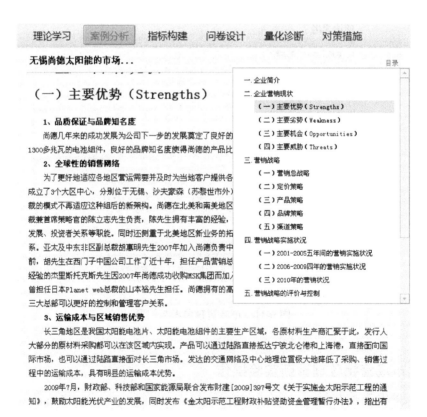

图 6-13　市场营销案例的阅读

选定案例内容中的一句话或一段话，可以编辑其字号、加粗、斜体、中划线、下划线、改变文字颜色及背景色，还可将这些格式清除或者为选中的文字添加批注和书签。

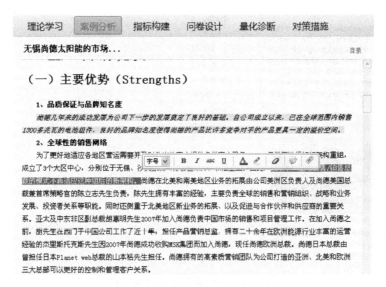

图 6-14　市场营销案例的批注

右侧为阅读案例后回答的思考题，鼠标放在【参考答案】上会显示系统答案。

图 6-15　市场营销案例的思考

（二）案例量化分析

1. 指标构建

根据市场营销诊断理论，构建市场营销诊断指标体系。选择软件【指标构建】后，可以采用软件所提供的指标模型选用并创建指标，也可根据所分析的案例独立构建新指标体系。

企业经营诊断和决策理论与实训教程

A Practical Course on Diagnosing and Decision Making in Operating and Administrating Enterprises

图 6-16　市场营销诊断指标构建

查看指标模板，以此模板创建指标。点击"市场营销"，选择【模型构建指标】或【构建新指标】。

市场营销 指标体系　　　　　　　　　　以此模板创建指标

目标层	维度层	子因素层
市场营销	营销组织实施	营销组织体系的健全性
		营销组织结构的合理性
	营销策略组合	营销策略组合的灵活性
		组合效果分析的及时性
		营销组合的目的性
	营销战略分析	战略分析的规范性
		战略分析的科学性
		战略分析的有效性
	营销环境分析	环境分析的合理性
		环境分析的科学性
		环境分析的全面性

图 6-17　市场营销诊断指标模板

按照逻辑关系添加指标，点击【添加模块】或者【添加直线】，双击模块编辑指标名称，利用直线联系指标间的关系，完成后点击【保存】。

指标默认创建后，新创建的指标会覆盖之前的指标。若用户已创建指标，可通过"构建新指标"查看当前的指标。

184

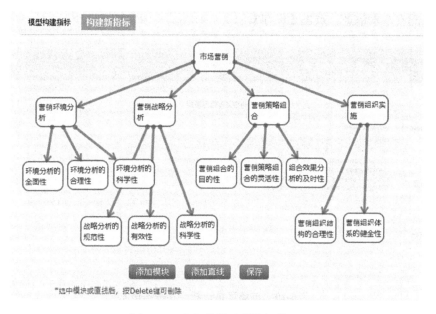

图 6-18　市场营销诊断指标模型

2. 问卷设计

根据构建的市场营销诊断指标模型，设计调查问卷，以便确定各项指标的数值和相关指标的量化关系。

（1）选择"问卷设计"，学生可以根据模板创建适合相关案例的调查问卷。

图 6-19　市场营销诊断问卷设计

（2）查看问卷模板，可以此模板设计新问卷。

编辑问卷基本信息，点击【保存】。

图 6-20 市场营销诊断问卷基本信息

（3）添加问卷问题。问题类型分为单选题、多选题、量表题与开放式题，根据需要添加各类型的问题，也可直接编辑现有题目。

图 6-21 市场营销诊断问卷编辑

（4）在页面右侧点击【基本信息】，可以重新编辑问卷说明。

（5）点击【设置指标】，可以设置问题指标，最多可设置十个。每个指标名称编辑完成后，按回车键确认。全部指标添加完成后，点击【保存】。

（6）如图 6-18 指标构建步骤，学生已创建指标，则此处显示指标模型的第二层即维度层。学生亦可根据需要修改，但修改不能影响前面的指标模型。

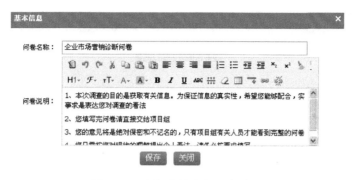

图 6-22　市场营销诊断问卷说明

图 6-23　市场营销诊断问卷与指标的关联

（7）接下来将添加的指标与题目绑定。

图 6-24　市场营销诊断问卷与指标的绑定

（8）问卷题目和指标设置完成后，切记要点击页面上方的【保存问卷】。保存后，可以进行预览。

图 6-25　市场营销诊断问卷的生成

（9）在"我的问卷"中，一个案例只能设计一份问卷，再次设计的问卷会覆盖已设计的问卷。

图 6-26　市场营销诊断问卷的保存

3. 量化诊断

选择"量化诊断"。

（1）点击【设计问卷】，可返回问卷设计部分，对问卷进行修改。如无修改需要，可点击"发布问卷"。

（2）点击【发布问卷】，则所发布的问卷发送到问卷库中，实验中的其他学生在问卷库中可以看见。其他学生根据对所读同一个案例的各自理解和分析，填写问卷。这是一个社会调查的过程。

（3）点击【填写问卷】，是根据对自己所读案例的理解和分析，填写自己所发布的问卷。

（4）填写完所有问题后，点击问卷右上角的【提交问卷】。

图 6-27　市场营销诊断问卷的保存

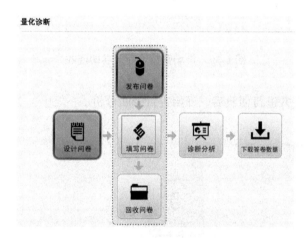

图 6-28　市场营销诊断问卷的发布与填写

图 6-29　市场营销诊断问卷的提交

（5）点击【回收问卷】，问卷回收后不在问卷库显示，其他同学无法填写。若需要收集多份答卷，请确认其他同学完成问卷填写后再回收。

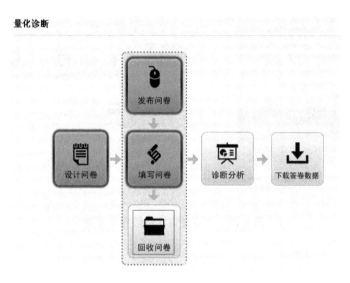

图 6-30　市场营销诊断问卷的回收

（6）问卷填写完并进行回收后，开始进行诊断分析。

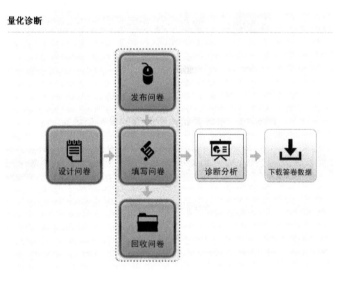

图 6-31　市场营销问卷的诊断

（7）系统提供三类自动统计：单题统计、分类统计与汇总统计。

点击【单题统计】，可以查看每道题的回答情况。

（8）点击【分类统计】，可查看同一指标下各个问题的答题情况。

（9）选择"汇总统计"，查看问卷汇总统计表，学生也可下载统计报告进行查看。

单题统计　分类统计　汇总统计

第1题：企业是否有营销环境分析的科学方法？ 本题平均分：1.33分

选项	小计	比例
是	1	33.33%
否	2	66.67%

条形图　柱状图　饼形图

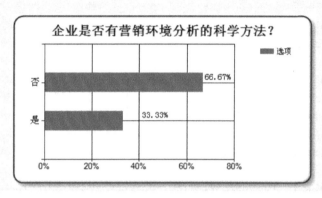

图 6-32　市场营销问卷的单题统计

单题统计　分类统计　汇总统计

指标1：营销环境分析 指标标准分：8.00分　平均得分：5.33分

第1题：企业是否有营销环境分析的科学方法？

选项	小计	比例
是	1	33.33%
否	2	66.67%

条形图　柱状图　饼形图

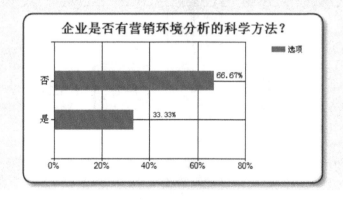

图 6-33　市场营销问卷的分类统计

单题统计　分类统计　**汇总统计**

汇总统计表　　　　　　　　　　　　　　　　　　　⬇ 下载统计报告

指标	标准得分	平均得分	比例
营销环境分析	8.00	5.33	66.62%
营销战略分析	6.00	4.67	77.83%
营销策略组合	4.00	2.33	58.25%
营销组织实施	4.00	2.67	66.75%

🔲 条形图　📊 柱状图

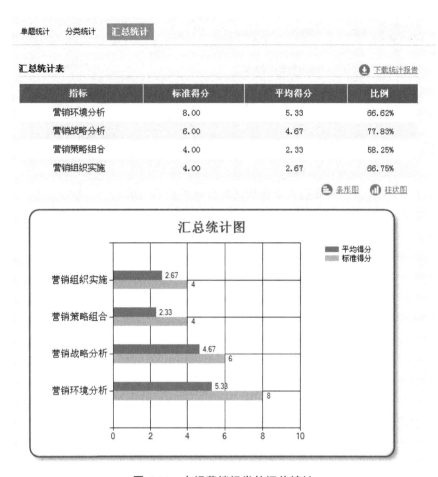

图 6-34　市场营销问卷的汇总统计

（10）用户也可下载答卷数据，使用 Excel 或 SPSS 等统计工具对问卷进行二次统计。

图 6-35　市场营销问卷的数据下载

三、企业市场营销管理决策实验操作

（一）市场营销存在问题分析

点击【对策措施】，选择【存在问题】，根据调查数据和图表，分析该企业市场营销所存在的问题，填写案例中企业存在的问题。

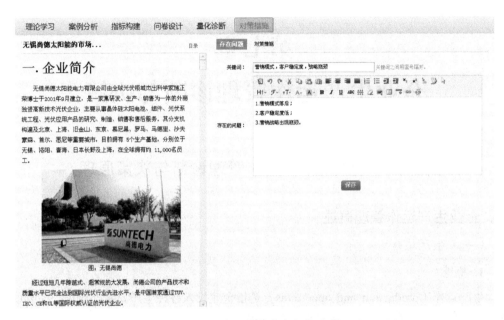

图 6-36　市场营销存在问题诊断

（二）市场营销决策

根据案例提供的材料以及上述分析，针对该企业存在的问题，填写解决问题的对策措施。完成后点击【保存】。

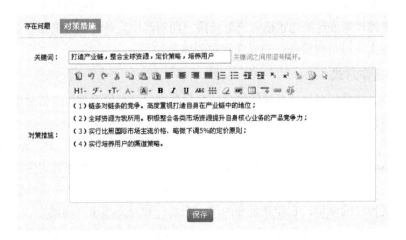

图 6-37　市场营销存在问题的对策

第七章
企业生产运作管理诊断与决策

第一节　企业生产运作管理诊断与决策原理

一、企业生产运作管理概述

（一）生产运作

1. 概念

生产运作（production and operations）是指企业投入各种生产要素，通过一系列的转化过程，最终产出有形产品和无形服务的过程。

生产运作是企业创造价值的主要环节，企业和企业之间的竞争最终体现在产品和服务上，生产运作是形成企业核心竞争能力的一个重要方面，生产运作的改善直接影响着企业的绩效。

2. 生产系统

生产系统是在保证人员、设备和设施安全的基础上，按照预定的品质、价格和数量的要求，在预定的日期最经济地将输入资源转换为期望产出，对管理系统与作业系统加以整顿和运用，使人、材料和设备得到有效利用的体系。

3. 生产运作方式

生产运作方式是指对生产系统的设计、运行与维护过程的管理，包括对生产活动进行计划、组织与控制。

生产运作方式的要素可归结为3M1I：人（man）、机（machine）、料（material）和信息（information）。其中，人是最重要的要素，而信息在现代生产运作方式中逐渐演变为关键因素。一种生产运作方式不是一种具体方法的运用，而是在一种基本指导思想下的一整套方法、规则构成的体系，它涉及企业的每一个部门和每一项生产活动。

发展是永恒的主题，随着人类社会从工业化向信息化的迈进，企业的生产运作方式也经历了或即将经历从手工生产→大批量生产→精益生产（JIT）→计算机集成制造→敏捷制造→大量定制→绿色制造的发展过程。

（二）生产运作管理

生产运作管理是指为实现经营目标，有效地利用生产资源，对企业生产运作过程进行计划、组织和控制，生产满足社会需要的产品的管理活动的总称。

生产运作管理有狭义和广义之分。狭义的生产运作管理，是指以生产系统中的生产过程为对象的管理，包括生产过程的组织、生产能力的核定、生产计划和生产作业的编制、生产作业核算、生产控制与生产调度等。广义的生产运作管理，是针对生产系统所进行的全部活动的管理，即生产系统的设计、运行与维护过程的管理，具体内容除狭义的生产运作管理的内容外，还包括企业生产方向和规模的确定、工厂布置、质量管理、设备管理、物流管理、成本控制、安全生产和环境保护等。

按照生命周期理论，生产运作管理的内容可分为生产运作系统的设计、运行、维护与改进三大部分。

1. 生产运作系统的设计

根据生产运作系统战略管理关于生产运作系统的定位，具体进行生产运作系统的设计和投资建设。生产运作系统的设计，一般在设施建造阶段进行，包括下面两方面内容。

（1）产品开发管理。包括产品决策、产品设计、工艺选择与设计、新产品试制与鉴定管理等，其目的是为产品生产运作及时提供全套的、能取得令人满意的技术经济效果的文件，并尽量缩短开发周期，降低开发费用。

（2）厂房设施和机器系统构建管理。包括厂址选择、生产运作规模与技术层次决策、厂房设施建设、设备选择与布置、工厂总平面布置、车间及工作地布置等，其目的是为了以最快的速度、最少的投资建立起最适宜企业生产运作的、能形成企业固定资产的生产运作系统主体框架。

2. 生产运作系统的运行

生产运作系统运行管理包括以下三方面内容。

（1）计划。包括预测对本企业产品和劳务的需求，确定产品品种与产量，设置产品交货期，编制产品出产计划、厂级生产运作作业计划和车间生产运作作业计划，统计生产运作进展情况等。

（2）组织。是指合理组织生产要素，使企业生产运作系统中的物质流、信息流、价值流畅通，使有限资源得到充分、合理的利用。组织既是生产运作计划工作的基础和依据，也是实现生产运作计划的手段保证，组织是生产运作过程组织和劳动组织的统一。生产运作过程组织主要是合理分配生产运作资源，科学安排生产运作系统和生产运作过程中各阶段、各环节，使之在时间、空间上协调衔接。劳动组织是指正确处理劳动者与劳动工具、劳动对象的关系，使劳动者在生产运作过程中发挥应有的作用，充分调动劳动者的积极性。

（3）控制。是指在计划执行过程中，随时检查实际执行情况，一旦发现偏离计划或标准，立即采取措施进行调整。为保证经济准时地完成生产运作计划，并不断挖掘生产运作系统的潜力，改进生产运作系统，必须对生产运作过程实行全方位、全过程的控制。包括生产运作进度、产品质量、资源消耗、资金占用、物料采购和成本控制等方方面面，也包括事前、事中和事后控制。特别要重视实行事前的预防性控制，这就要求企业应健全一系列事前控制标准。

生产运作系统运行管理属于生产运作管理的日常工作，最终都要落实到生产运作现场，因此，搞好现场管理是生产运作管理的一项重要基础性工作。

3. 生产运作系统的维护与改进

任何系统都有生命周期，如果不加以维护和改进，系统就会终止。生产运作系统的维护与改进包括对设施的维修与可靠性管理、质量的保证、整个生产系统的不断改进和各种先进的生产方式和管理模式的采用。

二、企业生产运作管理诊断

生产运作诊断是指通过对企业进行访谈、资料收集和深入生产现场，对企业整个生产运作系统的全过程或者部分环节进行深入调查，把握生产运作管理现状。运用科学的方法和工具，查找生产运作系统在设计、运行、维护和改进过程中存在的问题。分析问题产生的原因并提出改善对策，以使企业建立起按质、按量、按期交货的生产运行系统，提高生产效率，实现企业可持续发展。

通常，企业在生产运作方面存在下列问题。

（1）费尽千辛万苦拿到的订单却不能按时供货，销售合同的履约率低。

（2）竞争越来越激烈，售价降低，生产成本居高不下，难以维持生存。

（3）生产资金占用越来越多，流动资金捉襟见肘，影响正常的生产经营活动，资金周转困难。

（4）解决瓶颈工序的速度太慢，无法响应市场快速发展的需求，生产能力没有充分发挥。

（5）市场需求的多样化带来产品更新速度加快，使企业经营、计划系统难以适应，生产计划总跟不上市场变化，生产管理的基础工作薄弱。

（6）生产过程中浪费严重，材料消耗定额的工时定额多年没有修订，生产成本居高不下。

（7）原材料不能准时供应。

（8）零部件生产不配套，积压零部件多。

（9）产品生产周期长，劳动生产率低。

生产运作诊断有利于解决上述问题，其作用具体体现在生产管理的四个基本问题上：提高质量、降低成本、适量生产和按期交货。

（一）企业生产运作诊断模型

生产运作诊断内容主要包括以下几点。

（1）生产运作战略诊断（上层——领导层）。

（2）生产运作过程组织诊断、生产计划与控制诊断（中层——管理层）。

（3）生产运作现场管理诊断（下层——基层）。

生产运作诊断的模型如图 7-1 所示。

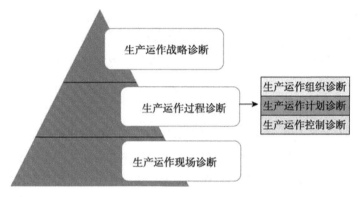

图 7-1　生产运作诊断模型

1. 生产运作战略诊断

生产运作战略是指在企业（或任何其他形式的组织）经营战略的总体框架下，决定如何通过运作活动来达到企业的整体经营目标。它根据对企业各种资源要素和内、外部环境的分析，对与运作管理以及运作系统有关的基本问题进行分析与判断，确定总的指导思想以及一系列决策原则。

企业的生产运作战略制定受到企业内、外部因素的影响，制定生产运作战略所要考虑的外部因素与制定企业战略所要考虑的外部因素是一样的。

生产运作战略的诊断主要包括以下方面：

（1）生产运作战略分析诊断。企业生产运作战略要在收集并分析企业内外环境和行业发展形势信息的基础上制定，明确战略定位和方向，不仅符合企业使命和总体战略，也要适应宏观经济的发展。

（2）生产运作战略内容诊断。企业生产运作战略要涉及生产运作的各个方面，包括生产运作的总体战略，产品或服务的选择、设计与开发，生产运作系统的设计。生产运作战略要形成书面的文件且有相应的管理制度帮助战略的贯彻和实施，便于员工的理解和支持。

2. 生产运作过程诊断

（1）生产运作组织诊断。生产运作组织诊断包括以下两个方面。

①生产过程合理性和组织。生产过程的组织是否合理；能否提高工作效率；生产运作组织能否随着外界环境的变化而做相应的调整；上下级交流沟通渠道是否畅通。组织系统内部协调性和人员素质如何。

②工厂布置诊断。工厂布置是否合理；有无影响生产效率。

（2）生产运作计划诊断。是否根据总战略制定生产运作计划，以及总量计划完成率、总量计划执行力度、作业计划完成率、作业计划执行力度；车间作业计划编制方法是否科学合理；有无生产作业控制；控制效果如何，等等。

（3）生产运作控制诊断。生产系统运行控制的活动内容十分广泛，涉及生产过程中各种生产要素、各个生产环节及各项专业管理。其内容主要有：对制造系统硬件的控制（设备维修）、生产进度控制、库存控制、质量控制、成本控制和数量控制，等等。

生产运作控制诊断内容具体包括：是否按生产流程领用和发放物料；是否通过台账记录等控制生产进度；设备的维修和保养是否定期和有计划；质检工作是否到位；重大质量问题有无成立专门组织进行根本原因分析；产品返修、返工是否有记录并形成档案；员工培训是否及时合理等。

3. 生产运作现场诊断

生产运作现场诊断的内容包括：现场环境管理方面、标准化操作管理方面、生产现场物料管理方面、生产成本控制方面、生产现场质量控制方面和生产现场设备管理方面。具体包括企业有无成立相关组织推行 5S 现场管理；物品在生产现场是否按区域存放且标识清楚；各项规章制度和技术工作标准是否健全；民主管理和班组活动是否可以充分调动员工的积极性。

（二）企业生产运作战略诊断

生产运作战略是指企业在经营战略的总体框架下，决定如何通过运作活动来达到企业的整体经营目标。它根据对企业各种资源要素和内、外部环境的分析，对与运作管理以及运作系统有关的基本问题进行分析与判断，确定总的指导思想以及一系列决策原则。

生产运作活动是企业最基本的活动之一。生产运作活动为了达到企业的经营目的，必须将其所拥有的资源要素合理地组织起来，并且保证有一个合理、高效的运作系统来进行一系列的变换过程，以便在投入一定资源或者说资源一定的条件下，使产出能达到最大或尽量大。再具体地说，运作活动应该保证能在需要的时候，以适宜的价格向顾客提供满足他们质量要求的产品。为了达到这样的目标，作为一个生产运作管理人员，首先需要考虑选择哪些产品，为了生产这样的产品需要如何组织资源，竞争重点应该放在何处，等等。在思考这样的基本问题时，必须根据企业的整体经营目标、经营战略确定一个基本的指导思想或者说指导性的原则。制定生产运作战略的目的是使企业的生产运作活动能够符合企业经营的整体目标和整体战略，以保证企业经营目标的实现。

1. 环境分析

制定生产运作战略同制定企业总体战略和竞争战略一样也需要进行环境分析。企业战略的环境分析主要包括企业外部环境分析和企业内部条件分析，企业在制定生产运作战略前，同样也要进行这两方面的分析。只不过是此时的外部环境、内部条件分析更加侧重分析与生产战略制定关系密切的因素。

（1）外部环境分析。企业外部环境可以划分为宏观外部环境和行业环境。

①宏观外部环境。企业的宏观外部环境主要包括政治法律环境、经济环境、社会文化环境和科学技术环境。

政治法律环境主要包括政治制度、方针政策、政治气氛、国家法律规范和企业法律意识等要素，它们会对企业的生产运作管理产生深远的影响和制约作用，企业适应所面临的政治法律环境，是企业实现生产运作战略的前提。

经济环境指影响企业生存与发展的社会经济状况及国家经济政策，包括国民收入水平、消费结构、物资水平、产业政策、就业状况、财政及货币政策和通货膨胀率等要素。

其中对生产运作战略影响最大的是产业政策，它对产品决策和生产组织方式的选择有直接影响。

社会文化环境是指一个国家或地区的文化传统、价值观念、民族状况、宗教信仰和教育水平等相关要素构成的环境。

科技环境指企业所处的社会环境中的科技要素及与该类要素直接相关的各种社会现象的集合，主要包括社会科技水平、科技力量、科技体制和科技政策等要素。

②行业环境。所谓行业或产业，是居于微观经济细胞（企业）与宏观经济单位（国民经济）之间的一个集合概念。行业是具有某种同一属性的企业的集合，处于该集合的企业生产类似产品满足用户的同类需求。行业中同类企业的竞争能力和生产能力将直接影响到本企业生产运作战略的制定，特别是在开发新产品时，更应仔细分析行业环境。对行业环境的分析要从战略的角度分析行业的主要经济特征（市场规模、行业盈利水平、资源条件等）、行业吸引力、行业变革驱动因素、行业竞争结构和行业成功的关键因素等方面，其中行业主要经济特性、行业竞争等方面对企业生产运作战略的影响较大。

关于行业竞争结构分析可以采用哈佛商学院迈克尔·波特教授的五力分析法。按照波特的观点，一个行业的激烈竞争，其根源在于其内在的竞争结构。在一个行业中存在五种基本竞争力量，即新进入者的威胁、行业中现有企业间竞争、替代品或服务的威胁、供应者讨价还价的能力和用户讨价还价的能力。这五种基本竞争力量的现状、发展趋势及其综合强度，决定了行业竞争的激烈程度和行业的获利能力。在竞争激烈的行业中，一般不会出现某个企业获得非常高的收益的状况，在竞争相对缓和的行业中，会出现相当多的企业都可获得较高的收益。五种基本竞争力量的作用是不同的，问题的关键是在该行业中的企业能否找到较好地防御这五种竞争力量的位置，甚至对这五种基本竞争力量施加影响，使它们朝着有利于本企业的方向发展。

（2）企业内部条件分析。对企业战略产生影响的企业内部条件因素很多，我们主要分析影响企业生产运作战略制定的内部条件因素，主要包括以下两个方面。

①企业整体经营目标与各部门职能战略。企业的整体经营目标通常是由企业经营战略所决定的。在企业整体经营目标之下，企业的不同职能部门分别建立自己的职能部门战略和自己力图达到的目标。因此包括生产运作战略在内的各个职能级战略的制定，都受企业整体目标的制约和影响。由于各职能级目标所强调的重点不同，往往对生产运作战略的制定有影响，而且影响的作用方向是不一致的。例如，营销部门往往希望多品种小批量生产，以适应市场需求的多样化特点，而生产部门也许希望生产尽量稳定、少变化，提高系列化、标准化和通用化（简称"三化"）水平以提高劳动生产率，降低生产成本。又如，生产部门为了保持生产的稳定性和连续性，希望保持一定数量的原材料及在制品库存，但财务部门为了保持资金周转，可能希望尽量减少库存等等。因此，在同一个整体经营目标之下，生产运作战略既受企业经营战略的影响，也受其他职能战略的影响。在制定生产运作战略时，要考虑到这些相互作用、相互制约的目标，权衡利弊，使生产运作战略决策能最大限度地保障企业经营目标的实现。

②企业能力。企业能力对制定生产运作战略的影响主要是指企业在运作能力、技术条

件以及人力资源等方面与其他竞争企业相比所占有的优势和劣势。对企业能力的评价比较复杂，它需要在全面评估企业内部条件的基础上对企业能力作出判断。

在制定生产运作战略时尽量根据企业能力扬长避短。例如，当市场对某种产品的需求增大，而且经预测这种需求将会维持一段较长的时间时，那么是否应该选择这种产品进行生产，除了考虑市场的这种需求优势以外，还必须考虑到自己企业的生产能力以及技术能力。此外，根据企业所具有的能力特点，制定生产运作战略时可将重点放在不同之处。例如，企业的技术力量强大、设备精度高、人员素质好，进行产品选择决策时应该以高、精、尖产品取胜；如果企业的生产应变能力很强，那么集中力量开发和生产与本企业生产工艺相近、产品结构类似、制造原理也大致相同的产品，在市场竞争中以快取胜。

还有一些其他影响因素，例如过剩生产能力的利用，专利保护问题等等。总而言之，生产运作战略决策是一个复杂的问题，它虽然不等同于企业的经营战略，但也要考虑到整个社会环境、市场环境和技术进步等因素，同时还要考虑到企业条件的约束以及不同部门之间的相互平衡等，否则将会影响到企业整个的生存和发展。作为一个生产运作管理人员，在制定生产运作战略时，必须全面细致地对各方面因素加以权衡和分析，一般来说，在进行生产运作战略决策时是有一些基本的思路和方法可循的。

2. 生产运作战略的内容

生产运作战略主要包括3方面内容：生产运作战略；产品或服务的选择、设计与开发；生产运作系统的设计。

（1）生产运作战略。

生产运作战略是指在企业（或任何其他形式的组织）经营战略的总体框架下，决定如何通过运作活动来达到企业的整体经营目标。它根据对企业各种资源要素和内、外部环境的分析，对与运作管理以及运作系统有关的基本问题进行分析与判断，确定总的指导思想以及一系列决策原则。

生产运作活动是企业最基本的活动之一。生产运作活动为了达到企业的经营目的，必须将其所拥有的资源要素合理地组织起来，并且保证有一个合理、高效的运作系统来进行一系列的变换过程，以便在投入一定，或者说资源一定的条件下，使产出能达到最大或尽量大。再具体地说，运作活动应该保证能在需要的时候，以适宜的价格向顾客提供满足他们质量要求的产品。为了达到这样的目标，作为一个生产运作管理人员，首先需要考虑选择哪些产品、为了生产这样的产品需要如何组织资源、竞争重点应该放在何处，等等。在思考这样的基本问题时，必须根据企业的整体经营目标、经营战略有一个基本的指导思想或者说指导性的原则。

例如，企业的经营战略侧重于收益率的提高，那么生产运作战略的指导思想可能应该是尽量增加生产收益，从而在进行产品选择决策时，应该注重选择高附加值产品。又如，企业根据自己所处的经营环境认为应该把企业的经营战略重点放在扩大市场占有率上的话，相应地，生产运作战略的重点应该是保持生产系统的高效性及灵活性，从而能最大限度地满足市场的各种需求。这样的指导思想以及决策原则，就构成了生产与运作战略的内容。由此可见，制定生产运作战略的目的是为了使企业的生产运作活动能够符合企业经营的整体目标和整体战略，以保证企业经营目标的实现。

（2）产品或服务的选择、开发与设计。企业进行生产运作，先要确定向市场提供的产品或服务，这就是产品或服务的选择与决策问题。产品或服务确定之后，就要对产品或服务进行设计，确定其功能、型号、规格和结构；接着，要对如何制造产品或提供服务的工艺进行选择，对工艺过程进行设计。

①产品或服务的选择。提供何种产品或服务，最初来自各种设想。在对各种设想进行论证的基础上，确定本企业要提供的产品或服务，这是一个十分重要而又困难的决策。产品或服务的选择可以决定一个企业的兴衰，一种好的产品或服务可以使一个小企业发展成一个国际著名的大公司；相反，一种不合市场需要的产品或服务也可以使一个大企业亏损甚至倒闭，这已为无数事实所证明。产品决策可能在工厂建成之前进行，也可能在工厂建成之后进行。要开办一个企业，首先要确定生产什么产品。在企业投产之后，然后也要根据市场需求的变化确定开发什么样的新产品。

产品本质上是一种需求满足物。产品是通过它的功能来满足用户某种需求的，而一定的功能是通过一定的产品结构来实现的。满足用户需求，可能有不同的功能组合，不同的功能组合，由不同的产品来实现。因此，可能有多种产品满足用户大体相同的需求，这就提出了产品选择问题。比如，同是为了进行信息处理，是生产普通台式电脑还是生产笔记本电脑？同是为了货物运输，是生产轻型车还是生产重型车？必须作出选择。

产品选择需要考虑以下因素。

市场需求的不确定性。人的基本需求无非是食、衣、住、行、保健、学习和娱乐等方面，可以说变化不大。但在满足需求的程度上的差别却是巨大的，简陋的茅屋可以居住，配有现代化设备的高级住宅也是供人居住的。显然，这两者对居住需求的满足程度的差别是很大的。人们对需求满足程度的追求又是无止境的，因而对产品功能的追求无止境。随着科学技术进步速度的加快、竞争的激化，人们"喜新厌旧"的程度也日益加深，这就造成市场需求不确定性增强。由于一夜之间某企业推出全新的产品，使得原来畅销的产品一落千丈。现实情况是，很多企业不注意走创新之路，当电风扇销路好时，大家都上电风扇；洗衣机走俏时，大家都上洗衣机；农用车好赚钱时，又纷纷上农用车。结果，或者由于市场容量有限，或者由于产品质低劣，造成产品大量积压，企业因此而亏损。因此，选择产品时要考虑不确定性，要考虑今后几年内产品是否有销路。

外部需求与内部能力之间的关系。首先要看外部需求，市场不需要的产品，企业技术能力和生产能力再强，也不应该生产。同时，也要看到，对于市场上需求虽大的产品，若与企业的能力差别较大，企业也不应该生产。企业在进行产品决策时，要考虑自己的技术能力和生产能力。一般地讲，在有足够需求的前提下，确定生产一个新产品取决于两个因素。一是企业的主要任务，与企业的主要任务差别大的产品，不应生产。汽车制造厂的主要任务是生产汽车，绝不能因为彩色电视机走俏就去生产彩色电视机。因为汽车制造厂的人员、设备、技术都是为生产汽车配备的，要生产彩色电视机，等于放弃现有的资源不用，能力上完全没有优势可言，是无法与专业生产厂家竞争的。当然，主要任务也会随环境变化而改变。如果石油资源枯竭，现在生产的汽车都将被淘汰，汽车制造厂可能就要生产电动汽车或者太阳能汽车。二是企业的优势与特长，与同类企业比较，本企业的特长决定了生产什么样的产品。如果选择没有优势的产品，是不明智的，一旦人家参加竞争，你就会败下阵来。

原材料、外购件的供应。一个企业选择了某种产品，要制造该产品必然涉及原材料和外购件的供应，若没有合适的供应或供应商的生产能力或技术能力不足，这种产品也不能选择。美国洛克希德（Lookheed）"三星"飞机用的发动机是英国罗尔斯-罗伊斯公司供应的，后来罗尔斯-罗依斯公司破产，使得洛克希德公司也濒于破产，最后不得不由美国政府担保。

企业内部各部门工作目标上的差别。通常，企业内部划分为多个职能部门，各个职能部门由于工作目标不同，在产品选择上会发生分歧，如果不能解决这些分歧，产品决策也难以进行。生产部门追求高效率、低成本、高质量和生产的均衡性，希望品种数少一些，产品的相似程度高些，即使有变化，也要使改动起来不费事；销售部门追求市场占有率，对市场需求的响应速度和按用户要求提供产品，希望扩大产品系列，不断改进老产品和开发新产品；财务部门追求最大的利润，要求加快资金流动，减少不能直接产生利润的费用，减少企业的风险，一般说来，希望只销售立即能得到利润的产品，销售利润大的产品。

②产品或服务的开发与设计。产品或服务的开发与设计是相当复杂且影响深远的运作战略活动。

③生产运作系统的设计。生产运作系统的设计对生产运作系统的远行有先天性的影响，它是企业战略决策的一个重要内容，也是实施企业战略的重要步骤。生产运作系统的设计有4方面的策略，即设施选址、设施布置、岗位设计、工作考核和报酬。

3. 生产运作战略的实施

生产运作战略实施是生产运作战略管理的关键环节，是动员企业生产运作系统的全体员工充分利用并协调企业内外一切可利用的资源，沿着生产运作战略的方向和所选择的途径，自觉而努力地贯彻战略以期待更好地实现企业生产运作战略目标的过程。

（1）生产运作战略实施与战略制定的关系。对企业而言，成功的生产运作战略制定并不能确保成功的战略实施，实施战略要比制定战略重要得多，而且也困难得多、复杂得多。分析战略制定与战略实施不同配合的结果，我们可以得出这样的结论。

①当企业制定了科学合理的生产运作战略并且又能有效地实施这一战略时，企业才有可能顺利地实现战略目标，取得战略的成功。

②企业制定的生产运作战略不够科学合理，但企业非常严格地执行这一战略，此时会出现两种情况：第一种是企业在执行战略的过程中及时发现了战略的缺陷并采取补救措施弥补缺陷，一定程度上减少了战略执行造成的损失，企业也能取得一定的业绩；第二种是企业僵化地实施战略而不进行动态的调整，结果使企业失败。

③企业制定了科学合理的生产运作战略但没有认真实施，企业陷入困境。此时，如果企业不从战略实施环节查找原因，而是对战略本身进行修订后仍按照原来的办法组织实

施，往往会使企业的生产运作战略收效甚微，甚至导致企业失败。

④企业的生产运作战略本身不科学合理，又没有很好地组织战略实施和控制，企业最终会遭受重大损失而失败。

综上所述，企业只有制定了科学合理的生产运作战略并有效地组织实施，企业才能取得成功。

（三）企业生产运作系统诊断

从系统观点来考察生产运作，生产运作系统指企业中从事生产运作过程的子系统。

企业生产运作系统有狭义和广义之分。狭义的生产运作系统，有时也称为制造系统，是指直接进行产品的生产加工或实现劳务的过程，其工作直接决定着产品或劳务产出的类型、数量、质量和生产运作费用。

广义的生产运作系统除上述内容外，一般认为还应包括企业中的研究开发、生产运作的供应与保证和生产运作计划与控制等系统。研究开发系统是进行生产运作前的各项技术性准备工作以及产品的研究与开发过程，在很大程度上预先决定了产品或劳务产出的效果。生产运作的供应与保证系统的作用在于提供足以保证生产运作不间断进行所需的物料、能源、机器等各种要素，并使它们处于良好的状态，因此，该系统将直接影响着基本生产运作的正常运行。生产运作计划与控制系统，又称为生产运作管理系统，是对整个生产运作系统各方面的工作进行计划、组织、控制和协调，其作用类似于企业的大脑和神经系统。

生产运作系统包含两类要素：硬件要素和软件要素。

（1）生产运作系统的硬件要素。生产运作系统的硬件要素——构成生产运作系统主体框架的那些要素。主要包括：生产技术、生产设施、生产能力和生产系统的集成。

硬件要素是形成生产运作系统框架的物质基础，建立这些要素需要的投资多，一旦建立起来并形成一定的组合关系之后，要改变它或进行调整是相当困难的。

（2）生产运作系统的软件要素。生产运作系统的软件要素——在生产运作系统中支持和控制系统运行的要素。主要包括：人员组织、生产计划、生产库存和质量管理。

生产运作系统软件要素的改变和调整较为容易，因此，采用何种软件要素，决策风险不像硬件要素那样大。但在实施过程中，软件要素容易受其他因素的影响，因此，对这类要素的掌握和控制比较复杂。

（四）企业生产运作过程诊断

生产运作过程有广义和狭义之分。狭义的生产运作过程是指从原材料投入生产运作开始直至生产出成品或完成劳务为止的全部过程；广义的生产运作过程是指从生产运作技术准备开始到生产出成品或完成劳务为止的全部过程。

生产运作过程包括一系列相互联系的劳动过程和自然过程。劳动过程是指劳动者利用劳动工具直接或间接地作用于劳动对象以生产产品或提供劳务的过程。例如，改变工件的几何形状、尺寸、表面状态、物理与化学居性的工艺过程，对原材料、零部件和生产成品等进行的质量控制与检验过程，实现劳动对象工作地转移的运输过程等。自然过程是指借助自然力的作用使劳动对象发生物理或化学变化的过程，如食物发酵、自然冷却和自然时效等。其中，工艺过程是生产运作过程的最基本部分，而工序则是其最基本的组成单位。

按照性质和作用，生产运作过程一般分为以下几个组成部分。

基本运作过程。这是生产运作过程的核心部分，指将劳动对象直接加工成为企业主要产品的过程。如机械制造企业的毛坯加工、装配过程；纺织企业的纺纱、织布、印染过程；医院的挂号、诊断、化验、手术等。

生产技术准备过程。技术准备过程是指产品投产前所进行的一系列生产运作技术准备工作的过程，如产品与工艺设计、工艺装备设计与制造、新产品的试制和试验等。

辅助运作过程。辅助运作过程是指为保证基本生产运作过程正常进行而向其提供辅助产品或劳务的辅助性生产运作活动过程，如机械制造企业的动力供应、设备维修和工具制造等。

生产服务过程。服务过程是指为基本生产运作和辅助生产运作提供生产性服务活动的过程，如材料供应、工具保管和理论检验等。

除此之外，有的企业还从事辅助产品和副业生产运作活动。

生产运作是一个创造财富的过程，这个过程是由一组将输入转化为输出的相互关联、相互作用的活动构成的，而产品则是这个过程的结果。具体来说，生产运作是将生产要素输入到转化过程，通过转化后输出产品（包括有形产品和无形产品），这个转化过程构成了企业生产系统，如图 7-2 所示。

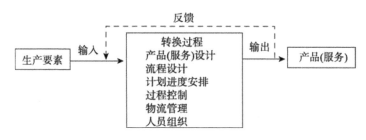

图 7-2　生产运作过程

（五）企业生产运作现场诊断

广义上，凡是企业用来从事生产经营的场所都能称之为现场。如厂区、车间、仓库、运输线路、办公室以及营销场所等。狭义上，企业内部直接从事基本或辅助生产过程组织的结果，是生产系统布置的具体体现，是企业实现生产经营目标的基本要素之一。本书所涉及的现场一般指狭义上的现场。

生产运作现场管理是生产第一线的综合管理，是生产管理的重要内容，也是生产系统合理布置的补充和深入。

生产运作现场管理的基本内容包括以下几点。

（1）现场实行"定置管理"，使人流、物流、信息流畅通有序，现场环境整洁，文明生产。

（2）加强工艺管理，优化工艺路线和工艺布局，提高工艺水平，严格按工艺要求组织生产，使生产处于受控状态，保证产品质量。

（3）以生产现场组织体系的合理化、高效化为目的，不断优化生产劳动组织，提高劳动效率，降低生产成本，提升产品质量。

（4）健全各项规章制度、技术标准、管理标准、工作标准、劳动及消耗定额、统计台账等。

（5）建立和完善管理保障体系，有效控制投入产出，提高现场管理的运行效能。

（6）搞好班组建设和民主管理，充分调动职工的积极性和创造性。

生产现场管理是一个复杂的系统工程。开展现场管理工作，常见做法可分为三个阶段。

（1）治理整顿。着重解决生产现场脏、乱、差，逐步建立起良好的生产环境和生产秩序。

（2）专业到位。做到管理重心下移，促进各专业管理的现场到位。

（3）优化提高。优化现场管理的实质是改善，改善的内容就是目标与现状的差距。

三、企业生产运作管理决策

（一）生产运作可选择的战略

生产运作的总体战略通常包括 5 种常用的生产运作战略。

1. 自制或购买

这是首先要决定的问题。如果决定制造某种产品或由本企业提供某种服务，则需要建造相应的设施；采购所需要的设备；配备相应的工人、技术人员和管理人员。自制或购买决策有不同的层次，如果在产品级决策，则影响到企业的性质；产品自制，则需要建一个制造厂；产品外购，则需要设立一个经销公司。如果只在产品装配阶段自制，则只需要建造一个总装配厂，然后寻找零部件供应厂家。由于社会分工大大提高了效率，一般在做自制或购买决策时，不可能全部产品和零部件都自制。

2. 低成本和大批量

采用这种策略需要选择标准化的产品或服务，而不是顾客化的产品和服务。这种策略往往需要高的投资来购买专用高效设备，如同福特汽车公司当年建造 T 型生产线一样。需要注意的是，这种策略应该用于需求量很大的产品或服务。只要市场需求量大，采用低成本和高产量的策略就可以战胜竞争对手，取得成功，尤其在居民消费水平还不高的国家或地区。

3. 多品种和小批量

对于顾客化的产品，只能采取多品种和小批量生产策略。当今世界消费多样化、个性化，企业只有采用这种策略才能立于不败之地。但是多品种小批量生产的效率难以提高，对大众化的产品不应该采取这种策略，否则遇到采用低成本和大批量策略的企业，就无法去竞争。

4. 高质量

质量问题日益重要。无论是采取低成本、大批量策略，还是多品种小批量策略，都必须保证质量。在当今世界，价廉质劣的产品是没有销路的。

5. 混合策略

将上述几种策略综合运用，实现多品种、低成本、高质量，可以取得竞争优势。现在人们提出的"顾客化大量生产"又称"大量定制生产"或称"大规模定制生产"，既可以满足用户多种多样的需求，又具有大量生产的高效率，是一种新的生产方式。

（二）企业生产运作设计

企业制定出生产运作战略后，就进入了实施阶段。在战略实施过程中，必须使生产运作系统的内部结构及条件与战略相适应，即生产运作战略要与企业的资源分配、技术能力、工作程序和计划方案等相适应。企业生产运作战略的实施步骤如下。

1. 明确战略目标

生产运作战略是根据企业经营战略来制定的，在企业战略中已经明确生产运作的粗略的基本目标。在生产运作战略实施时，还要把该目标进一步明确，使之成为可执行的具体化的目标。生产运作战略的目标主要包括产能目标、品种目标、质量目标、产量目标、成本目标、制造柔性目标和交货期目标等。

2. 制定实施计划

为确保生产运作战略目标的实现，企业还要制定相应的实施计划。在生产运作管理中，生产计划是整个计划体系的龙头，是其他相关计划编制的依据。生产计划具体包括产能发展计划、原材料及外购件供应计划、质量计划、成本计划和系统维护计划等。

3. 确定实施方案

计划明确了生产运作的方向，但具体实施还要确定相应的行动方案。通过所选择的实施方案进一步明确实施计划的行动，从而使计划目标落实到具体的执行过程中。

4. 编制生产预算

企业生产预算是企业在计划期内生产运作系统的财务收支预算。编制预算是为了管理和计划控制，确定每一项活动方案的成本。因此，生产预算是为战略管理服务的，是企业实现生产运作战略目标的财务保证。

5. 确定工作程序

工作程序规定了完成某项工作所必须经过的阶段或步骤的活动细节，具有技术性和可操作性的特点。为了制定最佳的工作程序，可以借助于电子计算机和计划评审法（PERT）、关键路线法（CPM）、线性规划和目标规划等科学的管理方法。

第二节 企业生产运作管理诊断与决策案例实训

一、典型企业介绍

无锡尚德太阳能电力有限公司由全球光伏领域杰出科学家施正荣博士于 2001 年 9 月建立，是一家集研发、生产和销售为一体的外商独资高新技术光伏企业，主要从事晶体硅太阳电池、组件、光伏系统工程、光伏应用产品的研究、制造、销售和售后服务。其分支机构遍及北京、上海、旧金山、东京、慕尼黑、罗马、马德里、沙夫豪森、首尔、悉尼等重要城市，目前拥有 5 个生产基地，分别位于无锡、洛阳、青海、上海及日本长野，在全球拥有约 11000 名员工。

经过短短几年跨越式、超常规的大发展，尚德公司的产品技术和质量水平已完全达到国际光伏行业先进水平，是中国首家通过 TUV、IEC、CE 和 UL 等国际权威认证的光伏企业。尚德公司于 2004 年被 PHOTON International 评为全球前十位太阳电池制造商，并于 2005 年底挺进世界光伏企业五强，成为全球四大太阳电池生产基地之一。2006 年 12 月产能扩张后，尚德电力年产能力达到 300 兆瓦，进一步跻身全球光伏电池制造企业三强，并于 2009 年 1 月使太阳能电池和组件产能达到 1GW。早在 2005 年，在美国 Red Herring 杂志亚洲高科技领域最具前瞻性的 100 强企业排行榜上，尚德公司就以其独特的创新能力、发展潜力、产业前景和科研实力强势入榜亚洲百强，并于同年 12 月成为第一个在纽约股票交易市场成功上市的中国民营企业。2007 年 12 月尚德成为西半球最大太阳能电站项目——内利斯空军基地太阳能电站的首要组件供应商。2008 年 4 月，尚德更获得了 Frost & Sullivan 授予的表彰其为全球客户提供性能稳定可靠和品质卓越的产品的年度太阳能开拓企业奖。

公司在致力于光伏产业链的国产化、中国光伏的大规模发展的同时，努力加快第二代多晶硅薄膜太阳电池大规模产业化研究的步伐，保持在光伏行业内的技术领先地位。在奋进的阶梯上，肩负中国光伏产业发展重任的尚德人正以"为地球、为未来充电，让绿色永绕人间"为己任，在快速发展的跑道上铸造新的辉煌，用智慧和汗水谱写永续发展的新篇章。

二、企业生产运作管理现状

（一）企业生产运作主要优势

1. 生产管理模式创新

科技创新是尚德不断发展壮大的源泉，与此同时，尚德也不断创新管理模式，实现稳定发展。尚德公司董事长施正荣以创新而务实的精神、强烈的机遇意识、独到的见解和敏捷的行动，2 年内连续 4 次扩大企业产能，迅速以专业化、规模化奠定市场基础。

尚德实施"虚报经营"模式，实现敏捷制造，具有如下特点：①能抓住瞬息即逝的机遇，快速推出高性能、高可靠性及顾客能接受的价格的新产品；②具有柔性，把目前为降低成本大量生产同一产品的大规模生产线，改造成具有高度柔性、可重组的生产装备及相应的软件来化解生产的需求和生产装备的矛盾；③能按订单生产，以合适的价格生产顾客的定制产品或个性化产品；④强调企业各部门间的动态合作；⑤调动员工的积极性。

2. 国际化生产管理思路

尚德成立之初就选择了用国际化标准来建设企业。企业投产后的第一年，尚德公司没有急于开拓市场，而是花很大的精力申请国际技术认证，先后获得 ISO9001、TU、CE、UL、IEC 等太阳能行业几乎所有的国际通行认证，为打开国际市场扫清了障碍。目前，尚德产品外销份额占到企业总产量的 80%。

伴随着企业生产能力的快速增强，尚德开始实施国际化跨国公司发展战略，将企业发展定位于全球高科技公司。在继续拓展国际市场的同时，加快企业境外上市步伐。

2005 年上半年，尚德引入 8000 万美元国际风险投资基金，完成了企业重组；下半年，在海外成功上市，标志着尚德由生产经营为主转向生产经营和资本经营并重，步入现代企业发展的新阶段。

（二）企业生产运作主要劣势

1. 生产计划可行性评估欠佳

在 2008 年底金融风暴前后，无锡尚德已是名列世界前三的太阳能电池生产企业之一。无锡尚德的领导层在经历了金融危机的冲击后，意识到企业仅做大规模还不行，还要做强，提升利润率。无锡尚德通过并购的方式将自己的影响力延伸到产业链下游，希望通过把产品直接提供给客户的方法来获得更高的附加值，于是无锡尚德开始由太阳能生产企业向创新能源解决方案提供商转型，开始注重产业链的两端，上游抓研发、下游抓市场，中间的生产制造外包。

但企业在生产计划的制定方面存在缺陷，即实施生产计划前缺乏适当的可行性评估。这使得企业多次出现生产计划由于各种原因而被迫取消的情况果，例如意在实现大幅提升晶硅电池转化效率的冥王星技术尚难量产；上海的薄膜太阳能生产线被迫关停等。若不进行相应改进，这家曾拉动了中国光伏产业发展的龙头企业，将面临"落伍"的风险。

2. 新的产业链管理模式对内部管理提出更高的要求

随着近两年无锡尚德不断进行的规模扩张，企业由单一工厂管理模式向多工厂的集团化管理模式转型。利用 IT 系统帮助无锡尚德实现集团化管控，提升规模效应，通过统一数据仓库和 BI 进行的成本分析，为尚德提升运营效率提供了决策依据，生产成本在 2009 年的前 9 个月就降低了 41.4%。

新的产业链管理模式对无锡尚德的内部管理提出了更高的要求，如今的无锡尚德已有上百家分公司和多家工厂，规模扩张使得预算、投资经常失控，再加上现在太阳能产业竞争激烈、产品价格下降，利润空间变小。原有的预算和分析系统已经不适用于企业扩大预算和投资企业，过度投资很有可能吃掉企业利润，企业急需一套新的全面的管理系统来解决这一问题。

（三）企业生产运作主要机遇

生产发展快速变化为无锡尚德的生产管理带来了绝好机遇。生产管理得益于科技的进步，逐渐实现自动化管理，适用于生产制造企业的监测控制管理软件。旨在为企业提供一个"易操作、高效率、低成本"的生产管理解决方案，能极大地改进企业的生产管理。该系统以电池组件上的条形码标签为主线，从生产过程中的电性能检测、外观检测到装箱出货，对每一批号里的每一块组件的详细信息进行全程跟踪记录；并对每一批号每一块组件的质量进行跟踪，提供质量信息统计资料，为产品的质量提高与产品经济效益最大化（减少电池片功率的损耗）、效能提高（合理的生产材料如钢化玻璃、EVA 选择）提供有力的决策资料。这无疑为太阳能电池制造企业提高生产效率、节约经济成本提供了极大的便利。

新系统的上线不仅使得管理层可以实时看到历史和数据的变化，系统还设置了自动预警和预测功能，帮助企业实现预算可控的管理。在新系统的支持下，无锡尚德改变以往以规模增长为主的增长目标设置方式，也加以净利润增长来设置增长目标，并以此反推资产和运营的费用预算和销售目标的设置。数据的透明带来管理可控性的提升，使尚德可以重新规划组织架构，设置不同的产品事业部来面向客户提供服务。

（四）企业生产运作主要威胁

无锡尚德的生产管理的威胁主要来自于企业竞争激烈化带来的挑战。尚德成立之时，常州天合光能有限公司已经在国内太阳能光伏应用领域崭露头角，在地理位置上临近的江浙沪地区同类太阳能光伏设备制造企业数量很可观，宁波林洋新能源、亿品光电、中电电气（南京）光伏有限公司等实力相当。省内，长三角地区的竞争激烈程度不言而喻；而省外，河北省两大太阳能光伏企业：保定天威英利可再生能源有限公司和河北晶澳太阳能有限公司都是在国际竞争市场上占据一席之地的劲敌，江西赛维 LDK 有限公司的实力同样不可小觑。

而在太阳能光伏电池的主要市场——欧美国家，尚德除了要与国内同类企业的产品一决高下，更要在技术层面上与国际相关企业争夺市场份额。这对于与发达国家相比起步较晚、经验相对匮乏的尚德而言，想在国际市场上站稳脚跟，难度可想而知。

表 7-1　2007—2010 年国内主要光伏电池片和组件生产企业产能变化

产能　　　　年份 　　（单位：MW） 企业	2007	2008	2009	2010
无锡尚德	540	1000	1100	1800
天威英利	200	400	600	1000
河北晶澳	225	400	800	1900
阿特斯	100	270	420	800
天合光能	150	250	600	950
林洋新能源	180	300	360	500
中电光伏	200	320	400	——
亿晶光电	20	100	200	500

三、企业生产运作管理规划

无锡尚德太阳能电力有限公司在成长的道路上不断探索，适时地审视了企业自身内部现有的资源和条件，归纳总结出企业发展过程中出现的优劣势、机会和威胁，对可能出现的新问题、新情况做出了合理的、动态的预测和推断，从而逐步明晰了企业未来所要走的道路，终于形成了"打造品牌、追求卓越、不懈创新、人才协作"这一企业发展战略。同时，在此基础上不断完善各职能层次战略，在生产管理战略的选择上，尚德人顺应市场发展、消费需求日趋扩大和多样化、外国企业参与竞争程度激烈以及生产技术和管理发展的形势，评估了企业自身内部现有的供应分配交付系统、技术工艺、运作能力等条件和物力、财力、人力资源，然后加以权衡分析并结合企业总体战略，配套提出了"以提升质量为基础、以创新管理为重点、以优化流程为保障"的生产管理战略。

生产管理是对生产运作系统的设计、运行与维护过程的管理，包括对生产运作活动进行计划、组织与控制。生产管理所追逐的目标可以用一句话来概括：高效、灵活、准时、清洁地生产合格产品和提供满意服务。无锡尚德太阳能电力有限公司的生产管理战略实施就是要通过一系列的方法和手段促使这一目标的实现。

"以提升质量为基础"是指始终将全面提高产品和服务质量放在企业生产最根本、最核心的位置，将产品质量看成是企业发展的生命和打造品牌的基础。通过企业所有部门、全体员工的参与，把专业技术与管理技术结合起来，建立一套科学、严密和高效的质量保证体系，控制生产全过程影响质量的因素，以优质的工作和最经济的办法提供满足用户需要的产品和服务。

"以创新管理为重点"是指将创新提升视为企业发展和生产管理战略的重点内容，把创新管理提升为企业发展的发动机。以市场为导向，以突破关键技术为核心，建立和完善企业技术创新机构，加快自主创新能力建设和投入，注重培养创新人才，重视和外部科研院所交流合作、联合开发，最终实现企业在技术创新、流程创新和产品创新上有所突破，充分发挥创新进步对企业效益的带动引领作用。

"以优化流程为保障"是指将面向顾客满意的业务流程改造作为企业生产管理效率提升的支撑。运用现代的科技手段，从根本上将工作过程及人力资源彻底优化，重新架构组织内部关系，使其在成本、质量、服务和速度等关键指标上取得显著的提高，以增加生产柔性，降低经营成本，有力地促进企业目标的实现。

在实现提升质量、促进创新和优化流程的过程中，还要发挥设施建设、安全生产和清洁生产的协作效应。通过在电池制造规模、装备水平、基础设施上进行较大投入和全方位提升，实现规模经济，降低经营成本，提高经济效率；通过改善劳动条件、加强劳动保护工作和组织专人实时监控等安全体系的建设，使生产过程在符合物质条件和工作秩序下进行，以达到规范员工行为，防止发生人身伤亡和财产损失等事故，保证生产安全的目的；通过在工艺、产品和服务中持续地综合利用和资源整合，改进设计，采用先进的工艺技术与设备，使用清洁的能源和原料，提高资源利用效率，减少或者避免生产、服务和产品使用过程中对环境产生的影响。

四、企业生产运作管理实施

在"以提升质量为基础、以技术创新为重点、以优化流程为保障"的生产管理战略指引下，企业在全公司范围内广泛征集意见和建议，将总体目标分解、细化，从而探索出一系列可以真正实施的生产管理策略。在生产运作管理的各个方面组织了大量专业技术人员，健全各项管理规章制度，推出相关改善措施，落实至实现生产的各个部门，并要求部门间进行细致的分工合作，使之与企业其他职能战略相辅相成、有机互动，在战略履行、实施控制方面走出了一条可以被后人广泛借鉴的道路。

无锡尚德太阳能电力有限公司认真剖析查找在企业管理、生产运作、市场营销、队伍建设等方面影响和制约公司科学发展的突出问题，在原有的责任明确的目标成本体系、相互制约的物质供应体系、行之有效的费用控制体系、严格有序的质量保证体系、良性互动的资金运行体系和服务周到的后勤保障体系这六大降本增效的管理体系之外，结合企业自身实际，汇编了一整套严格的生产管理制度。用企业文化统领职工思想，形成制度管理、人本管理和文化渗透相结合的管理格局，使企业的愿景成为全体员工的共同追求，激发了广大职工的创造力，从而提高企业竞争的软实力。

1. 深化优质理念，改进产品服务质量

先进的制造工艺和严格的品质管理已成为尚德经营的核心支柱，以保障为客户提供品质卓越、价格合理的光伏产品。尚德电力一流的 G 瓦级生产设施和国际化的研发设计团队正全力提供优质可靠的各类太阳能光伏系列产品和能源系统解决方案，以满足全球不断增长的能源需求。技术领先、品质卓越、稳定高效的尚德电力光伏产品，其稳定性高、容量大及发电持久力强、适用性强和应用范围广等特点，在国际市场拥有强大的竞争优势，深受全球客户的欢迎和信赖。位于中国、日本和美国的生产基地，严格遵守制成标准和品质要求，经过专业训练的高素质员工将尚德"产品质量就是企业生命"的理念执行到底。

2. 大胆研发创新，保持企业竞争优势

市场是企业科技创新的源泉，也是检验科技成果的试金石。在科技创新过程中，尚德公司不是追求表面的靓丽，而是注重实质性的发展，促进技术与市场"无缝对接"，推动研究成果获取最大的经济效益。针对硅片占产品成本70%的实际，尚德公司紧紧抓住技术研发这个关键，努力实现"一升一降一替代"，增强企业的成本优势。一升，即提升太阳能电池转换率，提高产品的品质；一降，即不断降低硅片厚度，减少硅片消耗；一替代，即用较低纯度硅片替代高纯度硅片，既突破硅材料资源"瓶颈"，又降低生产成本。目前，公司生产的单晶硅、多晶硅太阳能电池转换率分别为 17%、15.5%，达到世界同行的领先水平。据公司测算，太阳能电池转换率每提高 1 个百分点，利润可以增加 10 个百分点。围绕市场需求开展技术创新——技术创新提升市场竞争能力——市场竞争能力又反过来拉动和支持技术创新，这一良性循环使尚德公司在保持科技水平世界领先地位的同时，投资效益也在世界同行中名列第一。

尚德创立之初就着力于站在世界光伏产业的前沿，尚德人不满足已有的优势，而是紧盯光伏科技发展的最新潮流，先后自主研发了高效低成本晶体硅太阳能电池产业化技术、光伏组件工程化技术、应用产品集成化等国内和国际光伏技术领域的高端技术，使产品性能达到或超过国际先进水平，确保企业持续发展的领先优势。公司的研发中心已被确定为江苏省光伏能源工程技术中心，目前拥有 20 多项自主知识产权，正在进行第二代多晶硅薄膜太阳能电池和第三代高效薄膜太阳能电池的研究，为未来发展提供强有力的技术支持

和产品储备。同时，企业还十分注重综合集成和二次研发，与众多国内外太阳能科研机构密切合作，提高企业创新能力。正是依靠不断自主创新，掌握自主知识产权，形成核心竞争力，尚德公司才能够在世界光伏产业中迅速崛起，跻身世界先进行列。

晶体硅太阳能电池是目前世界上最成熟、信赖度最高的光伏技术，超过 40 年的营运性能实践证明，晶硅组件的高效性、稳定性和耐用性仍远远优于其他太阳能技术。尚德提供稳定可靠、转换率高的晶硅太阳能组件，包括多晶硅组件和单晶硅组件，适应客户不同的系统设计和应用需求。卓越的光电转换性能和稳定可靠的产品特点，成为太阳能发电系统的最佳组件选择。

适用于组件安装的屋顶面积往往是有限的，组件效率越高，整个太阳能发电系统的效率也越高。尚德太阳能组件的平均效率高达 15.7%，在实验室环境下测得的组件输出功率并不能反映在实际安装条件下的性能情况，在现实环境下弱光条件会大大影响组件的输出功率。尚德特殊的电池产品设计和制造工艺，能确保组件在实际现场的弱光条件下仍保持高效发电性能。

含硼电池技术的电池片初始光衰通常在 3%～5%，尚德单晶电池利用特殊的掺镓工艺，达到最低的初始光衰（<1%），并确保组件在使用寿命期限内，维持高度稳定性和可靠度。除按功率分档外，尚德还对所有组件进行电流分档，降低电阻和过热，以提高系统整体性能和组件的寿命。通过电流分档将组件分为三类，安装商还可以省去挑选电流匹配组件的步骤，节省安装时间。

公司还与全球领先的澳大利亚新南威尔斯大学光伏研究中心合作，致力于新一代电池制造技术的创新研发。共同开发的 PERL 电池技术已应用于所有尚德冥王星太阳能电池和 HiPerforma 组件，其组件转换率在 2009 年 2 次打破世界纪录。持续的研发投入以及与国内外领先的科研机构密切合作，让尚德永远站在光伏技术的最前沿，不断地追求更高效率和更低成本的晶体硅电池和组件。

经过 6 年的潜心研究，由新南威尔士大学开发的、目前拥有转换率记录的 PERL 太阳能电池终于在尚德成功量产，诞生了专利的 Pluto 太阳能电池和 HiPerforma 太阳能组件。Pluto（冥王星）技术刷新了晶硅电池在量产中的转换效率世界纪录，突破性地提高到了 19%，这一效率远远高于利用传统丝网印刷技术生产的晶硅电池片。

冥王星电池采用独特的制绒工艺，提高电池吸收太阳光的能力，尤其是在弱光和非直接照射的条件下依然维持较高的光吸收性能。创新的电池设计和更细密的主栅线和副栅线，增大了接触面积，提高了电流产生和收集能力。使用同样的材料、电池硅片，冥王星电池要比同类其他电池的发电性能增加 10%～15%。

Pluto 冥王星电池和组件的成功量产是尚德多年创新研发的结果，具有里程碑式的重大意义。该突破性的技术成功地体现了尚德一贯坚持的持续创新、追求卓越，早日达到一元一度电的目标，让更多的人都能用上清洁的、取之不尽的光伏能源。对于客户而言，冥王星代表着更高的转换率、更大的输出功率、更充分的空间利用面积和更低的安装成本。

秉承持续创新、永不放弃的精神，尚德不断改进制造工艺，在提升产品效率的同时，提高尚德品牌对客户的价值。"为人类可持续发展提供彻底的能源解决方案"，尚德电力愿和所有的合作伙伴一起努力，共同创造地球家园的美好未来。

3. 信息化动态管理提升生产运作效率

面向顾客满意的业务流程改造是企业生产管理效率提升的支撑。无锡尚德太阳能电力有限公司运用动态的企业资源管理信息系统，重新架构了组织内部关系，将生产和管理过程彻底优化，达到了增加生产柔性、降低经营成本的目的，有力地促进企业目标的实现。

近年来随着品牌建设和市场营销的深入，无锡尚德太阳能电力有限公司的知名度、美誉度大大提升，业务覆盖全球许多地方。然而企业规模大了，内部管理就显得尤其重要，公司领导意识到首先必须打造一条四通八达的"信息高速公路"才能加快企业发展。无锡尚德太阳能电力有限公司全面推进信息化建设进程，依靠现代企业资源动态管理信息系统和集中销售系统、决策支持系统等，以完善其电子化供应链，使之覆盖公司总部所有部门、基层单位、车间以及 11 个驻外办事处，疏通了企业资金流、物流和信息流，实现了财务、仓储、销售等系统的远程传输和适时监控。公司还借助局域网平台，完成内部监控系统的安装和运行，保证了公司的安全，促进了生产现场管理。

4. 发挥设施建设、安全生产和清洁生产的协作效应

在实现提升质量、促进创新和优化流程的过程中，发挥基础设施建设带来的规模经济效应和安全生产、清洁生产带来的协作效应，是实现无锡尚德太阳能电力有限公司生产战略效果的重要保障。

（1）实现清洁生产和循环经济，履行环保责任

尚德作为企业公民，始终积极倡导环保理念，对外支持并参与全球多个环保组织机构和活动；对内严格执行节能减排和清洁生产，公司在战略、政策和方针都有相关制度和规定，使尚德站在环保的先锋行列。尚德已通过 ISO14001 认证，严格的环境管理体系涵盖了尚德全部产品开发、生产和营销的各个环节，以符合最高标准的国际环境管理要求。

尚德从事的是从源头到终端全程绿色的产品生产，企业始终高举绿色环保旗帜，提倡并践行绿色生态理念，树立绿色生态的尚德品牌形象。严格执行 ISO14001 国际环境体系标准，通过生产全过程的不断技术改造，最大限度地降低能源和资源消耗，实现绿色生产、清洁制造。在尚德，节约是一种美德，"节约能源、节约资源、保护环境"是每个员工的自觉行动。施正荣以身作则，平时注意从节约每一张纸、每一度电做起，为全体员工树立榜样。2007 年，施正荣被国家环保总局等七部委评为"中国绿色年度人物"，被英国《卫报》誉为"拯救地球五十人"之一。

2008 年，尚德加入全球气候组织并参加哥本哈根气候大会，联合世界各地有环保意识的商界和科学界同仁，共同探讨减少碳排放的可行性解决方案，以应对温室效应造成的全球气候变化。2009 年初，令所有尚德人引以为傲的尚德总部生态大楼在无锡竣工，这座集科技、生态环保和人性化于一体的完美建筑，成为太阳能应用的最佳典范。采用了全球最大并网光伏幕墙系统，可供大楼日常耗电需求的 80%。尚德参加世界自然基金会的地球一小时活动，以行动支持节能减排的倡议，并加入了欧洲国际光伏组织 PV Cycle，积极致力于建立废旧太阳能组件的自愿收集和回收系统。

（2）为社会贡献爱心，履行企业社会责任

能源需求的与日俱增与传统资源的日益衰竭，正在成为影响整个世界可持续发展的核

心问题。尚德电力始终高度关注全球气候变化等环境问题，并将清洁能源视为保护地球环境和实现人类可持续发展的关键所在。对于那些由于缺电而导致教育、研发和经济更加滞后的发展中国家，太阳能作为主要的替代能源，具有无限的发展潜力。

在国内，尚德一直活跃在西藏农村电气化项目，在过去的几年里，尚德为西藏部分学校、社区中心和住宅捐赠了五十多套独立的太阳能系统。2008 年，尚德为珠峰大本营安装了太阳能系统以提供清洁和可靠接通电源。作为一名地球公民，尚德电力向很多发展中国家的学校、社区、医院和其他非营利组织送去高效率优质组件，在把太阳能转化成可靠电力的同时，也将希望和仁爱之心伴随阳光带给他们。尚德公司向德州奥斯汀 McNeil 高中的环保俱乐部（mcneil high school green club）捐赠了一个 10 千瓦光伏发电系统。这个与优斯公司（URS corporation）的合作项目将为该高中的 3 千名学生提供清洁电力供应，同时也可以向学生们展示替代能源的益处。

尚德电力将 10 千瓦的尚德太阳能电池板赠予一个非营利组织 Nurturing Minds，该机构在坦桑尼亚的莫洛戈罗开办了一所女子学校。Sega 女校为当地的 50 多名女孩提供教育和住宿，而这个太阳能发电设备将帮助 Nurturing Minds 在 2015 年实现完成每年教育 200 名女孩的计划。

尚德为贝卡谷地和黎巴嫩北部农村 19 所学校提供电池板，以解决长期电力故障的问题。在 Bekaa 村和黎巴嫩北部，频繁的电力中断影响了学生的教育素质，通过联合黎巴嫩当地的集成商 Asaco 与联合国发展计划组织合作，尚德为这些地区共 19 所偏远学校带去了稳定可靠的电力供应，结束了过去师生们每天都要面对的电力故障。如今，学校的计算机室、图书馆和寝室都能使用上稳定可靠的太阳能电力。

推动太阳能光伏应用不仅仅是打造一个产业，尚德更把它看作是一种社会责任。为使绿色能源更好地造福人类，尚德制定了 2010 年前实现"一元钱一度电"的目标，通过大幅度降低太阳能发电成本，实现世界新能源发展史上的大变革，为人类光明带来新的福音。尚德在发展壮大的同时，始终不忘回馈社会。6 年来，公司向国家缴纳的税收累计人民币 4.2 亿元，向社会捐款总额超过 800 万元，施正荣还以个人名义设立了"施氏家族慈善基金"、"阳光慈善基金"，重点资助各种急需得到救助的社会弱势群体。

五、企业生产运作管理评估与控制

经过几年的不断摸索和完善，无锡尚德太阳能电力有限公司基本实现了生产管理的战略目标。尚德于 2006 年 12 月进行产能扩张，电力年产能力达到 300 兆瓦，成为全球光伏电池制造企业三强。

2007 年 12 月尚德电力产品获国家免检资格，并成为国内唯一出口免检光伏企业；2008 年 4 月尚德电力荣获 Frost & Sullivan 2008 年度太阳能开拓企业奖；2009 年 1 月 1 日尚德电力产能达到 1GW 的产能里程碑，一跃成为世界最大的晶硅组件制造商；2009 年 3 月尚德冥王星电池技术成功量产，冥王星技术达到单晶电池 19% 和多晶电池 17% 的效率，创造了电池效率的新纪录；2010 年 1 月尚德选址亚利桑那，宣告建成美国第一条组件制造生产线；2009 年 6 月尚德光伏组件检测实验室成为中国第一个被 UL 机构授予 UL 实验室目击测试程序证书的实验室，同年又被授予 VDE 测试数据程序证书。

企业的生产战略不是一成不变的，不仅在于提出解决生产问题的对策，还必须与其他职能战略相协调、保持一致，根据市场和行业的发展变化趋势，适时调整，才能使基业常青。生产与运作系统只有通过正确的维护和不断的改进，才能适应市场变幻，持续地为用户提供合格产品和满意服务。

　　无锡尚德太阳能电力有限公司在审视企业生产战略的制定和实施过程中，对企业员工进行了深入的发动，鼓励员工提出企业生产管理中存在的问题和解决方案，并对合理化建议按实施效果给出奖励，调动员工参与战略实施的积极性。同时利用市场人员和客户沟通反馈，听取客户意见和建议，了解生产战略落实的效果，并做出相应的改善。也时刻注意与其他职能部门密切沟通，迅速了解和解决生产制造与其他职能运作所遇到的问题或冲突，努力协调一致，共同促进企业绩效最大化。

　　无锡尚德太阳能电力有限公司的创新提升走的是一条依靠企业内部研发团队自主创新和与外部科研机构交流合作联合创新的道路，在坚持技术创新的同时，不断关注外部市场动态和产品品质，对产品结构和包装策略也进行了同步创新升级。

第三节　企业生产运作管理诊断与决策实验操作

　　本实训采用奥派企业经营诊断与决策实验软件，在"学习模式"中可以查看管理诊断的专题案例与综合案例，点击案例图片或者名称，即可查看案例相关内容。

图 7-3　生产运作学习模式

一、企业生产运作管理理论学习

1. 生产运作理论学习

图 7-4　生产运作理论学习

左侧为该案例所属的理论知识，点击【目录】可以概览理论知识的大纲，点击标题可以直接查看该部分内容。

图 7-5　生产运作理论

2. 理论阅读与标注

选定理论知识中的一句话或一段话，可以编辑其字号、加粗、斜体、中划线、下划线、改变文字颜色及背景色，还可将这些格式清除或者为选中的文字添加批注和书签。

图 7-6　生产运作理论阅读

3. 思考与问题

右侧为学习理论后回答的思考题，鼠标放在【参考答案】上会显示系统答案。

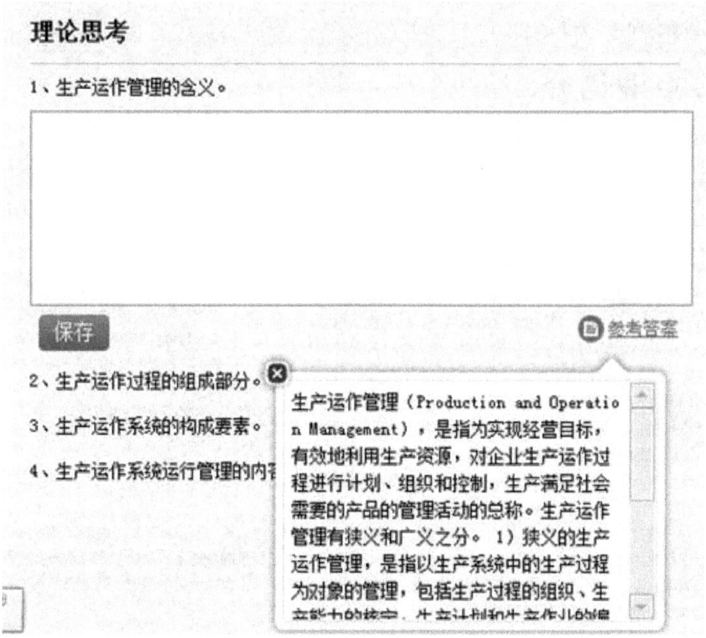

图 7-7　生产运作思考与问题

二、企业生产运作管理诊断实验操作

（一）案例定性分析

生产运作诊断实训就是通过对真实调查案例的分析，设计分析模型，进行数量分析。

图 7-8　生产运作案例分析

左侧为该案例内容，点击【目录】可以概览案例大纲，点击标题可以直接查看该部分内容。

图 7-9　生产运作案例的阅读

选定案例内容中的一句话或一段话，可以编辑其字号、加粗、斜体、中划线、下划线、改变文字颜色及背景色，还可将这些格式清除或者为选中的文字添加批注和书签。

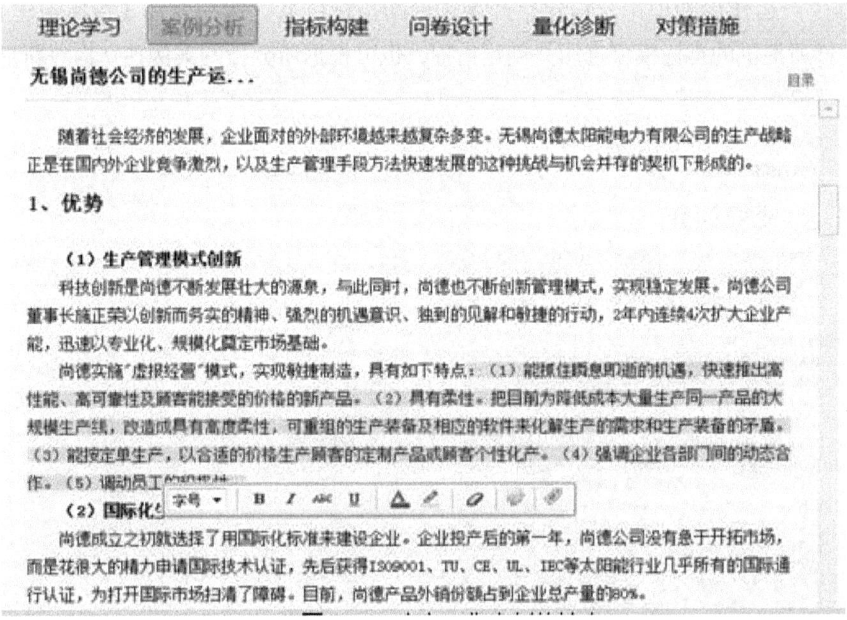

图 7-10　生产运作案例的批注

　　右侧为阅读案例后回答的思考题，鼠标放在【参考答案】上会显示系统答案。

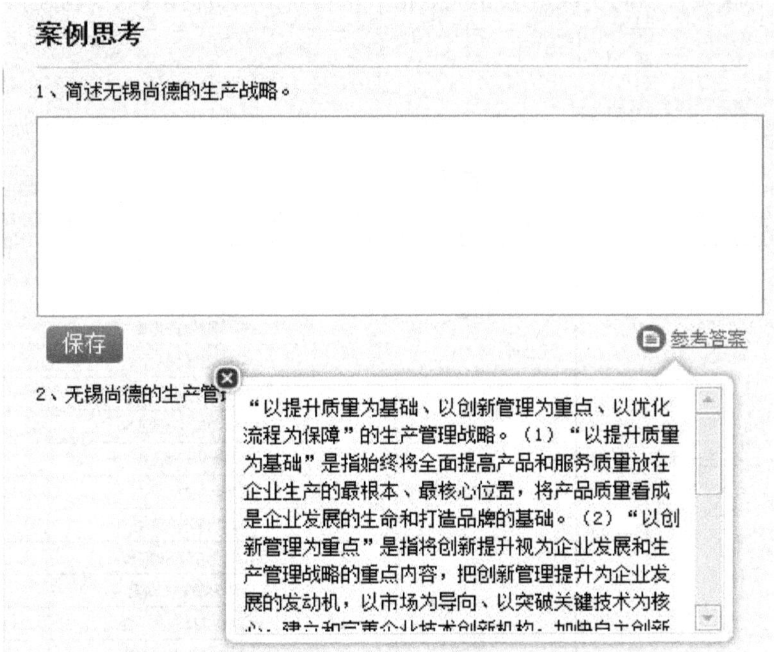

图 7-11　生产运作案例的思考

（二）案例量化分析

1. 指标构建

根据生产运作诊断理论，构建生产运作诊断指标体系。选择软件【指标构建】后，可以采用软件所提供的指标模型选用并创建指标，也可根据所分析的案例独立构建新指标体系。

图 7-12　生产运作诊断指标构建

查看指标模板，以此模板创建指标,点击"市场营销"，选择【模型构建指标】或【构建新指标】。

目标层	维度层	子因素层
生产运作	现场管理	操作程序的规范性
		员工工作的主动性
		车间布局的有序性
		5S现场管理的执行情
	运作战略	生产战略的动态管理
		生产战略与战略的匹配
	运作控制	控制执行情况
		控制计划的可行性
		控制反馈的有效性
	运作计划	运作计划与战略的匹配
		运作计划的执行情况
	运作组织	运营组织内部的协调性
		运作组织结构的适应性

图 7-13　生产运作诊断指标模板

按照逻辑关系添加指标，点击【添加模块】或者【添加直线】，双击模块编辑指标名称，利用直线联系指标间的关系，完成后点击【保存】。

指标默认创建后，新创建的指标会覆盖之前的指标。若用户已创建指标，可通过"构建新指标"查看当前的指标。

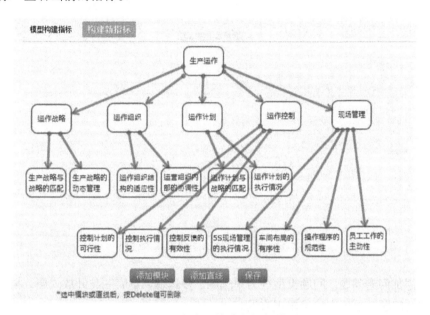

图 7-14　生产运作诊断指标模型

2. 问卷设计

根据构建的生产运作诊断指标模型，设计调查问卷，以便确定各项指标的数值和相关指标的量化关系。

（1）选择"问卷设计"，学生可以根据模板创建适合相关案例的调查问卷。

图 7-15　生产运作诊断问卷设计

（2）查看问卷模板，可以此模板设计新问卷。

编辑问卷基本信息，点击【保存】。

图 7-16　生产运作诊断问卷基本信息

（3）添加问卷问题。问题类型分为单选题、多选题、量表题与开放式题，根据需要添加各类型的问题，也可直接编辑现有题目。

图 7-17　生产运作诊断问卷编辑

（4）在页面右侧点击【基本信息】，可以重新编辑问卷说明。

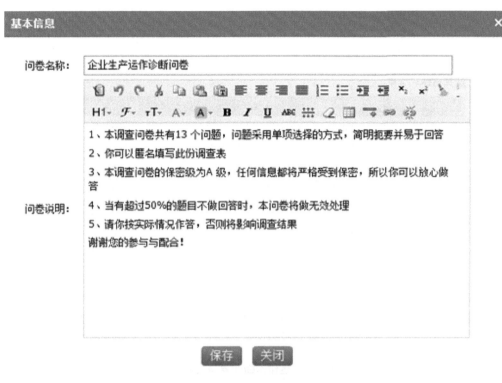

图 7-18　生产运作诊断问卷说明

（5）点击【设置指标】，可以设置问题指标，最多可设置十个。每个指标名称编辑完成后，按回车键确认，全部指标添加完成后，点击【保存】。

（6）如图 7-14 所示指标构建步骤，学生已创建指标，则此处显示指标模型的第二层即维度层。学生亦可根据需要修改，但修改不影响前面的指标模型。

图 7-19　生产运作诊断问卷与指标的关联

（7）接下来将添加的指标与题目绑定。

图 7-20　生产运作诊断问卷与指标的绑定

（8）问卷题目和指标设置完成后，切记要点击页面上方的【保存问卷】，保存后，可以进行预览。

图 7-21　生产运作诊断问卷的生成

（9）在"我的问卷"中，一个案例只能设计一份问卷，再次设计的问卷会覆盖已设计的问卷。

模板创建问卷　**我的问卷**

· 企业生产运作诊断问卷

*问卷只能设计一份，再次设计的问卷会覆盖已设计的问卷

图 7-22　生产运作诊断问卷的保存

3. 量化诊断

选择"量化诊断"。

（1）点击【设计问卷】，可返回问卷设计部分，对问卷进行修改。如无修改需要，可点击"发布问卷"。

量化诊断

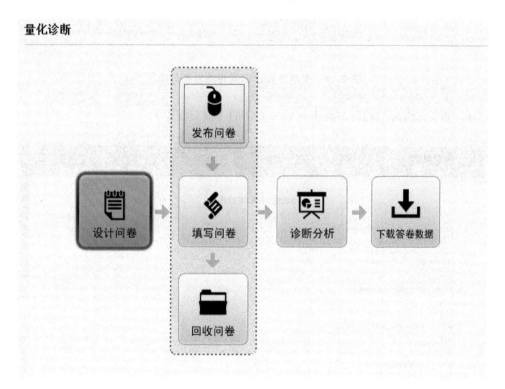

图 7-23　生产运作诊断问卷的保存

（2）点击【发布问卷】，则所发布的问卷发送到问卷库中，实验中的其他学生在问卷库中可以看见。其他学生根据对所读同一个案例的各自理解和分析，填写问卷，这是一个

社会调查的过程。

（3）点击【填写问卷】，是根据对自己所读案例的理解和分析，填写自己所发布的问卷。

量化诊断

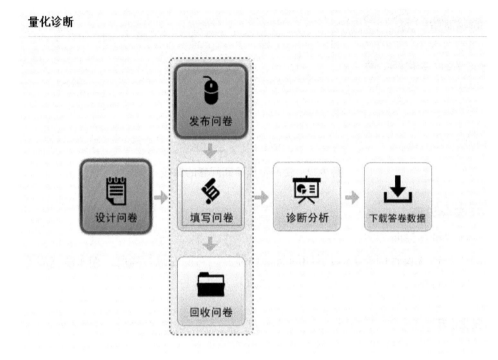

图 7-24　生产运作诊断问卷的发布与填写

（4）填写完所有问题后，点击问卷右上角的【提交问卷】。

图 7-25　生产运作诊断问卷的提交

（5）点击【回收问卷】，问卷回收后不在问卷库显示，其他同学无法填写。若需要收集多份答卷，请确认其他同学完成问卷填写后再回收。

量化诊断

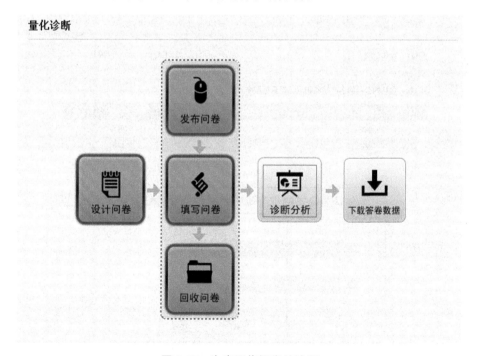

图 7-26　生产运作诊断问卷的回收

（6）问卷填写完并进行回收后，开始进行诊断分析。

量化诊断

图 7-27　生产运作问卷的诊断

（7）系统提供三类自动统计：单题统计、分类统计与汇总统计。

点击【单题统计】，可以查看每道题的回答情况。

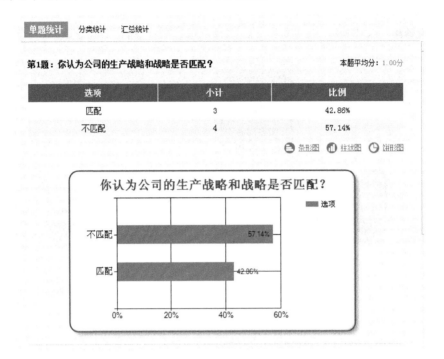

图 7-28　生产运作问卷的单题统计

（8）点击【分类统计】，可查看同一指标下各个问题的答题情况。

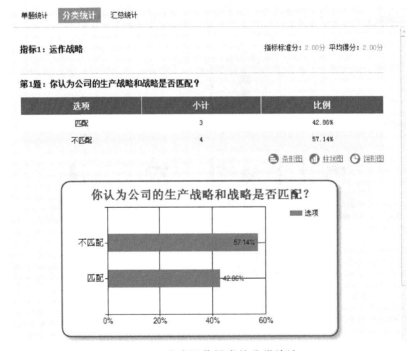

图 7-29　生产运作问卷的分类统计

（9）选择"汇总统计"，查看问卷汇总统计表。学生也可下载统计报告进行查看。

单题统计　　分类统计　　**汇总统计**

汇总统计表　　　　　　　　　　　　　　　　　　　　　　　⬇ 下载统计报告

指标	标准得分	平均得分	比例
运作战略	2.00	2.00	100%
运作组织	2.00	2.00	100%
运作计划	2.00	2.00	100%
运作控制	3.00	3.00	100%
运作管理	4.00	4.00	100%

🔲 条形图　📊 柱状图

汇总统计图

■ 平均得分
■ 标准得分

- 运作管理　4 / 4
- 运作控制　3 / 3
- 运作计划　2 / 2
- 运作组织　2 / 2
- 运作战略　2 / 2

图 7-30　生产运作问卷的汇总统计

（10）用户也可下载答卷数据，使用 Excel 或 SPSS 等统计工具对问卷进行二次统计。

量化诊断

设计问卷 → 发布问卷 → 填写问卷 → 回收问卷 → 诊断分析 → 下载答卷数据

图 7-31　生产运作问卷的数据下载

三、企业生产运作管理决策实验操作

（一）生产运作存在问题分析

点击【对策措施】，选择【存在问题】，根据调查数据和图表，分析该企业生产运作所存在的问题，填写案例中企业存在的问题。

图 7-32　生产运作存在问题诊断

（二）生产运作决策

根据案例提供的材料以及上述分析，针对该企业存在的问题，填写解决问题的对策措施，完成后点击【保存】。

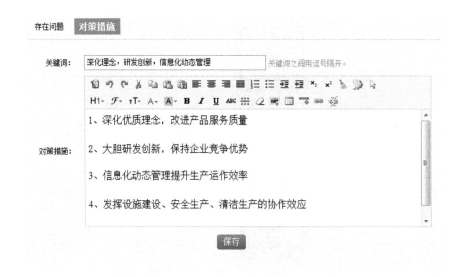

图 7-33　生产运作存在问题的对策措施

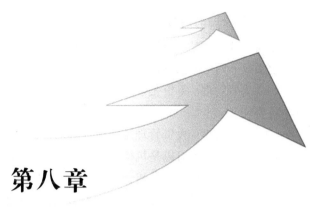

第八章
企业财务管理诊断与决策

第一节　企业财务管理诊断与决策原理

一、企业财务管理概述

（一）财务管理

财务管理（financial management）是在一定的整体目标下，关于资产的购置（投资）、资本的融通（筹资）和经营中现金流量（营运资金）以及利润分配的管理。

西方财务学主要由三大领域构成，即公司财务（corporation finance）、投资学（investments）和宏观财务（macro finance）。其中，公司财务在我国常被译为"公司理财学"或"企业财务管理"。财务管理是企业管理的一个组成部分，它是根据财经法规制度、按照财务管理的原则，组织企业财务活动、处理财务关系的一项经济管理工作。简单地说，财务管理是组织企业财务活动，处理财务关系的一项经济管理工作。

（二）财务管理的目标和内容

1. 财务管理的目标

财务管理目标是企业进行财务活动所要达到的根本目的，它决定着企业财务管理的基本方向。财务管理目标是一切财务活动的出发点和归宿，是评价企业理财活动是否合理的基本标准。制定财务管理目标是现代企业财务管理成功的前提，只有明确了合理的财务管理目标，财务管理工作才有明确的方向。因此，企业应根据自身的实际情况和市场经济体制对企业财务管理的要求，科学合理地选择、确定财务管理目标。一般而言，企业财务管理的目标主要包括下面四个方面。

（1）产值最大化。

（2）利润最大化。

（3）股东财富最大化。

（4）企业价值最大化。

2. 财务管理的内容

企业财务管理是通过价值形态对企业资金流转进行决策、计划和控制的综合性管理，主要包括以下四个方面的内容。

（1）筹资管理。筹资是通过一定渠道、采取适当方式筹措资金的财务活动，是财务管理的首要环节。

（2）投资管理。投资管理是一项针对证券及资产的金融服务，以投资者利益出发并达到投资目标。投资者可以是机构譬如保险公司、退休基金或者是私人投资者。投资管理包含了几个元素，例如金融分析、资产筛选、股票筛选、计划实现及长远投资监控。投资管理在全球行业中有非常重要的责任，看管上万亿元的资产。

（3）营运资金管理。营运资金从会计的角度看是指流动资产与流动负债的净额，为可用来偿还支付义务的流动资产减去支付义务的流动负债的差额。

（4）利润分配管理。企业的利润总额主要由营业利润、投资净收益和营业外收支净额构成，其关系为：

$$企业的利润总额 = 营业利润 + 投资净收益 + 营业外收支净额$$

二、企业财务管理诊断

财务管理诊断是指针对企业的财务经营状况进行全面的调查分析，通过一系列的方法，找出企业在财务管理方面的问题，并提出相应的改进措施，指导改善企业财务管理的过程。财务管理诊断既是企业诊断的重要组成部分，也是企业财务管理的重要环节。

财务管理诊断是一种改进我国企业财务管理的先进的、科学的方法，它克服了我国目前企业财务分析的一般化、公式化等弱点，它是财务分析的深化和发展，而且比财务分析更具有科学性、广泛性和实用性。开展财务管理诊断有利于提高企业财务管理水平和企业的经济效益。随着我国市场经济的进一步发展，财务管理诊断在企业财务管理工作中将发挥日益突出和明显的作用。

（一）企业财务管理诊断模型

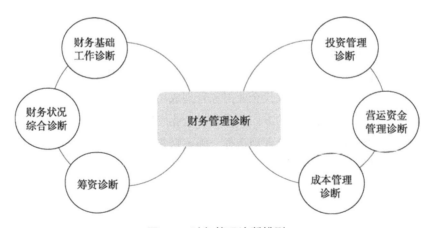

图 8-1　财务管理诊断模型

财务管理诊断的内容包括六个方面。

1. 财务基础工作诊断

财务基础工作诊断是对企业建立的财务管理制度、财务管理组织机构、定额管理制度、原始记录及计量等一系列财务基础工作进行调查分析，做出合理评估并提出改进建议。

财务部门要根据国家统一制定的财务管理制度要求，制定本单位的财务管理制度。主要有完整的账簿制度、内部控制制度、稽核制度、定额管理制度、计量验收制度、财务清查制度、成本核算制度和财务收支审批制度等，并定期进行完善与修整。为了保持财务管理制度具有相对稳定性，制度的修改和补充应坚持先立后破的原则，并按规定程序报批后实行。

定额是库存、用工、用钱的标准，制定计划、计算成本都离不开定额。为了完成降低成本的任务，企业必须制定先进定额，这是加强成本管理的有效途径之一。

原始记录是直接反映生产活动的第一记载，是企业进行经济核算的依据，也是财务管理的基础。建立原始记录时要注意准确及时、简便易行、讲求实效、符合企业管理的需要。

财务战略的实施涉及企业的各个部门和相关人员，能否做好财务战略实施的组织工作是财务战略能否有效贯彻落实的重要前提和基础。

2. 财务状况综合分析

对企业的财务状况进行的综合诊断与分析包括：变现能力分析、资产管理效率分析、资本结构分析、获利能力分析及现金流量分析等。

（1）变现能力分析。变现能力是企业产生现金的能力，它取决于可以在近期转变为现金的流动资产的多少，主要分析的财务指标有流动比率和速动比率。

变现能力分析总提示。

①增强变现能力的因素：可以动用的银行贷款指标；准备很快变现的长期资产；偿债能力的声誉。

②减弱变现能力的因素：未作记录的或有负债；担保责任引起的或有负债。

（2）资产管理效率分析。资产管理效率又称营运效率，主要分析指标有：存货周转率、存货周转天数、应收账款周转率、应收账款周转天数、营业周期、流动资产周转率和总资产周转率。

（3）资本结构分析。资本结构是指企业各种资金的来源构成及其比例关系。广义的资本结构是指企业全部资金的来源构成及其比例关系，不仅包括主权资本、长期债务资金，还包括短期债务资金。狭义的资本结构仅指主权资本及长期债务资金的来源构成及其比例关系，不包括短期债务资金。

最佳的资本结构，是指企业在一定时期内，使加权平均资金成本最低、企业价值最大时的资本结构。其判断的标准有：是否有利于最大限度地增加所有者财富，能使企业价值最大化；能否使企业加权平均资金成本最低；能否使资产保持适当地流动，并使资本结构富有弹性。其中能否使加权平均资金成本最低是其主要标准。

（4）获利能力分析。获利能力又称盈利能力，就是企业赚取利润的能力。不论是投资人还是债务人，都非常关心这个项目。在分析盈利能力时，应当排除证券买卖等非正常项目、已经或将要停止的营业项目、重大事故或法律更改等特别项目、会计政策和财务制度变更带来的累积影响数因素。主要的财务指标有：销售净利率、销售毛利率、资产净利率（总资产报酬率）和净资产收益率（权益报酬率）。

（5）现金流量分析。现金流量分析包括流动性分析、获取现金的能力分析和财务弹性分析。

现金流量表的主要作用是：第一，提供本企业现金流量的实际情况；第二，有助于评估本期收益质量；第三，有助于评估企业的财务弹性；第四，有助于评估企业的流动性；第五，有助于预测企业未来的现金流量。

流动性分析是将资产迅速转变为现金的能力，分析指标包括：现金到期债务比、现金流动负债比和现金债务总额比。

获取现金能力的分析指标主要有：销售现金比率、每股营业现金流量和全部资产现金回收率。

财务弹性分析的指标主要有：现金满足投资比率、现金股利保障倍数和营运指数。

3. 筹资管理诊断

筹资管理是指企业根据其生产经营、对外投资和调整资本结构的需要，通过筹资渠道和资本（金）市场，运用筹资方式，经济有效地筹集为企业所需的资本（金）的财务行为。

筹资管理诊断是对企业筹资的结构、效果和工作过程等的分析，主要包括：筹资环境诊断、筹资原则及执行情况诊断和资本结构诊断等。

4. 投资管理诊断

投资管理是一项针对资产的金融服务，以投资者利益出发并达到投资目标。投资者可以是机构譬如保险公司、退休基金及公司或者是私人投资者。投资管理诊断通过对企业投资方向和投资效果的分析，从财务角度对企业的投资项目做出评估。

5. 营运资金管理诊断

营运资金管理是对企业流动资产及流动负债的管理。一个企业要维持正常的运转就必须要拥有适量的营运资金，因此，营运资金管理是企业财务管理的重要组成部分。

营运资金管理诊断通过对企业流动资产、流动负债及其相互关系的分析诊断，增强企业抵抗财务风险的能力，提高企业的获利能力。

6. 成本管理诊断

成本管理是指企业生产经营过程中各项成本核算、成本分析、成本决策和成本控制等一系列科学管理行为的总称。成本管理充分动员和组织企业全体人员，在保证产品质量的前提下，对企业生产经营过程的各个环节进行科学合理的管理，力求以最少生产耗费取得最大的生产成果。

成本管理诊断通过对企业成本管理工作现状的分析，进一步完善成本管理工作，以达到降低成本和损耗、提高经济效益的目的。包括：成本管理制度诊断；执行成本管理诊断期间费用管理诊断等。

（二）企业财务能力诊断

财务能力诊断包括四个维度：偿债能力诊断、营运能力诊断、盈利能力诊断和企业发展能力诊断。

1. 偿债能力诊断

偿债能力是企业偿还到期债务的能力，对偿债能力的诊断可分为短期偿债能力诊断和长期偿债能力诊断。短期偿债能力主要采用流动比率、速动比率和现金流动负债率等指标来对比各流动资产对流动负债的抵偿能力以及企业资产变现能力，通过对各指标的分析及影响项目的调整，确认企业短期偿债能力强弱和如何提高企业短期偿债能力。长期偿债能力诊断主要采用的指标为资产负债率、产权比率、已获利息倍数、长期资产负债率以及企业各资产和各负债的构成情况等。通过指标对比掌握长期债务的偿还能力，便于企业做好资金的安排。

（1）短期偿债能力分析。短期偿债能力是指企业流动资产对流动负债及时足额偿还的保证程度，是衡量企业当前财务能力，特别是流动资产变现能力的重要标志。衡量指标主要有流动比率、速动比率和现金流动负债率。

①流动比率。流动比率是流动资产与流动负债的比率，表示企业每1元流动负债有多少流动资产作为偿还的保证，反映了企业的流动资产偿还流动负债的能力。其计算公式为：

$$速动比率 = \frac{速动资产}{流动负债}$$

一般情况下，流动比率越高，反映企业短期偿债能力越强。因为该比率越高，不仅反映企业拥有较多的营运资金来抵偿短期债务，而且表明企业可以变现的资产数额较大，债权人的风险越小。但是，过高的流动比率并不均是好现象。从理论上讲，流动比率维持在2∶1是比较合理的。但是，由于行业性质不同，流动比率的实际标准也不同，所以在分析流动比率时，应将其与同行业平均流动比率、本企业历史流动比率进行比较，才能得出合理的结论。

②速动比率。速动比率又称酸性测试比率，是企业速动资产与流动负债的比率。其计算公式为：

$$速动比率 = \frac{速动资产}{流动负债}$$

其中：速动资产＝流动资产－存货，或：速动资产＝流动资产－存货－预付账款－待摊费用

计算速动比率时，流动资产中要扣除存货，因为存货在流动资产中变现速度较慢，有些存货可能滞销，无法变现。至于预付账款和待摊费用根本不具有变现能力，只是减少企业未来的现金流出量，所以理论上也应加以剔除。但实际上，由于它们在流动资产中所占的比重较小，计算速动资产时也可以不扣除。

传统经验认为，速动比率维持在1∶1较为正常，它表明企业的每1元流动负债就有1元易于变现的流动资产来抵偿，所以短期偿债能力有可靠的保证。速动比率过低，企业的

短期偿债风险较大；速动比率过高，企业在速动资产上占用资金过多，会增加企业投资的机会成本。但以上评判标准并不是绝对的。

③现金流动负债比率。现金流动负债比率是企业一定时期的经营现金净流量与流动负债的比率，它可以从现金流量角度来反映企业当期偿还短期负债的能力。其计算公式为：

$$现金流动负债比率 = \frac{年经营现金净流量}{年末流动负债}$$

式中，年经营现金净流量指一定时期内，由企业经营活动所产生的现金及现金等价物的流入量与流出量的差额。

现金流动负债比率指标是从现金流入和流出的动态角度对企业实际偿债能力进行考察，用该指标评价企业偿债能力更为谨慎。该指标越大，表明企业经营活动产生的现金净流量越多，越能够保障企业按时偿还到期债务。但也不是越大越好，太大则表示企业流动资金利用不充分，收益能力不强。

④现金比率。现金比率通过计算公司现金以及现金等价资产总量与当前流动负债的比率来衡量公司资产的流动性，反映企业的直接支付能力。其计算公式为：

$$现金比率 = \frac{现金 + 现金等价物}{流动负债}$$

这个公式反映出公司在不依靠存货销售及应收款的情况下，偿还当前债务的能力。

现金比率是速动资产扣除应收账款后的余额与流动负债的比率，最能反映企业直接偿还流动负债的能力。现金比率一般认为20%以上为好，但这一比率过高，就意味着企业流动资产未能得到合理运用，而现金类资产获利能力低，这类资产金额太高会导致企业机会成本增加。

（2）长期偿债能力分析。长期偿债能力是指企业偿还长期负债的能力。它的大小是反映企业财务状况稳定与否及安全程度高低的重要标志。其分析指标主要有资产负债率、产权比率、负债与有形净资产比率和利息保障倍数。

①资产负债率。资产负债率又称负债比率，是企业的负债总额与资产总额的比率。它表示在企业资产总额中，债权人提供资金所占的比重，以及企业资产对债权人权益的保障程度。其计算公式为：

$$资产负债率 = \frac{负债资产总额}{资产总额} \times 100\%$$

资产负债率高低对企业的债权人和所有者具有不同的意义。债权人希望负债比率越低越好，此时，其债权的保障程度就越高；对所有者而言，最关心的是投入资本的收益率，只要企业的总资产收益率高于借款的利息率，举债越多，即负债比率越大，所有者的投资收益越大。一般情况下，企业负债经营规模应控制在一个合理的水平，负债比率应掌握在一定的标准内。

②产权比率。产权比率是指负债总额与所有者权益总额的比率，它的大小是企业财务结构稳健与否的重要标志，也称资本负债率。其计算公式为：

$$负债与所有者权益比率 = \frac{负债总额}{所有者权益总额} \times 100\%$$

该比率反映了所有者权益对债权人权益的保障程度，即在企业清算时债权人权益的保障程度。该指标越低，表明企业的长期偿债能力越强，债权人权益的保障程度越高，承担的风险越小，但企业不能充分地发挥负债的财务杠杆效应。

③负债与有形净资产比率。负债与有形净资产比率是负债总额与有形净资产的比例关系，表示企业有形净资产对债权人权益的保障程度，其计算公式为：

$$负债与有形资产比率 = \frac{负债总额}{有形资产} \times 100\%$$

$$有形净资产 = 所有者权益 - 无形资产 - 递延资产$$

企业的无形资产、递延资产等一般难以作为偿债的保证，从净资产中将其剔除可以更合理地衡量企业清算时对债权人权益的保障程度。该比率越低，表明企业长期偿债能力越强。

④利息保障倍数与现金利息保障倍数。利息保障倍数又称为已获利息倍数，是税前利润加利息费用之和与利息费用的比率，是衡量企业偿付负债利息能力的指标。其计算公式为：

$$利息保障倍数 = \frac{息税前利润}{利息费用} = \frac{利润总额 + 利息费用 + 折旧 + 摊销}{利息费用} \times 100\%$$

$$现金利息保障倍数 = \frac{经营活动现金净流量 + 现金利息支出 + 付现所得税}{现金利息支出}$$

式中，税前利润是指缴纳所得税之前的利润总额，利息费用不仅包括财务费用中的利息费用，还包括计入固定成本的资本化利息。

利息保障倍数反映了企业的经营所得支付债务利息的能力。如果这个比率太低，说明企业难以保证经营所得来按时按量支付债务利息，这会引起债权人的担心。一般来说，企业的利息保障倍数至少要大于 1，否则就难以偿付债务及利息，长此以往甚至会导致企业破产倒闭。但是，在利用利息保障倍数这一指标时，必须注意，因为会计采用权责发生制来核算费用，所以本期的利息费用不一定就是本期的实际利息支出，而本期发生的实际利息支出也并非全部是本期的利息费用。同时，本期的息税前利润也并非本期的经营活动所获得的现金。

现金利息保障倍数是经营活动产生的现金流量净额、现金利息支出和付现所得税，这三者之和除以现金利息支出所得的比率，它反映了企业一定时期经营活动所取得的现金是现金利息支出的多少倍，更明确地表明了企业用经营活动所取得的现金偿还债务利息的能力。

⑤到期债务本息偿付比率。到期债务本息偿付比率衡量本年度内到期的债务本金及相关现金利息支出同可以经营活动所产生的现金来偿还的程度。

$$债务本息偿付比率 = \frac{经营活动现金净流量}{本期到期债务本金 + 现金利息支出}$$

到期债务本息偿付比率越大，说明偿付到期债务的能力就越强，如果该比率超过 1，意味着在保证现金支付需要后，还能保持一定的现金余额来满足预防性和投机性需求；如果比率小于 1，说明企业经营活动产生的现金不足以偿付到期的本息，企业必须对外筹资、吸引投资或出售资产才能偿还债务。

⑥股东权益比率与权益乘数。股东权益比率是股东权益总额与资产总额的比率，该比率反映企业资产中有多少是所有者投入的。其计算公式为：

$$股东权益比率 = \frac{股东权益总额}{资产总额}$$

$$权益乘数 = \frac{资产总额}{股东权益总额}$$

股东权益比率应当适中，如果权益比率过小，表明企业过度负债，容易削弱公司抵御外部冲击的能力；而权益比率过大，意味着企业没有积极地利用财务杠杆作用来扩大经营规模。股东权益比率与资产负债率之和等于 1，这两个比率从不同的侧面来反映企业长期财务状况，股东权益比率越大，资产负债比率就越小，企业财务风险就越小，偿还长期债务的能力就越强。

股东权益比率的倒数称为权益乘数，即资产总额是股东权益的多少倍。该乘数越大，说明股东投入的资本在资产中所占比重越小。股东权益比率应当适中，如果权益比率过小，表明企业负债过度，容易削弱公司抵御外部冲击的能力；而权益比率过大，意味着企业没有积极地利用财务杠杆作用来扩大经营规模。

⑦负债股权比率与有形净值债务率。负债股权比率是衡量公司财务杠杆的指标，即显示公司建立资产的资金来源中股本与债务的比例。其计算公式为：

$$负债股权比率 = \frac{负债总额}{股东权益总额}$$

$$有形净值债务率 = \frac{负债总额}{股东权益 - 无形资产净值}$$

债务股本比反映了债权人所提供的资金与股东所提供的资金的对比关系。该比率越低，说明企业长期财务状况越好，债权人的权益有保障。该比率一般应小于 1。

⑧偿债保障比率。偿债保障比率是负债总额与经营活动现金净流量的比率。其计算公式为：

$$偿债保障比率 = \frac{负债总额}{经营活动现金净流量}$$

一般认为，该比率越低，企业偿还债务的能力越强。

2. 营运能力诊断

营运能力是企业基于外部市场环境的约束，通过内部人力资源和生产的配置组合而对财务目标所产生作用的大小，对经营能力的诊断包括对人力资源营运能力的诊断和生产资料营运能力的诊断。对人力资源营运能力的诊断主要采用劳动效率指标，通过对各时期、同行业不同企业该指标的比较，可诊断出企业劳动力的经营效率及分红制度对职工积极性的影响等；对生产资料营运能力的诊断采用资产周转指标、市场占有率和销售增长率等。同时还应定性、定量分析影响资金周转及市场占有率的相关因素以及应对各项因素做出的调整方案，以促进资金周转，提高市场占有率，增强企业经营能力。

营运能力分析是对企业资金周转状况进行的分析，资金周转地越快，说明资金利用效率越高，企业的经营管理水平越好。分析指标包括应收账款周转率、存货周转率、流动资产周转率、固定资产周转率和总资产周转率等。

（1）**营业周期**。营业周期指从取得存货开始到销售存货并收回现金为止的这段时间。其计算公式是：

$$营业周期 = 存货周转天数 + 应收账款周转天数$$

一般情况下，营业周期短，说明资金周转速度快；营业周期长，说明资金周转速度慢。这就是营业周期与流动比率的关系，决定流动比率高低的主要因素是存货周转天数和应收账款周转天数。

（2）**应收账款周转率**。应收账款周转率又称为应收账款周转次数，指年度内应收账款转为现金的平均次数，它反映应收账款的变现速度。其计算公式是：

$$应收账款周转率 = \frac{主营业务收入净额}{平均应收账款余额}$$

其中：主营业务收入净额 = 主营业务收入 – 销售折让与折扣

平均应收账款余额 = （应收款项年初数 + 应收款项年末数）/2

应收款项周转天数 = 360/应收账款周转率 = （平均应收账款 × 360）/主营业务收入净额

应收账款包括"应收账款净额"和"应收票据"等全部赊销账款。应收账款净额是指扣除坏账准备后的余额，应收票据如果已向银行办理了提现手续，则不应包括在应收账款余额内。

一般而言，企业的应收账款周转率越高，平均收账期越短，说明企业的应收账款回收得越快；反之，则企业的营运资金过多地呆滞在应收账款上，会严重影响企业资金的正常周转。

（3）**存货周转率**。存货周转率也叫存货周转次数，是企业一定时期的主营业务成本与平均存货的比率。存货周转率可用以测定企业存货的变现速度，衡量企业的销货能力及存货是否储备过量，它是对企业供、产、销各环节管理状况的综合反映。其计算公式为：

$$存货周转率（周转次数） = \frac{主营业务成本}{存货平均余额} = \frac{主营业务成本}{（期初存货 + 期末存货）\times 2}$$

$$存货平均周转天数 = \frac{360}{存货周转率} = \frac{平均存货 \times 360}{主营业务成本}$$

存货周转速度快慢，不仅反映出企业采购、生产和销售各环节管理工作状况的好坏，而且对企业的偿债能力及获利能力大小产生决定性的影响。一般来说，存货周转率越高越好。存货周转率越高，表明其变现的速度越快，周转额越大，资金占用水平越低。存货占用水平低，存货积压的风险就越小，企业的变现能力以及资金使用效率就越好。但是存货周转率分析中，应注意剔除存货计价方法不同所产生的影响。

（4）**流动资产周转率**。流动资产周转率又叫流动资产周转次数，是销售收入与全部流动资产平均余额的比率，它反映的是全部流动资产的利用效率。用时间表示流动资产周转速度的指标叫流动资产周转天数，它表示流动资产平均周转一次所需的时间。其计算公式为：

$$流动资产周转率 = \frac{主营业务收入}{流动资产平均余额}$$

$$流动资产周转天数 = \frac{360}{流动资产周转次数}$$

流动资产周转率是分析流动资产周转情况的一个综合指标。流动资产周转快，会相对节约流动资产，相当于扩大了企业资产投入，增强了企业盈利能力；反之，若周转速度慢，为维持正常经营，企业必须不断投入更多的资源，以满足流动资产周转需要，导致资金使用效率低，降低了企业盈利能力。

（5）**固定资产周转率**。固定资产周转率是指企业年销售收入净额与固定资产平均净值的比率，它是反映企业固定资产周转情况，从而衡量固定资产利用效率的一项指标。其计算公式为：

$$固定资产周转率 = \frac{主营业务收入净额}{固定资产平均净值}$$

$$固定资产平均净值 = \frac{期初固定资产净值 + 期末固定资产净值}{2}$$

固定资产的周转率越高，周转天数越少，表明公司固定资产的利用效率越高，公司的获利能力越强；反之，则公司的获利能力越弱。

（6）**总资产周转率**。总资产周转率是企业主营业务收入净额与资产总额的比率，它可以用来反映企业全部资产的利用效率。其计算公式为：

$$总资产周转率 = \frac{主营业务收入净额}{平均资产总额}$$

$$平均资产总额 = \frac{期初资产总额 + 期末资产总额}{2}$$

总资产周转率反映了企业全部资产的使用效率。该周转率高，说明全部资产的经营效率高，取得的收入多；该周转率低，说明全部资产的经营效率低，取得的收入少，最终会影响企业的盈利能力。企业应采取各项措施来提高企业的资产利用程度，如提高销售收入或处理多余的资产。

3. 盈利能力诊断

企业投入的资金，都要求得到保值和增值。盈利能力分析即结合企业的行业特征和经济周期等因素，综合分析企业利润增长率、销售利润率、净资产收益率及其变动情况，与同行业各企业做出比较，掌握企业在同行业中的盈利状况，提高盈利能力。

盈利能力是指企业获取利润的能力，企业的盈利能力越强，则其给予股东的回报越高，企业价值越大。同时盈利能力越强，带来的现金流量越多，企业的偿债能力得到加强。反映企业盈利能力的比率指标主要包括销售毛利率、销售净利率、净资产收益率、总资产报酬率和市盈率等。

（1）**销售毛利率**。销售毛利率是销售毛利与销售收入净额之比，其中销售毛利是销售收入净额与销售成本的差额。其计算公式为：

$$销售毛利率 = \frac{主营业务收入 - 主营业务成本}{主营业务收入} \times 100\%$$

销售毛利率表示每 1 元销售收入扣除销售成本后，有多少钱可以用于各项期间费用和形成盈利。销售毛利率是公司销售净利率的基础，没有足够大的毛利率便不能盈利。

（2）**销售净利率**。销售净利率指企业净利润占销售收入净额的百分比，表示每 1 元销售收入净额获取利润的能力。其计算公式为：

$$销售净利润率 = \frac{净利润}{主营业务收入} \times 100\%$$

该指标反映每 1 元销售收入带来的净利润是多少，反映销售收入的收益水平。从销售净利率的指标关系看，净利额与销售净利率成正比关系，而销售收入额与销售净利率成反比关系。公司在增加销售收入额的同时，必须获得相应更多的净利润，才能使销售净利率保持不变或有所提高。通过分析销售净利率的升降变动，可以促使公司在扩大销售业务的同时，注意改进经营管理，提高盈利水平。

（3）**净资产收益率**。净资产收益率亦称净值报酬率或权益报酬率，它是指企业一定时期内的净利润与平均净资产的比率。它可以反映投资者投入企业的自有资本获取净收益的能力，即反映投资与报酬的关系，因而是评价企业资本经营效率的核心指标。其计算公式为：

$$净资产收益率 = \frac{净利润}{平均净资产} \times 100\%$$

净资产收益率是评价企业自有资本及其积累获取报酬水平的最具综合性与代表性的指标，反映企业资本营运的综合效益。

（4）**总资产报酬率**。总资产报酬率又称总资产收益率，反映了企业利用全部经济资源的获利能力。其计算公式为：

$$总资产收益率 = \frac{净利润}{总资产平均余额} \times 100\%$$

总资产报酬率反映企业资产利用的综合效果。该比率越高，表明资产利用的效率越高，说明企业在增收节支和节约资金使用等方面取得了良好的效果。

（5）**股东权益报酬率**。股东权益报酬率 = 资产报酬率 × 平均权益乘数

$$股东权益报酬率 = \frac{净利润}{股东权益平均总额} \times 100\%$$

股东权益报酬率表明普通股投资者委托公司管理人员应用其资金所获得的投资报酬，所以数值越大越好。

（6）**成本费用净利率**。成本费用净利率是企业净利润与成本费用总额的比率，它反映企业生产经验过程中发生的耗费与获得的收益之间的关系。其计算公式为：

$$成本费用净利率 = \frac{净利润}{成本费用总额} \times 100\%$$

成本费用比率越高，说明企业为获取收益而付出的代价越小，企业的获利能力越强。因此，通过这个比率不仅可以评价企业获利能力的高低，也可以评价企业对成本费用的控制能力强弱和经营管理水平高低。

（7）市价比率（上市公司）。市场价值比率，是指普通股每股市价和公司盈余、每股账面价值的比率。

①每股盈余。每股盈余是公司的获利指标，对于有公开市场股票交易的公司而言，每股盈余和公司的股价都有一定的联动性，因此这也是公司现有股东与潜在投资人衡量公司获利的关键要素之一。其计算公式为：

$$每股盈余 = \frac{净利润 - 优先股股利}{发行在外的普通股平均股数}$$

每股盈余反映了每股创造的税后利润，比率越高，表明所创造的利润就越多。

②每股现金流量。每股现金流量主要反映平均每股所获得的现金流量。该指标隐含了上市公司在维持期初现金流量情况下，有能力发给股东的最高现金股利金额。其计算公式为：

$$每股现金流量 = \frac{经营活动现金流量 - 优先股股利}{发行在外的普通股平均股数}$$

某公司的每股现金流量越高，说明该公司的每股普通股在一个会计年度内所赚得的现金流量越多；反之，则表示每股普通股所赚得的现金流量越少。虽然每股现金流量在短期内比每股盈余更能显示公司在资本性支出和支付股利方面的能力，但每股现金流量决不能用来代替每股盈余作为公司盈利能力的主要指标的作用。

③每股股利。每股股利是反映股份公司每一普通股获得股利多少的一个指标，指标值越大表明获利能力越强。影响每股股利多少的因素主要是企业股利发放政策与利润分配政策，如果企业为扩大再生产、增强企业后劲而多留利，每股股利就少，反之则多。其计算公式为：

$$每股股利 = \frac{股利总额}{流通股数}$$

④留存收益比例。留存收益比例表明公司的税后利润有多少用于发放股利，多少用于保留盈余和扩展经营。其计算公式为：

$$留存收益比例 = \frac{(净利润 - 全部股利)}{净利润}$$

⑤股利支付率。股利支付率也称股息发放率，是指净收益中股利所占的比重。它反映公司的股利分配政策和股利支付能力。其计算公式为：

$$股利支付率 = \frac{每股股利}{每股盈余}$$

⑥每股账面价值。每股账面价值指标反映了发行在外的每股普通股所代表的企业股东权益的价值。其计算公式为：

$$每股账面价值 = 股东权益总额/发行在外的股票股数$$

在投资人看来，该指标与每股市价的差额是企业的一种潜力。股票市价高于账面价值越多，越是表明投资者认为这个企业有希望、有潜力；反之，说明市场不看好该企业。

⑦市盈率（市价与每股盈余比率）。市盈率是普通股每股市价与每股收益的比率。其计算公式为：

$$市盈率 = \frac{普通股每股市场价格}{普通股每股收益}$$

市盈率越高，表明投资者对公司未来充满信心，愿意为每 1 元盈余多付买价。通常认为，市盈率在 5%～20%之间是正常的，超过 20%的市盈率被认为不是正常的，很可能使股价下跌。股票的市盈率比较低，表明投资者对公司的前景缺乏信心，不愿为每 1 元盈余多付买价。不同行业股票市盈率是不相同的，而且将会常常发生变化。当人们预期将发生通货膨胀或提高利率时，股票市盈率会普遍下降；当人们预期公司的利润将增长时，市盈率通常会上升。此外，债务比重大的公司，股票市盈率通常较低。

⑧市场增加值和经济增加值。市场增加值（market value added, MVA）是一家上市公司的股票市场价值与这家公司的股票与债务调整后的账面价值之间的差额。其计算公式为：

$$市场增加值 = 资本的市场价值 - 占用资本$$

经济增加值（economic value added, EVA）指从税后净营业利润中扣除包括股权和债务的全部投入资本成本后的所得。其核心是资本投入是有成本的，企业的盈利只有高于其资本成本（包括股权成本和债务成本）时才会为股东创造价值。其计算公式为：

$$经济增加值 = 税后净营业利润 - 投资资本成本$$

对于企业来说，市场增加值越高越好，高市场增加值说明企业为其股东创造了更多的财富。在理论上，MVA 等于未来 EVA 的折现值，也就是说 MVA 是市场对公司获取未来 EVA 能力的预期反映。如果 MVA 出现负值，则说明公司的经营投资活动所创造的价值低于投资者投入公司的资本价值，这就意味着投资人的财富或价值在遭受损失。

4. 企业发展能力诊断

企业的发展能力是指企业较长时期内在激烈的市场竞争中所产生的综合经营能力、筹资能力和投资能力等。这主要分析企业的人才结构和科研费用的多少；分析企业专利、新技术的应用和新产品开发情况；分析是否开拓了新的销售网络和销售方式；分析目前企业主要的在建工程和已建成的主要项目运营情况等。通过这些分析，可以掌握企业未来发展的趋势和前景。企业财务发展能力诊断是在结合国内外宏观经济形势和对企业具体经营状况、财务状况进行综合分析的基础上，诊断出企业长期、短期面临的局势和经营情况、财务收支情况及其问题的症结所在，并有针对找到的症结，开出治理的"处方"。然后形成财务诊断书，从而有利于决策者正确进行财务决策，提高企业决策的准确性，规避风险，促进企业良好发展。

企业的发展能力，也称企业的成长性，它是企业通过自身的生产经营活动，不断扩大积累而形成的发展潜能。分析指标主要有以下几种：销售增长率、资本积累率、总资产增长率和固定资产成新率等。

（1）销售增长率。销售增长率是指企业本年销售增长额与上年销售额之间的比率，反映销售的增减变动情况，是评价企业成长状况和发展能力的重要指标。其计算公式为：

$$销售增长率 = \frac{本年销售增长额}{上年销售额} \times 100\% = \frac{本年销售额 - 上年销售额}{上年销售额} \times 100\%$$

销售增长率是衡量企业经营状况和市场占有能力、预测企业经营业务拓展趋势的重要指标，也是企业扩张增量资本和存量资本的重要前提。销售增长率越大，表明其增长速度越快，企业市场前景越好。

（2）资本积累率。资本积累率是指企业本年所有者权益增长额同年初所有者权益的比率，其计算公式为：

$$资本积累率 = \frac{本年所有者权益增长额}{年初所有者权益} \times 100\%$$

资本积累率指标是企业当年所有者权益总的增长率，反映了企业所有者权益在当年的变动水平，也反映了投资者投入企业资本的保全性和增长性。资本积累率越高，表明企业的资本积累越多，企业资本保全性越强，持续发展的能力越强；资本积累率若为负值，表明企业资本受到侵蚀，所有者利益受到损害，应予充分重视。

（3）总资产增长率。总资产增长率是企业本年总资产增长额同年初资产总额的比率，其计算公式为：

$$总资产增长率 = \frac{本年总资产增长额}{年初资产总额} \times 100\%$$

总资产增长率指标是从企业资产总量扩张方面衡量企业的发展能力，表明企业规模增长水平对企业发展后劲的影响。总资产增长率越高，表明企业一个经营周期内资产经营规模扩张的速度越快。

（4）固定资产成新率。固定资产成新率是企业当期平均固定资产净值同平均固定资产原值的比率。其计算公式为：

$$固定资产成新率 = \frac{平均固定资产净值}{平均固定资产原值} \times 100\%$$

式中平均固定资产净值是指企业固定资产净值的年初数同年末数的平均值。平均固定资产原值是指企业固定资产原值的年初数与年末数的平均值。

固定资产成新率反映了企业所拥有的固定资产的新旧程度，体现了企业固定资产更新的快慢和持续发展能力的强弱。固定资产成新率高，表明企业固定资产比较新，对扩大再生产的准备比较充足，发展的可能性比较大。运用固定资产成新率分析固定资产新旧程度时，应剔除企业应提未提折旧对房屋、机器设备等固定资产真实状况的影响。

（三）企业财务趋势诊断

财务趋势诊断是通过比较企业连续几期的财务报表或财务比率来了解企业财务状况变化的趋势，并以此来预测企业未来财务状况，判断企业的发展前景。

一般来说，进行企业财务状况的趋势诊断，主要应用比较财务报表、比较百分比财务报表和比较财务比率等方法。

比较财务报表就是通过比较企业连续几期财务报表的数据，分析其增减变化的幅度及其变化原因，来判断企业财务状况的发展趋势。这种方法选择的期数越多，分析结果的准确性越高。但是，在进行比较分析时，必须考虑到各期数据的可比性。因某些特殊原因，某一时期的某项财务数据可能变化较大，缺乏可比性，因此，在分析过程中应该排除非可比因素，使各期财务数据具有可比性。

比较百分比财务报表是在比较财务报表的基础上发展而来的，百分比财务报表是将财务报表中的数据用百分比来表示。比较财务报表是比较各期报表中的数据，而比较百分比财务报表则是比较各项目百分比的变化，以此来判断企业财务状况的发展趋势。

比较财务比率就是将企业连续几个会计期间的财务比率进行对比，从而分析企业财务状况的发展趋势。这种方法实际上是比率分析法与比较分析法的结合。与前面两种方法相比，这种方法更加直观地反映了企业各方面财务状况的变动趋势与财务状况。

（四）企业财务综合诊断。

财务综合诊断是将企业营运能力、偿债能力和盈利能力等方面的分析纳入到一个有机的分析系统之中，全面地对企业财务状况、经营状况进行解剖和分析，从而对企业经济效益做出较为准确的评价与判断。

财务综合诊断的方法主要有两种：杜邦财务分析体系法和沃尔比重评分法。

1. 杜邦财务分析体系

这种分析方法首先由美国杜邦公司的经理创立并率先在杜邦公司成功运用，称之为杜邦系统。杜邦财务分析法是利用财务指标间的内在联系，对企业综合经营理财能力及经济效益进行系统的分析评价的方法。其基本思想是将企业净资产收益率逐级分解为多项财务比率乘积，从而有助于深入分析比较企业经营业绩。

杜邦体系中几种主要指标之间的关系如下：

净资产收益率＝主营业务净利率×总资产周转率×权益乘数

其中：

主营业务净利率＝净利润/主营业务收入净额

总资产周转率＝主营业务收入净额/平均资产总额

权益乘数＝资产总额／所有者权益总额＝1/（1−资产负债率）

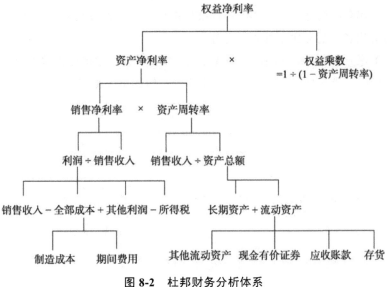

图 8-2　杜邦财务分析体系

杜邦财务分析方法的基本思路有三点。

第一，净资产收益率是一个综合性最强的财务分析指标，是杜邦分析系统的核心。

第二，资产净利率是影响权益净利率最重要的指标，具有很强的综合性。而资产净利率又取决于销售净利率和总资产周转率的高低，总资产周转率反映总资产的周转速度。对资产周转率的分析，需要对影响资产周转的各因素进行分析，以明确影响公司资产周转的主要问题在哪里。销售净利率反映销售收入的收益水平，扩大销售收入，降低成本费用是提高企业销售利润率的根本途径，而扩大销售同时也是提高资产周转率的必要条件和途径。

第三，权益乘数表示企业的负债程度，反映了公司利用财务杠杆进行经营活动的程度。资产负债率高，权益乘数就大，这说明公司负债程度高，公司会有较多的杠杆利益，但风险也高；反之，资产负债率低，权益乘数就小，这说明公司负债程度低，公司会有较少的杠杆利益，但相应所承担的风险也低。

2. 沃尔比重评分法

亚历山大沃尔在出版的《信用晴雨表研究》和《财务报表比率分析》中提出了信用能力指数的概念，他选择了7个财务比率即流动比率、产权比率、固定资产比率、存货周转率、应收账款周转率、固定资产周转率和自有资金周转率，分别给定各指标的比重，然后确定标准比率（以行业平均数为基础），将实际比率与标准比率相比得出相对比率，将此相对比率与各指标比重相乘得出总评分。

比重评分法的操作步骤：

（1）选定评价企业财务状况的财务比率；

（2）根据各项财务比率的重要程度，确定其标准评分值，即重要性系数；

（3）规定各项财务比率评分值的上限和下限；

（4）确定各项财务比率的标准值；

（5）计算企业在一定时期各项财务比率的实际值；

（6）计算出各项财务比率实际值与标准值的比率，即关系比率；

（7）计算出各项财务比率的实际得分。

沃尔比重评分法有两个缺陷：一是选择这7个比率及给定的比重缺乏说服力；二是如果某一个指标严重异常时，会对总评分产生不合逻辑的重大影响。

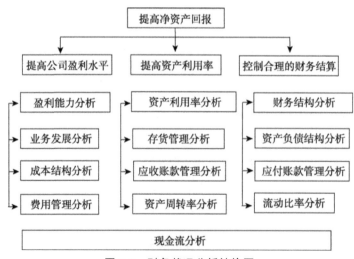

图 8-3　财务状况分析结构图

三、企业财务管理决策

（一）财务管理可选择的方法

企业为了有效地组织、指挥、监督和控制财务活动，并处理好因财务活动而发生的各种经济关系，就需要运用一系列科学的财务管理方法。它通常包括财务预测、财务计划、财务控制、财务分析和财务检查等方法，这些相互配合、相互联系的方法构成了一个完整的财务管理方法体系。

1. 财务预测

财务预测是根据财务活动的历史资料，考虑现实的要求和条件，对企业未来的财务活动和财务成果作出科学的预计和测算。其主要任务在于：测算各项生产经营方案的经济效益，为决策提供可靠的依据；预计财务收支的发展变化情况，以确定经营目标；测定各项定额和标准，为编制计划、分解计划指标服务。财务预测的具体内容包括：

（1）明确预测对象的目的；

（2）搜集和整理资料；

（3）确定预测方法，利用预测模型进行核算；

（4）确定最优值，提出最佳方案。

2. 财务计划

财务计划是企业经营计划的重要组成部分，是进行财务管理、财务监督的主要依据。财务计划是在生产、销售、物资供应、劳动工资、设备维修和技术组织等计划的基础上编制的，其目的是确立财务管理的奋斗目标。财务计划的具体内容包括：

（1）分析主客观条件，全面安排计划指标；

（2）协调人力、物力和财力，落实增产节约措施；

（3）编制计划表格，协调各项计划指标。

3. 财务控制

财务控制是指对企业的资金投入及收益过程和结果进行衡量与校正，目的是确保企业目标以及为达到此目标所制定的财务计划得以实现。财务控制总体目标是在确保法律法规和规章制度贯彻执行的基础上，优化企业整体资源综合配置效益。财务控制的程序为：

（1）制订标准；

（2）执行标准；

（3）确定差异；

（4）消除差异；

（5）考核奖惩。

企业进行财务控制的基本原则包括：目的性原则、充分性原则、及时性原则、认同性原则、经济性原则、客观性原则、灵活性原则、适应性原则、协调性原则、简明性原则。

4. 财务分析

财务分析是以会计核算和报表资料及其他相关资料为依据，采用一系列专门的分析技术和方法，对企业等经济组织过去和现在有关筹资活动、投资活动、经营活动、分配活动的盈利能力、营运能力、偿债能力和增长能力状况等进行分析与评价的经济管理活动。财务分析的具体内容包括：

（1）进行对比，做出评价；

（2）因素分析，抓住关键；

（3）落实措施，改进工作。

财务分析的方法与分析工具众多，具体应用应根据分析者的目的而定。最经常用到的还是围绕财务指标进行单指标、多指标综合分析，再加上借用一些参照值（如预算、目标等），运用一些分析方法（比率、趋势、结构、因素等）进行分析，然后通过直观、人性化的格式（报表、图文报告等）展现给用户。

5. 财务检查

财务检查是根据财务监督的总体要求，组织专门人员，对企业的账务、实物及财务活动现场进行实地查看，从而对企业财务活动进行监督、检查和评价的一种方法。财务检查是财务监督的重要方法和手段，其具体内容包括：

（1）审阅凭证账表，清查财产物资，揭露问题；

（2）分清性质，明确责任；

（3）查明原因，整顿工作。

（二）企业财务管理决策

进行财务决策需经如下步骤：

（1）确定决策目标。指确定决策所要解决的问题和达到的目标；

（2）进行财务预测。即通过财务预测，取得财务决策所需的业经科学处理的预测结果；

（3）方案评价与选优。指依据预测结果建立若干备选方案，并运用决策方法和根据决策标准对各方案进行分析论证，作出综合评价，选取其中最为满意的方案；

（4）决策过程的结束，还需进行具体的计划安排、组织实施，并对计划执行过程进行控制和搜集执行结果的信息反馈，以便判断决策的正误，及时修正方案，确保决策目标的实现。

第二节　企业财务管理诊断与决策案例实训

一、典型企业介绍

北京万通地产股份有限公司（以下简称"万通地产"）于 1993 年 6 月 26 日在北京注册成立，是北京最早成立的以民营资本为主体的大型股份制房地产投资企业，也是实收资本额最大的民营房地产公司。2004 年 3 月万通地产引进战略投资人泰达集团，成为国内的知名房地产企业，实收资本和营业额双双居于行业前列，具有房地产开发一级资质。

北京万通地产股份有限公司是在上海证券交易所挂牌交易的 A 股上市公司（股票代码：600246，简称"万通地产"，上市时间为 2000 年 9 月），总股本为 5.07 亿股。截至 2009 年 12 月 31 日，总资产为 95.00 亿元，净资产为 29.83 亿元。万通地产下设 11 家控股和 3 家参股子公司，均为房地产开发公司。万通地产具备房地产一级开发资质，以"创造最具价值的生活空间"为使命，致力于成为中国房地产高端市场第一品牌。

2012 年，公司实现营业收入 407053 万元，比上年减少 15.52%；实现归属于母公司所有者的净利润 37485 万元，比上年同期增长 20.35%。截至 2012 年 12 月 31 日，公司净资产 352291 万元，比上年增加 6.95%。

万通地产作为中国知名高端物业和服务的领导品牌，曾多次获得"中国名企"、"中国房地产十大品牌"、"中国地产蓝筹企业"和"中国十大最具价值房地产公司品牌"等荣誉称号，是"中国城市房地产开发商策略联盟"的联合创始企业和轮值主席单位，也是全国工商联房地产商会轮值主席单位。公司同时继承了万通实业累积十余年的专业房地产运作经验和专业资深的管理团队。

作为专业的房地产投资公司，万通地产先后成功开发了北京万通新世界广场、中国国际航空公司大厦、北京通润商务会馆和北京万通中心等知名高档商用物业项目。同时也开发了北京万泉新新家园、北京亚运新新家园、北京龙山新新小镇、北京新城国际、天津万通上游国际和天津万通新城国际等高档住宅项目。

万通地产作为房地产行业的创新者和开拓者，首倡由"香港模式"变为"美国模式"，由全能开发商转型为专业的房地产投资公司。基于"美国模式"，万通地产推出新战略，公司投资领域集中于"住宅建设""商用物业"和"定制服务"三大领域。

在万通地产新战略的导引下，住宅建设业务 2005 年在京津两地全面展开。位于天津经济技术开发区的天津万通新城国际项目已经火热开盘，取得了一期开盘即售罄的佳绩，天津万通上游国际项目、天津西青项目和天津新城东路项目等也即将陆续推出。商用物业业务以"万通中心"为核心品牌，以北京为源头，北京万通中心 2005 年实现结构封顶，天津及其他区域的"万通中心"也在筹备阶段。定制服务业务发展势头良好，已经成为国内无可争议的领导者。目前万通筑屋已经在北京、上海、青岛、南昌等地定制办公、商业、别墅、住宅、学校、工业园区和会所等不同的物业形态。2005 年万通筑屋成绩卓著，实现业务同比增长 500%的佳绩。目前万通筑屋已经成为地产定制市场的旗舰企业，获得了市场和业界的广泛认同。2005 年 4 月，万通地产启动北京万泉新家园绿化改造工程，标志着万通地产在业界首倡的"二次规划"计划正式启动，率先在已交付社区升级物业品质，丰富了万通地产持续倡导的"客户价值倍增计划"，获得客户的广泛认同。2005 年 5 月，万通地产发布"住宅和商用物业产品标准"，正式宣告启动第二代高端物业产品标准，在房地产业内引起了广泛关注。

万通地产拥有独具魅力的企业领导，也拥有长期稳定、资深专业、敬业协作的职业经理人团队，他们秉持"以天下为己任，以企业为本位，创造财富，完善自我"的企业价值观，不懈地服务于万通事业，使其发展壮大。"创新与前瞻"的强劲动力、"诚信与责任"的伦理价值已经成为万通地产保持持续竞争力的两大支柱。"学习永远是万通事业进步的前阶"，公司始终积极保持学习型企业的优势。随着公司的稳健成长，万通地产已经形成了较为完善的法人治理结构和健全合理、有效的重大经营决策程序及内部风险控制制度。

万通地产以对社会和行业的负责精神，自1999年起参与创建"中国城市房地产开发商策略联盟"，发起并推动"新住宅运动"。在"中城联盟"轮值主席任职期间，通过策划和推动拍摄大型专题片《居住改变中国》等一系列活动，致力于提升房地产行业道德形象，推动改造传统房地产开发的商业模式。2004年6月，万通地产参与发起首家由知名企业组成的NGO环保组织"阿拉善SEE生态协会"，积极承担企业公民责任。2005年8月，公司组织了"万通地产阿拉善行动"，一批由客户和员工组成的绿色志愿者开赴阿拉善沙漠地区进行绿色生态考察，随后在以绿色环保为主题的"万通地产生活节"期间举办了五场"万通地产阿拉善行动图片巡展"，展示阿拉善的荒漠化生态状况，引起了万通地产客户和社会的广泛关注。2005年2月，冯仑董事长当选全国工商联房地产商会轮值主席，致力于推动行业的诚信、自律和维权。

"创造最具价值的生活空间"——万通地产将永远秉持这一公司使命，使公司不仅具有强大的核心竞争力，而且拥有良好的"反周期能力"。万通地产将始终立足高端市场，努力成为符合国际管理规范的专业房地产投资公司。万通地产决心遵循企业核心价值观"诚信、专业、团队、学习、创新"，为客户提供最满意的产品和服务，为股东创造满意的回报，吸引和培养最优秀的员工，获得同行的尊重和敬佩，为推动社会进步做出自己最大的努力。

二、企业财务管理现状

（一）企业财务背景

1. 企业主要优势

首先，近年来，万通地产的资产规模随着业务的扩张而扩大很多，并且公司的资产多集中在流动资产上。

其次，随着房地产开发规模的不断扩大，公司的存货余额呈上升的态势。

此外，万通地产股份有限公司的资产结构不断合理化，整体资产质量不断标准化，为公司的可持续发展奠定了良好的基础。

2. 企业主要劣势

随着万通地产商用物业规模的扩大，物业租赁业务将成为公司收入和利润新的增长点，而且公司所持有的优质商用物业还具有较强的升值能力。但是，由于商用物业的前期投入较大，投资回收期较长，在一定程度上加大了公司的资金压力，这也是万通地产财务战略的主要劣势之一。

3. 企业主要机会

首先，近年来我国国民经济不断发展，国民经济进入了稳步、协调发展的阶段，城市化进展不断加快，人民币汇率持续升值，人口红利、居民收入水平及消费能力持续增长等有利因素成为支撑我国房地产行业未来长期健康发展的重要基础性条件。

其次，现阶段出台的宏观调控政策旨在调整及优化住房供应结构，引导广大消费者理性消费，防范投资风险，遏制投机行为，控制房价涨幅过快。从未来的发展趋势看，政府的宏观调控、区域差异以及竞争的加剧都将使得国内的房地产企业面临重大的挑战。津京地区以其独特的地理位置在我国国民经济发展过程中具有特别重要的区位优势，尤其是天津，作为北方的经济中心，其成长潜力巨大，辐射力越来越强。万通地产坚定地执行"滨海新区、美国模式、万通企业文化"的既定战略，密切关注宏观政策的走势及市场变化特点，充分发挥股东优势，整合各方资源，合理配置，扬长避短，协调、稳定推进公司业务向纵深方向发展。

4. 企业主要威胁

第一，房地产业已经成为我国国民经济发展的支柱产业和主要的经济增长点，同时也与宏观经济的发展状况密切相关，宏观经济的波动将对房地产行业和公司的经营产生一定的影响。

第二，随着国家不断推出稳定房地产行业的各种政策，房地产市场逐渐步入调整期，万通作为定位于高端住宅的房地产开发企业，受市场调整的影响较小。但是，如果国家的各项政策难以实现预期效果，房地产市场持续恶化，这些将会对万通的经营和盈利产生一定的影响。

第三，房地产销售收入是包括本公司在内的房地产公司营业收入的主要来源，但是受宏观调控的影响，部分城市出现了房价上涨速度放缓或下跌的情况。房价的下跌，抑制了公司房地产产品的销售，使公司面临销售收入下降的风险，对公司的生产经营和盈利前景产生了负面的影响。

第四，市场竞争的加剧给公司带来了更大的挑战。

第五，原材料、劳动力成本的上升对公司的经营产生了一定的威胁。

（二）企业财务战略

财务战略是指在企业战略统筹下以价值分析为基础的决策活动，因其关注的焦点是企业长期资金的有效流动，根据财务战略分析的经验，通常利用公司财务年报分析其财务战略，这样既可以使公司的管理层察觉公司经营的风险，也可以使投资者多角度地了解其财务状况、经营业绩，为投资提供有用信息。

1. 行业、市场及竞争对手

首先对万通地产所面临的整个行业以及其竞争对手的经营情况进行分析。

（1）行业概述。 房地产在当前处于一个整体转型期，国10条、国5条两次调控和"十二五"征求意见稿的出台说明了调控的势在必行。在这一趋势下，房地产行业将趋于金融化、产业化、品牌化以及绿色低碳化，并相应地出现了旅游度假地产、公益地产和文化地产等与其他产业相结合发展的新型地产，其中以旅游度假地产发展势头最为强劲。本身作为旅游发展的核心因素，再加上金融的介入，使得旅游度假地产成为未来房地产商、房地产企业以及房地产行业整体转型重要方向之一。

2010 年第一季度，我国商业地产市场有比较好的发展，主要是因为随着实体经济的恢复，城市化进程进一步加快，商业用房销售量跟整个居民的消费呈显著正相关。2010 年初，房地产紧缩型调控拉开大幕，4 月 17 日出台的《国务院关于坚决遏制部分城市房价过快上涨的通知》，调控力度之大，堪称史无前例。新政主要针对住宅市场，而商业地产成为楼市调控新政的受益者，未来商业地产发展必将迎来新的高潮。在一线城市商业地产开发趋于饱和的背景下，未来商业地产开发将呈现普遍向二、三线城市蔓延的趋势。

2011 年房地产市场调控为 2010 年调控的延续和深化。2011 年，为进一步巩固房地产调控成果，中央升级调控力度，综合运用行政、经济手段，仍以抑制投机需求、增加供给为总体思路。行政措施上，限购严厉程度继续加深、范围不断扩大，各地方政府出台年度房价控制目标，实行考核问责制，差别化信贷等。

2012 年以来商品房销售量和价格跌幅持续收窄，全国商品住宅待售面积同比增速放缓。随着房地产销售和投资规模的适应性调整，房地产市场逐步形成新的均衡。推动房价上涨的根本因素并没有改变，政策调控陷入两难，长期地看，国内房地产价格上涨的历史还会重演甚至更为剧烈。现有调控政策的效应基本释放完毕，开发商面临的行业环境最差的时期已经过去，房地产行业在未来 12～18 个月信用水平将趋于稳定。

2013 年 1 月，全国 100 个城市（新建）住宅平均价格为 9812 元/平方米，环比 2012 年 12 月上涨 1%，这是近两年来该数据涨幅首次突破 1%，百城房价自 2012 年 6 月止跌后，已经连续第 8 个月环比上涨。

2013 年 3 月 1 日新国五条细则出台，引发了市场的广泛关注。"新国五条"中规定，二手房交易中个税按个人所得的 20%征收，这项规定会抑制投资需求，影响成交量，这是房地产调控的一个正面效果，但不可避免地会对居民改善性购房需求带来抑制作用。"国五条"引发的冲击波，在各地实施细则出台之前，仍未有降温的迹象，成交井喷，离婚频频，价格上涨的主基调在继续。20%的所得税，显著增加了交易成本，而在热点城市的供需仍然失衡的情况下，这种本来应有卖方负担的税负会轻易地转嫁到购房者头上，而且对二手房市场的政策的挤压效应，又会推涨一手楼盘看涨，北京 3 月份开盘的新房，几乎都提高了开盘价即为明证。

（2）市场分析。2012 年，全国房地产市场呈现逐步回暖态势。国家统计局有数据显示，2012 年，全国房地产开发累计投资 7.18 万亿元，同比增长 16.2%；全国商品房销售面积 11.13 亿平方米，比上年增长 1.8%，其中，住宅销售面积增长 2%，办公楼销售面积增长 12.4%，商业营业用房销售面积下降 1.4%；全国商品房销售额 6.45 万亿元，增长 10%，其中，住宅销售额增长 10.9%，办公楼销售额增长 12.2%，商业营业用房销售额增长 4.8%。

2012 年，货币政策适度放松。央行在 2012 年 2 月和 5 月分别两次下调存款准备金率，下调幅度均为 0.5 个百分点。6 月和 7 月期间，央行两次下调存、贷款基准利率，适度宽松的货币环境让房地产行业的融资环境较 2011 年有所好转。

（3）行业竞争能力分析。万通地产的利润增长比较快（如图 8-4 所示），可是毛利率略低于行业均值。

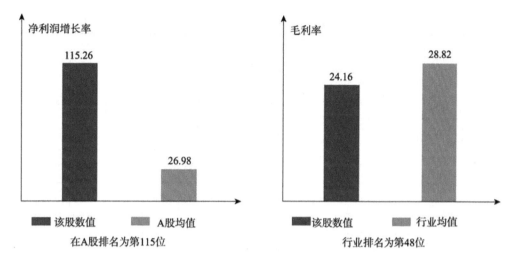

图 8-4　同行净利润、毛利率比较

表 8-1　同行估值比较（1）

排名	代码	简称	PEG	市盈率（%）					市销率（%）				
				12A	TTM	13E	14E	15E	12A	TTM	13E	14E	15E
15	600246	万通地产	0.55	11.65	11.65	10.88	7.48	6.53	1.14	1.07	0.93	0.79	0.65
行业平均			1.51	24.45	22.20	18.29	14.71	14.71	3.13	2.84	2.57	2.01	1.66
行业中值			0.53	21.87	21.87	9.87	8.05	6.62	2.45	2.13	1.52	1.17	0.91
1	600067	冠城大通	0.32	8.78	8.78	5.90	5.55	4.28	1.23	1.17	0.93	0.69	0.57
2	002305	南国置业	0.35	14.20	14.20	9.65	6.90	5.16	2.75	2.86	2.31	1.75	1.24
3	600266	北京城建	0.37	9.53	9.53	7.69	5.68	4.77	1.98	1.56	1.34	1.04	0.81
4	600048	保利地产	0.39	9.71	9.71	7.64	6.09	4.98	1.41	1.19	1.00	0.79	0.54
5	600823	世茂股份	0.40	8.26	8.26	7.05	5.88	4.70	2.02	1.66	1.31	1.03	0.86

表 8-2　同行估值比较（2）

排名	代码	简称	市净率（%）		市现率（%）①		市现率（%）②		EV/EBIVDA	
			12A	MRQ	12A	TTM	12A	TTM	12A	TTM
15	600246	万通地产	1.32	1.24	−349.23	−328.26	8.37	7.86	14.17	13.82
行业平均			3.67	1.93	18.48	16.78	32.87	29.83	25.89	24.65
行业中值			2.47	2.21	9.96	8.27	5.01	4.56	22.84	21.71
1	600067	冠城大通	2.16	2.04	6.81	6.43	7.36	6.95	13.39	13.06
2	002305	南国置业	2.86	3.13	17.12	17.85	13.74	14.33	17.47	17.90
3	600266	北京城建	1.76	1.39	4.92	3.87	9.50	7.49	17.38	15.97
4	600048	保利地产	2.28	1.93	6.73	5.68	31.39	26.50	19.93	18.91
5	600823	世茂股份	1.09	0.90	−48.63	−40.07	7.84	6.46	17.81	16.65

表 8-3　成长性比较（1）

排名	代码	简称	市盈率（%）						市销率（%）					
			3年复合	12A	TTM	13E	14E	15E	3年复合	12A	TTM	13E	14E	15E
17	600246	万通地产	21.31	20.35	18.96	7.12	45.45	14.58	18.08	−15.52	−4.72	15.61	18.08	20.60
	行业平均		24.39	22.23	7.37	28.57	24.36	24.24	26.34	29.28	10.26	22.25	27.61	30.54
	行业中值		22.79	5.57	0.58	36.03	25.62	22.22	24.43	12.66	2.83	24.15	26.43	26.99
1	600173	卧龙地产	71.52	−47.36	−18.18	121.4	36.74	66.68	50.13	−22.82	−16.38	71.76	29.17	52.51
2	000732	泰禾集团	46.76	−6.16	−24.81	95.95	34.68	19.78	65.55	−1.46	−12.48	128.53	40.04	41.78
3	002305	南国置业	40.15	51.55	49.17	47.18	39.91	33.69	32.35	117.01	108.34	23.98	31.84	41.83
4	601588	北辰实业	34.23	35.11	0.88	42.47	31.53	29.08	24.23	44.52	16.95	32.68	18.09	22.37
5	600112	鲁商置业	33.03	5.10	10.25	89.15	27.60	−2.46	35.00	54.25	56.42	30.75	21.16	55.32

表 8-4　成长性比较（2）

排名	代码	简称	市盈率（%）						市销率（%）					
			3年复合	12A	TTM	13E	14E	15E	3年复合	12A	TTM	13E	14E	15E
17	600246	万通地产	18.08	−15.52	−4.72	15.61	18.08	20.60	21.36	20.35	18.96	5.91	47.86	14.14
	行业平均		26.34	29.28	10.26	22.25	27.61	30.54	24.44	22.23	7.37	28.74	24.36	24.24
	行业中值		24.43	12.66	2.83	24.15	26.43	26.99	23.39	5.57	0.58	26.72	25.64	22.00
1	600173	卧龙地产	50.13	−22.82	−16.38	71.76	29.17	52.51	71.32	−47.36	−18.18	119.98	37.14	66.67
2	000732	泰禾集团	65.55	−1.46	−12.48	128.53	40.04	41.78	45.97	−6.16	−24.81	99.15	35.52	15.23
3	002305	南国置业	32.35	117.04	108.34	23.98	31.84	41.83	40.12	51.55	49.17	45.84	38.06	36.64
4	601588	北辰实业	24.23	44.52	16.95	32.68	18.09	22.37	34.22	35.11	0.88	46.03	33.55	23.99
5	600112	鲁商置业	35.00	54.25	56.42	30.75	21.16	55.32	33.34	5.10	10.25	89.83	27.49	−2.05

表 8-5　同行杜邦分析比较（1）

排名	代码	简称	ROE（%）				净利率（%）			
			3年平均	10A	11A	12A	3年平均	10A	11A	12A
28	600246	万通地产	11.02	12.96	9.46	10.64	9.09	11.59	6.46	9.21
	行业平均		13.33	14.14	12.78	13.09	15.73	16.47	15.87	14.66
	行业均值		10.01	10.81	9.62	8.44	12.27	12.55	12.94	10.67
1	000671	阳光城	25.21	34.64	15.56	25.44	12.48	17.52	9.67	10.25
2	600223	鲁商置业	24.80	40.79	17.83	15.79	10.39	14.61	9.85	6.71
3	000537	广宇发展	24.33	17.46	31.57	23.98	13.86	6.97	18.87	15.73
4	002146	荣盛发展	24.21	21.46	24.97	26.19	15.91	15.65	16.13	15.95
5	600067	冠城大通	24.02	23.83	25.01	23.22	9.32	6.16	8.54	13.28

表 8-6　同行杜邦分析比较（2）

排名	代码	简称	总资产周转率（%）				权益乘数（%）			
			3年平均	10A	11A	12A	3年平均	10A	11A	12A
28	600246	万通地产	0.37	0.33	0.42	0.32	2.98	3.28	2.99	2.67
		行业平均	0.32	0.36	0.31	0.30	3.34	3.26	3.31	3.46
		行业均值	0.29	0.29	0.24	0.21	2.98	2.78	2.84	2.89
1	000671	阳光城	0.47	0.69	0.34	0.37	3.14	2.15	3.04	4.24
2	600223	鲁商置业	0.23	0.33	0.17	0.19	11.57	9.68	12.57	12.46
3	000537	广宇发展	0.55	0.55	0.52	0.57	2.40	2.83	2.19	2.17
4	002146	荣盛发展	0.38	0.37	0.38	0.39	4.08	4.00	3.98	4.27
5	600067	冠城大通	0.77	0.83	0.98	0.52	3.14	3.83	2.65	2.94

2. 公司主要财务数据

（1）主营业务构成。万通地产主营业务分为两块：房地产开发以及物业出租。由表 8-7 可以看出其中前者仍然保持行业较高水平，达到了 30.98%，但比去年下降了 12.82%，物业出租则较去年增加 6.31%。

表 8-7　主营业务分行业构成情况

主营业务分行业情况						
分行业	营业收入（元）	营业成本（元）	毛利率（%）	营业收入比上年增减（%）	营业成本比上年增减（%）	毛利率比上年增减（%）
房地产销售	3915729385	2702621577	30.98	−16.30	2.79	−12.82
物业出租	129729838	46573012	64.10	22.48	4.16	6.31

表 8-8　主营业务分布地区　　　　　　单位：元　　币种：人民币

地区	营业收入（元）	营业收入比上年增减（%）
北京地区	1568490838	9.30
天津地区	1868681079	−44.20
川渝地区	608287306	—

（2）主要财务数据

表 8-9　主要财务数据

每股指标	2012-12-31	2011-12-31	2010-12-31	2009-12-31	2008-12-31	2007-12-31	2006-12-31
基本每股收益（元）	0.3081	0.2560	0.3399	0.2708	1.0403	0.3659	0.2026
扣非每股收益（元）	0.1683	0.2414	0.1531	0.1303	0.9212	0.3080	0.1587
稀释每股收益（元）	0.3081	0.2560	0.3399	0.2708	1.0403	0.3659	—
每股净资产（元）	2.8952	2.7100	2.6200	2.9417	5.6918	4.8015	6.1459
每股公积金（元）	0.8109	0.8109	0.8109	1.1731	3.3461	3.3461	4.2034
每股未分配利润（元）	0.9750	0.7976	0.7178	0.7017	1.2342	0.4020	0.7369
每股经营现金流（元）	0.4570	0.5900	0.7100	0.9200	−1.2600	1.6000	−2.3400

续表

成长能力指标	2012-12-31	2011-12-31	2010-12-31	2009-12-31	2008-12-31	2007-12-31	2006-12-31
营业收入（元）	40.7 亿	48.2 亿	35.7 亿	24.6 亿	48.4 亿	21.8 亿	2.51 亿
毛利润（元）	9.06 亿	14.2 亿	9.80 亿	6.75 亿	14.7 亿	5.84 亿	8394 万
归属净利润（元）	3.75 亿	3.11 亿	4.14 亿	2.75 亿	5.27 亿	1.65 亿	2917 万
扣非净利润（元）	2.05 亿	2.94 亿	1.86 亿	1.32 亿	4.67 亿	1.39 亿	2296 万
营业收入同比增长（%）	−15.52	35.03	44.82	−49.10	122.44	768.01	−70.78
归属净利润同比增长（%）	20.35	−24.70	50.63	−47.94	219.78	465.39	−27.80
扣非净利润同比增长（%）	−30.28	57.73	40.92	−71.70	236.46	507.23	−29.10
营业收入滚动环比增长（%）	−4.72	46.09	8.57	−24.63	34.86	17.74	62.40
归属净利润滚动环比增长（%）	18.96	128.85	−9.90	−11.22	29.06	−4.71	—
扣非净利润滚动环比增长（%）	−28.55	188.08	—	—	—	—	—
盈利能力指标	2012-12-31	2011-12-31	2010-12-31	2009-12-31	2008-12-31	2007-12-31	2006-12-31
加权净资产收益率（%）	10.96	9.76	13.39	9.50	19.88	—	—
摊薄净资产收益率（%）	5.81	8.92	5.84	4.43	16.18	—	—
摊薄总资产收益率（%）	4.43	4.18	4.66	3.63	11.25	3.41	0.62
毛利率（%）	22.25	29.49	27.48	27.40	30.34	26.85	33.48
净利率（%）	9.21	6.46	11.59	11.14	10.90	7.58	11.64
实际税率（%）	30.98	41.80	27.58	35.60	31.67	38.31	38.60
盈利质量指标	2012-12-31	2011-12-31	2010-12-31	2009-12-31	2008-12-31	2007-12-31	2006-12-31
预收款/营业收入	0.32	0.42	0.91	0.90	0.22	1.46	7.00
销售现金流/营业收入	0.83	0.75	1.27	1.78	0.47	1.58	1.32
经营现金流/营业收入	0.14	0.15	0.24	0.38	−0.13	0.37	−1.35
营运能力指标	2012-12-31	2011-12-31	2010-12-31	2009-12-31	2008-12-31	2007-12-31	2006-12-31
总资产周转率（次）	0.37	0.42	0.33	0.29	0.63	0.34	0.08
应收账款周转天数（天）	1.02	3.85	4.30	0.95	0.92	6.70	58.39
存货周转天数（天）	637.17	753.14	1,008.40	1,358.49	631.58	—	,5373.13
财务风险指标	2012-12-31	2011-12-31	2010-12-31	2009-12-31	2008-12-31	2007-12-31	2006-12-31
流动负债率（%）	62.54	66.60	69.47	64.82	54.96	67.26	77.23
流动负债/总负债（%）	61.57	67.74	62.89	67.71	64.70	73.12	76.84
流动比率	1.78	1.53	1.95	1.96	2.56	1.99	1.61
速动比率	0.68	0.51	0.79	0.56	0.74	0.77	0.30

（3）财务报表

表 8-10　资产负债表

资产负债表	2012-12-31	2011-12-31	2010-12-31	2009-12-31	2008-12-31	2007-12-31	2006-12-31
资产：货币资金（元）	17.4 亿	16.7 亿	34.2 亿	20.4 亿	8.91 亿	20.9 亿	5.65 亿
应收账款（元）	157 万	2143 万	8172 万	353 万	950 万	1524 万	6582 万
其他应收款（元）	5.81 亿	4.53 亿	2.16 亿	6399 万	2328 万	1860 万	673 万
存货（元）	45.4 亿	51.9 亿	60.0 亿	58.7 亿	47.7 亿	48.3 亿	36.3 亿

资产负债表	2012-12-31	2011-12-31	2010-12-31	2009-12-31	2008-12-31	2007-12-31	2006-12-31
流动资产合计（元）	73.5亿	78.0亿	101亿	81.9亿	67.2亿	78.9亿	44.4亿
长期股权投资（元）	4.35亿	5.77亿	5.92亿	4.23亿	3.81亿	1299万	8070万
累计折旧（元）	644万	676万	616万	3084万	1400万	887万	112万
固定资产（元）	3274万	3871万	4981万	5045万	1717万	1136万	503万
无形资产（元）	85.3万	96.3万	70.7万	78.4万	68.1万	39.4万	11.1万
资产总计（元）	107亿	113亿	119亿	95.0亿	73.9亿	80.8亿	46.4亿
负债：应付账款（元）	11.8亿	10.7亿	10.2亿	6.62亿	6.75亿	5.18亿	2.69亿
预收账款（元）	13.0亿	20.2亿	32.6亿	22.2亿	10.6亿	31.8亿	17.6亿
存货跌价准备（元）	1.79亿	1.79亿	369万	380万	—	—	—
流动负债合计（元）	41.4亿	51.0亿	51.9亿	41.7亿	26.3亿	39.7亿	27.5亿
长期负债合计（元）	25.8亿	24.3亿	30.6亿	19.9亿	14.3亿	14.6亿	8.30亿
负债合计（元）	67.2亿	75.3亿	62.5亿	61.6亿	40.6亿	54.3亿	35.8亿
权益：实收资本（或股本）（元）	12.2亿	12.2亿	12.2亿	10.1亿	5.07亿	5.07亿	1.44亿
资本公积金（元）	9.87亿	9.87亿	9.87亿	11.9亿	17.0亿	17.0亿	6.05亿
盈余公积金（元）	1.35亿	1.22亿	1.15亿	6791万	5656万	2709万	2961万
股东权益合计（元）	40.3亿	37.8亿	36.3亿	33.4亿	33.3亿	26.4亿	10.6亿
流动比率	1.78	1.53	1.96	1.96	2.56	1.99	1.61

表8-11 利润表

利润表	2012-12-31	2011-12-31	2010-12-31	2009-12-31	2008-12-31	2007-12-31	2006-12-31
营业收入（元）	40.7亿	48.2亿	35.7亿	24.6亿	48.4亿	21.8亿	2.51亿
营业成本（元）	27.5亿	26.7亿	21.2亿	14.1亿	27.4亿	13.4亿	1.51亿
销售费用（元）	1.22亿	1.50亿	1.48亿	1.20亿	1.23亿	1.01亿	1591
财务费用（元）	9339万	1.00亿	9136万	2857万	25.8万	−1242万	−888万
管理费用（元）	1.74亿	1.87亿	1.96亿	1.19亿	1.56亿	1.11亿	3214万
资产减值损失（元）	36.8万	1.74亿	−48.1万	6534万	6389万	−342万	—
投资收益（元）	1.13亿	−3483万	1.30亿	8491万	−1728万	−5710万	−139万
营业利润（元）	6.29亿	7.75亿	6.75亿	4.27亿	11.1亿	3.88亿	4318万
利润总额（元）	6.89亿	8.13亿	7.64亿	5.36亿	12.2亿	4.46亿	4712万
所得税（元）	2.14亿	3.40亿	2.11亿	1.91亿	3.85亿	1.71亿	1819万
归属母公司所有者净利润（元）	3.75亿	3.11亿	4.14亿	2.75亿	5.27亿	1.65亿	2917万

表8-12 现金流量表

现金流量表	2012-12-31	2011-12-31	2010-12-31	2009-12-31	2008-12-31	2007-12-31	2006-12-31
经营：销售商品、提供劳务收到的现金（元）	33.7亿	36.3亿	45.3亿	44.0亿	22.8亿	34.5亿	3.30亿
收到的税费返还（元）	0	0	0	—	—	—	—
收到其他与经营活动有关的现金（元）	6.24亿	7.31亿	1.52亿	4.86亿	2.31亿	5.16亿	1.76亿
经营活动现金流入小计（元）	40.0亿	43.6	46.8亿	48.8亿	25.1亿	39.6亿	5.06亿
购买商品、接受劳务支付的现金（元）	17.1亿	18.6亿	20.3亿	26.2亿	19.1亿	17.1亿	7.20亿
支付给职工以及为职工支付的现金（元）	1.70亿	1.69亿	1.56亿	1.45亿	1.29亿	7964万	3011万

续表

现金流量表	2012-12-31	2011-12-31	2010-12-31	2009-12-31	2008-12-31	2007-12-31	2006-12-31
支付的各项税费（元）	7.32 亿	7.15 亿	6.15 亿	8.38 亿	7.19 亿	4.06 亿	2434 万
支付其他与经营活动有关的现金(元)	8.27 亿	9.03 亿	10.2 亿	3.44 亿	3.93 亿	9.54 亿	6894 万
经营活动现金流出小计（元）	34.4 亿	36.4 亿	39.2 亿	30.5 亿	31.5 亿	31.5 亿	8.43 亿
经营活动产生的现金流量净额（元）	5.56 亿	7.21 亿	8.63 亿	9.33 亿	−6.39 亿	8.11 亿	−3.37 亿
投资：取得投资收益所收到的现金（元）	9.94 万	0	0	5948	220 万	10.8 万	108 万
处置固定资产、无形资产和其他长期投资（元）	102 万	3.54 亿	50.1 万	134 万	71.5 万	48.1 万	10.4 万
投资活动现金流入小计（元）	3.48 亿	804 万	4.25 亿	7761 万	3.23 亿	3059 万	1326 万
购建固定资产、无形资产和其他长期投资（元）	291 万	966 万	3621 万	3.69 亿	3.59 亿	3110 万	34.8 万
处置固定资产、无形资产和其他长期投资（元）	3.95 万	69.9 万	−8.96 万	11.7 万	−33.9 万	1595	6.61 万
投资支付的现金（元）	5070 万	17.5 亿	1.40 亿	1.27 亿	1500 万	6.88 亿	5000 万
投资活动现金流出小计（元）	5361 万	17.5 亿	6.49 亿	4.96 亿	3.74 亿	11.2 亿	5035 万
投资活动产生的现金流量净额（元）	2.94 亿	−17.5 亿	−2.24 亿	−4.18 亿	−5110 万	−10.9 亿	−3709 万
筹资：吸收投资收到的现金（元）	450 万	800 万	375 万	400 万	600 万	14.6 亿	—
取得借款收到的现金（元）	13.4 亿	11.0 亿	20.2 亿	25.2 亿	5.50 亿	7.50 亿	1.00 亿
筹资活动现金流入小计（元）	13.5 亿	11.1 亿	20.3 亿	25.2 亿	5.57 亿	22.1 亿	1.00 亿
偿还债务支付的现金（元）	16.8 亿	10.5 亿	11.8 亿	15.4 亿	5.67 亿	2.20 亿	2.81 亿
分配股利、利润或偿付利息支付的现金（元）	5.30 亿	5.95 亿	5.11 亿	3.41 亿	5.00 亿	1.79 亿	1.02 亿
筹资活动现金流出小计（元）	22.1 亿	16.9 亿	16.9 亿	18.8 亿	10.7 亿	4.02 亿	3.86 亿
筹资活动产生的现金流量净额（元）	−8.63 亿	−5.85 亿	3.37 亿	6.37 亿	−5.10 亿	18.0 亿	−2.86 亿

3. 财务能力分析及研究

对万通地产近几年的经营情况进行分析和研究，财务比率分析和研究结果如下。

（1）偿债能力分析。①短期偿债能力指标。公司 2011 年、2012 年的速动比率为 0.51%、0.40%，平均值为 0.62%，略低于行业平均值。流动比率分别为 1.53%、1.48%，房地产行业的平均值为 1.89%，稍微低于平均值，说明短期资金运作存在一定劣势。从公司的流动比率和速动比率来看，公司的短期偿债能力和行业平均水平有一定差距，说明公司短期支付债务有一定的困难，今后几年的债务偿还难度加大，应该提高这方面的应对意识。②长期偿债能力指标。公司近两年的资产负债率分别为 68%、66%，相对于地产行业来说并不算高，因为房屋和土地往往占压大量资金，而该部分资产一般情况下都是升值的，所以实际风险比该数值要低。公司的产权比例数值为 1.84，在行业内也属于正常范畴。公司已获利息倍数为 28.28 倍，大大高于行业平均值，显示了非常优异的支付利息能力。

从以上数据可以看出短期偿债能力一般，长期偿债能力表现较好，整体偿债能力在行业排名第 88 位（135 位参评）。因此需调整并优化短期偿债能力，注意公司新发行的公司债，会加重偿债压力，应随时保持清醒的认识。

表 8-13　偿债能力分析

	最新（2012 年前 3 季）	上报告期	去年同期	年度（2011 年年度）
速动比率（倍）	0.40	0.41	0.72	0.51
流动比率（倍）	1.48	1.39	1.78	1.53
现金负债比率（%）	14.71	14.92	17.18	22.22
股东权益比率（%）	28.21	28.70	25.67	29.13
资产负债率（%）	68.07	67.62	71.34	66.60

（2）**盈利能力分析**。相较于 2011 年，2012 年万通地产的各项财务盈利指标均有所下降，与市场均值基本持平，整体稍低于行业水平。盈利综合能力在行业排名第 75 位（参评 135 位），处于行业中等靠下水平。

表 8-14　盈利能力分析

	最新（2012 年前 3 季）	上报告期	去年同期	年度（2011 年年度）
净资产收益率（%）	2.19	0.64	2.20	9.46
总资产收益率（%）	0.62	0.18	0.56	2.75
主营业务利润率（%）	11.54	12.50	9.14	16.09
成本费用利润率（%）	18.75	20.72	12.68	26.12
每股收益（元）	0.06	0.02	0.06	0.26
每股未分配利润（元）	0.74	0.75	0.60	0.80

（3）**成长能力分析**。成长能力在行业排名第 42 位（参评 135 位），处于行业中等靠上水平。但相较于 2011 年，2012 年万通地产的主营业务增长率呈负增长，每股收益增长率和净利润有所增长，但幅度不大；成长能力略高于市场均值和行业平均水平，但低于 2011 年水平。这很大程度上是因为 2012 年整个房产市场依然受到宏观政策调控的影响。

表 8-15　成长能力分析

	最新（2012 年前 3 季）	上报告期	去年同期	年度（2011 年年度）
总资产扩张率（%）	-3.94	-5.04	11.14	-4.79
主营业务增长率（%）	-26.64	-13.63	-11.64	35.03
固定资产投资扩张率（%）	-31.82	-28.69	-0.97	-22.29
每股收益增长率（%）	5.43	187.45	-80.56	-24.70
净利润增长率（%）	5.43	187.45	-80.56	-24.70

（4）**资产经营能力分析**。2012 年万通地产的资产经营能力在行业排名第 66 位（参评 135 位），处于行业中等水平，在地域排名仅为第 184 位（参评 213 位）。从整体看，资产经营能力相较于 2011 年大幅下降。这说明万通公司盈利能力方面与同行业相比显得较弱，可能跟公司稳健发展的一贯经营作风有关，虽然盈利能力不强，但在如此波动起伏的地产企业里能做到如此已尤为可贵，能有效地抵御市场风险。

表 8-16　资产经营能力分析

	最新（2012 年前 3 季）	上报告期	去年同期	年度（2011 年年度）
总资产周转率（%）	13.24	5.61	17.27	41.57
流动资产周转率（%）	19.16	8.13	20.24	53.79

（5）市场表现分析。2012 年万通地产的市场表现在行业排名第 68 位（参评 135 位），处于行业中等水平。从整体看，市场表现与 2011 年不相上下。

表 8-17　市场表现分析

	最新（2012 年前 3 季）	上报告期	去年同期	年度（2011 年年度）
市净率（倍）	1.22	—	1.53	1.28
市盈率（倍）	95.98	—	318.33	43.60
每股净资产（元）	2.65	2.66	2.51	2.71

三、企业财务管理规划

财务战略的选择是在各种财务战略类型中抉择出适应本企业财务管理现状和企业发展战略的财务战略，选择何种财务战略决定着企业财务资源配置的取向和模式，影响着企业财务管理的行为与效率，对企业的发展具有重要意义。

（一）融资战略

万通地产的融资主要有以下 3 种方式，即国际私募、整体上市和分拆上市。

1. 国际私募

无论是"香港模式"还是"美国模式"，都必须要有强大的资金做后盾支撑。而万通不管是转型到哪一种模式，也都面临同样的问题。万通 2005 年进行国际私募，融资规模四五千万美元左右，使总股本达到 15 亿元。根据万通和泰达的协议，为保持目前股权结构的平衡，国际资本将不超过总股本的 25%。之后，万通计划与北京、上海的几个财团合作，进而实现在海外整体上市，真正成为"符合国际管理规范的专业房地产投资公司"。在万通看来，这是一条通过私募让股权结构合理化，再整体上市的道路。

万通提倡的美国模式是一种以资本运作为主、以国际融资私募基金打包上市为目标的运作模式，有别于内地开发商效仿的以土地运营为核心的香港模式。因此，万通迫不及待地进军美国曼哈顿写字楼市场，这是对美国模式的一种投石问路。更何况还可以为境外上市、寻求私募、曲线融资打下基础。

2. 万通地产整体上市瞄准 2008 年

2006 年对于万通地产的统筹上市是至关重要的一年。在今年，万通地产计划完成国际私募、将资产注入壳公司，还有可能发行一定数额的可转债。一个庞大资本架构体系的脉络正逐渐清晰。

目前，万通地产海外上市的道路已被确定为通向香港，上市时间节点亦定在 2008 年上半年。1 月 12 日，万通地产子公司万通星河实业有限公司将名下所有先锋股份（600246）

股权转让给母公司。万通地产通过此次运作将积极推动先锋股份股权分置改革的展开，提出令中小投资者满意的方案，达到股改多赢的结果。

作为包含国内业务和海外业务，国内业务又包括住宅业务、商用物业以及定制服务三块内容的多层次架构企业，万通地产对于资本方面的考虑亦是多层次、多形式的，并已然形成一种体系。

几乎是悄无声息，作为万通地产香港红筹上市的壳公司，万通地产有限公司已于去年底在开曼群岛设立，这种大红筹的做法很符合万通地产"走正道"的经营思路。

2006 年对于万通地产的红筹上市是至关重要的一年。今年，万通地产计划完成国际私募、将资产注入壳公司，还有可能发行一定数额的可转债。

此次国际私募的规模在 3000 万～5000 万美元之间，发行可转债的规模则在 1 亿美元左右，其目的在于将万通地产国内的资产装入海外的壳公司中，这种方式很类似于前不久绿城对于摩根大通的私募。

如 2006 年的计划得以实现，万通地产将于 2007 年初进入第一个财务年。鉴于香港法律规定，如果申请上市的公司市值超过 40 亿港币，同时年收益达到 5 亿港币，只需要一个财务年即可以完成上市，万通地产在度过 2007 年一个完整的财务年后，于 2008 年上半年在香港上市。

之所以将上市的时间节点最终确定在 2008 年，万通认为与奥运的利好不无关系。当 2008 年上半年临近北京奥运时，国际投资机构及股民对于北京上市企业的信心将大幅度提升。

万通地产已经考虑在香港上市的公司给管理层一定的股权。海外上市计划令人联想起万通的另一项举动。2006 年 1 月，万通地产承租了美国世贸中心 7 号楼的第 48 层至 52 层，拟建"中国中心"，为中国企业的美国总部及在中国有业务的外国公司服务。纽约项目成功后，万通地产还将在其他世界著名城市建立"中国中心"。

3. 分拆上市

整体上市后，选择合适的时机，万通地产的各项业务还将有可能分拆上市。实际上，通过万通星河的股份转让，万通地产已经直接持有了一家上市子公司，即先锋股份。目前万通地产仅持有先锋股份不足 30% 的股份，并没有占绝对控股地位。在股权分置改革政策的利好下，万通地产计划于今年 3—4 月间进行先锋股份的股权分置改革，将先锋股份的平台做大做强。这也是万通地产当初买壳时对其他先锋股份股东的承诺。

就先锋股份资本平台，目前而言，先锋股份规模较小，其主要运作万通地产在北京的住宅业务。定位于"大北京"策略的万通地产住宅业务，北京和天津市场各占 50%。

除了住宅业务外，正在进行全国复制的"万通中心"是万通地产的另一大业务。在整个万通地产的资本体系中，万通中心又形成了自己的分体系。

万通中心的融资体系，第一个层次是构建万通中心控股公司，在这个控股公司中，万通地产将引入国际战略投资伙伴，但万通地产对该公司实行绝对控股。伴随着万通中心的全国复制，对于各地的万通中心项目公司，控股公司将在各地寻找合适的合作伙伴，亦有可能引入境外资金，控股公司将实行相对控股。当各地万通中心建成之后，出售、回购等都将为各合作伙伴提供退出途径。

万通中心控股公司的筹备和国际私募都在并行不悖地进行之中，2006年年底两项计划应都已经完成，并且已经有多家国际知名投行和基金主动与万通接洽。

由于各地万通中心同属单一物业类型，在适当的时间节点，万通中心控股公司除了有可能海外上市外，亦有可能打包发行REITs。

目前，除了北京在建万通中心外，万通地产已经在天津获地，并将有可能在杭州拿地。万通地产内部人士介绍，已跟踪很久的杭州地块占地规模较大，获取后将建成综合性项目，其中包括万通中心。

作为万通地产国内业务的第三块内容，定制服务亦没有被忽略。万通在定制服务业务上比较青睐顺驰不动产的模式，有计划地引入国际投行，并有可能在美国纳斯达克上市。

实际上，就项目融资而言，万通地产考虑的方式并不仅仅只有上市股权融资。除了传统的银行贷款外，发行房地产信托等早已被运用于项目中。天津上游国际项目已成功发行信托，万通地产已开始考虑在其他的项目上发行信托。同时，每个具体的房地产项目，万通地产也在积极的和境外的投资机构、基金等探讨合作的可能。在项目所在地寻找或有地或有钱的合作伙伴，亦是万通地产青睐的融资模式之一。

（二）投资战略

万通地产是一家主营业务为房产销售及物业出租的中等规模地产公司，主要业务地区为京津地区、川渝地区。

公司依托于国家对天津滨海新区的战略规划、战略投资者泰达集团的扶持和万通地产在天津的品牌优势，推动公司业务在天津的快速发展，同时，公司借助多元化的不动产金融以及产业分工，降低商业地产的持有成本，力图加大商业地产的资本回报率和收入占比。

1. 商住并举，双轨驱动

住宅方面，北京顺义的天竺新新家园项目和空港项目以及北京周边的香河万通项目将成为公司未来的销售主力。此外，公司在原有的万通中心以及成都商住用地开发项目的基础上，继续加大商业地产投资力度，报告期内，除通过收购的方式获得天津和平区小白楼地信达广场二期项目以外，公司还在2010年底联合获取北京朝阳CBD核心区Z3商业金融用地，此举大大增加了公司商业地产的项目实力及影响力。

2. 财务稳健

公司报告期末货币资金为34.21亿元，同比增长67.52%，货币资金即剔除预收账款以后的流动负债以及账面现金（短期借款一年内到期的非流动负债）分别达到177.60%和615.15%，远远高于同行业重点公司67.86%和202.56%的水平，资金链无忧。长期偿债能力方面，公司期末剔除预收账款后的资产负债率为42.00%，低于同行业重点公司46.92%的水平。此外，报告期末公司预收账款为32.63亿元，同比增长46.83%，占当期营业收入比重为91.43%，与去年同期基本持平。

3. 增加项目储备

报告期内，公司通过收购股权和公开市场竞买的方式获得北京市怀柔区庙城镇居住项目用地一块、天津和平区小白楼地信达广场二期项目以及北京CBD核心区Z3地块，其中信达广场二期和 CBD 核心区 Z3 地块为商业项目。盈利预测与投资评级：预计公司 2011 年-2012 年每股收益为 0.36 元和 0.37 元，以 3 月 9 日收盘价 6.36 元计算，对应的动态市盈率为 18 倍和 17 倍，维持"增持"的投资评级。

4. 发展投资级物业

确定转型的万通地产将发展投资级物业，预计未来 5 年年租金收入 11 亿元。2011 年目前公司经营中、在建及待建的投资型商用物业项目已达到 6 个，未来将成为公司主要的利润来源之一。

万通地产在商用物业领域集中发力，推出 5 大新项目，算上万通地产已经持有经营的商用物业项目，达到 6 个，公司未来 5 年（至 2015 年）商用物业开发面积将超过 100 万平方米、总投资约 150 亿元、持有投资级商用面积超过 50 万平方米、目标年租金收入 11 亿元。值得注意的是，万通地产正在创造出一套自己的商用物业投融资模式，即对应项目开发运营的四个阶段，进行不同的组合运用：在拿地前夕，引入战略投资伙伴实现股权合作，共同开发，以此降低自有资金投入；在开发建设阶段，引入私募股权投资基金（PE）、银团贷款或信托资金，完成项目的开发建设；在持有经营阶段，引入商用物业孵化基金，实现早先合作股东的利益退出，并加强项目的运营管理，以提高租金与出租率为目标；在出租率与租金收益保持稳定后，通过各种金融产品比如 REITS 等，向包括养老基金、保险机构等出售部分或全部权益。万通地产力争 5 年内商用物业的收入占总收入的 15%，利润占总利润的 30%，投资级持有物业占总资产的 20%～30%。

（三）收益分配战略

收益分配策略的制定要结合企业整体战略以及筹资、投资策略，以最大限度满足企业发展需要为前提进行收益的分配。企业的收益主要是在债权人、股东、国家、企业员工等利益相关者之间进行分配，不同的利益主体之间适用于不同的收益分配策略。

由于多个地产项目在报告期内确认销售收入，万通地产股份有限公司 2008 年业绩实现大幅增长。2008 年，公司共实现利润总额 12.16 亿元，同比增长 172.84%；每股收益达1.04 元。而特别值得关注的是，万通地产推出了 10 转增 10 派 3.5 的高分红预案。

万通地产此次 10 派 3.5 元的高额派送预案是已公布 2008 年报的 4 家房地产上市公司中现金分红最高的，同时也是已公布年报的 31 家上市公司中仅次于天士力 10 派 4 元的第二高的现金分红预案。万通地产称，在房地产业当前急需资金的情况下，万通地产推出高现金分红预案既是对监管部门加强现金分红要求的积极响应，也体现了万通地产对自身业绩和公司成长性的十足信心。

万通地产在推出分红预案前，公司广泛征求了中小投资者的意见。2007 年 3 月，万通地产出台了包括分配预案征求中小投资者意见在内的"万通地产新股东文化"九条措施。为此，2007 年 12 月底，公司通过网上投票、传真和电话等方式开展了 2008 年分配预案征集广大中小投资者意见的活动，引起了广大投资者的积极参与。两个星期内，公司共收到2200 条投资者对年终分配预案的建议。这是中国资本市场上首例上市公司对年终分配预案征求中小投资者意见的案例，是中国上市公司投资者关系管理的一个创新。

目前，万通地产的业务主要集中在京津地区。公司在京津地区积累了大量优质客户，具有较强的市场影响力。公司称，未来将继续坚持以京津地区为战略区域，形成该区域竞争优势；以营运带动开发、以财务安排的多样化作为实施商用物业投资的基本宗旨；通过建设绿色公司、绿色产品为公司的所有利益相关者带来更大的回报。

四、企业财务管理实施

公司将继续坚定地执行"滨海新区、美国模式、万通企业文化及绿色公司"的战略，充分利滨海新区的区位优势有效积聚各方资源，以京津地区为战略区域，形成该区域的竞争优势；坚持美国模式，以营运带动开发、以财务安排的多样化作为实施商用物业投资的基本宗旨，开创万通地产特色的商业地产投资模式；进一步完善守正出奇的企业文化，打造专业团队，大力推进绿色公益战略，履行企业公民的职责、回报社会，通过建设绿色公司、绿色产品，为公司的所有利益相关者带来更大的回报，加大创新研发工作力度，全面提升公司市场应变能力及核心竞争能力。

在 2013 年，公司计划完成以下五大方面工作。

（1）完成新项目拓展 2~3 个。

（2）完成商用运营模式的建立。

（3）完成健康住宅的标准和实践。

（4）落实成本优化计划和持续跟踪及优化。

（5）深化组织效率。

五、企业财务管理评估与控制

（一）万通地产财务管理的评估

目前，国家宏观调控及产业政策调整趋势的不确定性、市场竞争日趋激烈等外部因素对公司有效推进财务战略，取得预期经营成果产生较大影响。与同行企业相比，万通地产公司股本规模、资产规模及经营团队的专业化能力还有待进一步提升。

（二）万通地产财务管理的控制

房地产企业受自身体制和外部环境等因素影响较大，财务控制方面存在一些薄弱环节：如库存风险大，住宅开发模式粗犷、前期投入较大等。万通地产的财务管理控制应当从建立严密的财务控制制度、现金流量预算、应收账款、实物资产、成本和财务风险的控制等方面入手。

具体来说，应从以下几个方面加强财务管理控制。

1. 加强外界经济政策环境等方面的风险控制

（1）通过房地产市场的供求状况和趋势变化，进行全面的调查预测和分析，选择社会最需要，能够取得较大收益的投资项目。

（2）牢固树立风险意识，强化地产项目投资风险管理机制，对所投资地产项目都要按科学程序进行全方位的分析评估。

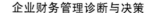

2. 实现资金结构的优化配比

万通地产应完善优化企业的资金结构,对于负债经营适当控制。在协调资本权益比率方面要保证比率的有效性,将资产负债率降至最小,降低财务风险。要求相关部门对预售房款、银行回款等传统融资渠道加强管理,确保资金的回收能按时到位,避免资金的浪费。要注意使用长期贷款,尽管长期贷款的利息率比较高,但是考虑到房地产开发项目周期较长的特点,长期贷款比短期贷款给公司更大的资金偿还空间。

3. 加强企业内部控制措施

(1)完善内部控制组织机构,完善内审和内部控制部门职能,结合权责制和制约性管理机制,充分发挥企业内各职能部门的内部控制协作能力。

(2)完善资金集中管理政策,最大限度地拓展内部融资的渠道,降低资金的闲置,形成统一的资金池,提高自己的使用效率,提高公司的抗风险能力。

(3)加快资金流转速度。要建立一个程序化的资金管理流程,明确资金管理的各个环节的重要节点,以利于加快贷款自己的回笼速度。

(4)严格控制成本费用的支出。企业应建立准确高效的成本费用控制体系和严格的费用预决算和审批制度,每一笔开支都要遵循经济效益原则。对于每项资金开支,房地产公司都要用严格的审批流程,以保证相关制度的严格执行。

(5)完善台账记录。确保相关置业收付活动在册记录。

第三节　企业财务管理诊断与决策实验操作

本实训采用奥派企业经营诊断与决策实验软件。在"学习模式"中可以查看管理诊断的专题案例与综合案例,点击案例图片或者名称,即可查看案例相关内容。

图 8-5　财务管理学习模式

一、企业财务管理理论学习

1. 财务管理理论学习

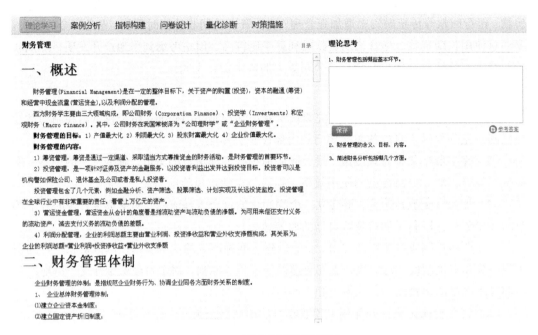

图 8-6　财务管理理论学习

左侧为该案例所属的理论知识，点击【目录】可以概览理论知识的大纲，点击标题可以直接查看该部分内容。

图 8-7　财务管理理论

2. 理论阅读与标注

选定理论知识中的一句话或一段话，可以编辑其字号、加粗、斜体、中划线、下划线、改变文字颜色及背景色，还可将这些格式清除或者为选中的文字添加批注和书签。

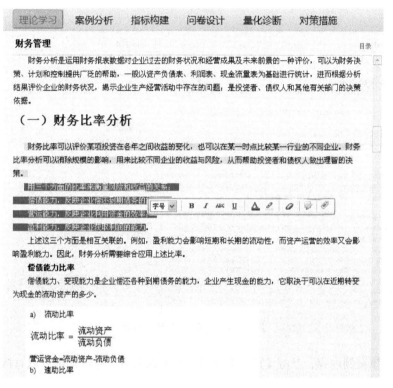

图 8-8　财务管理理论阅读

3. 思考与问题

右侧为学习理论后回答的思考题，鼠标放在【参考答案】上会显示系统答案。

图 8-9　财务管理思考与问题

二、企业财务管理诊断实验操作

（一）案例定性分析

财务管理诊断实训就是通过对真实调查案例的分析，设计分析模型，进行数量分析。

图 8-10　财务管理案例分析

左侧为该案例内容，点击【目录】可以概览案例大纲，点击标题可以直接查看该部分内容。

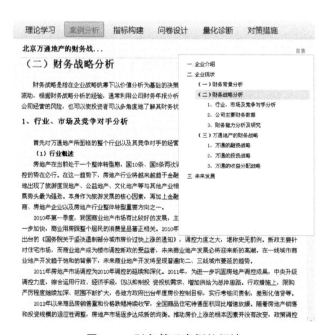

图 8-11　财务管理案例的阅读

选定案例内容中的一句话或一段话，可以编辑其字号、加粗、斜体、中划线、下划线、改变文字颜色及背景色，还可将这些格式清除或者为选中的文字添加批注和书签。

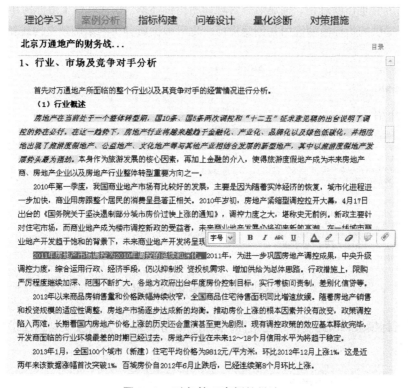

图 8-12　财务管理案例的批注

右侧为阅读案例后回答的思考题，鼠标放在【参考答案】上会显示系统答案。

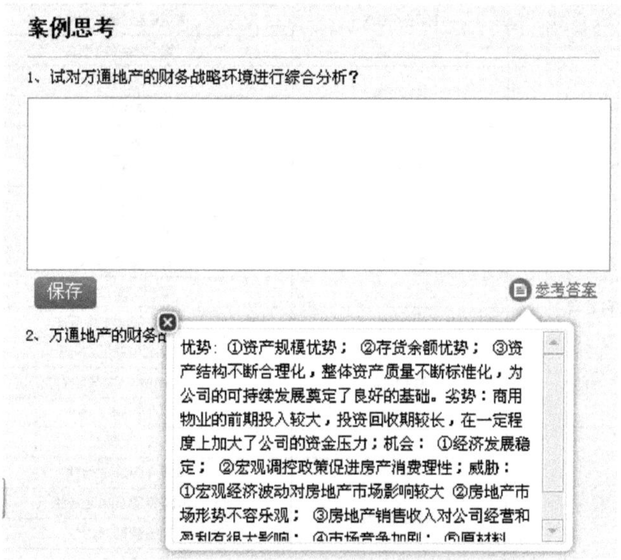

图 8-13　财务管理案例的思考

（二）案例量化分析

1. 指标构建

根据财务管理诊断理论，构建财务管理诊断指标体系。选择软件【指标构建】后，可以采用软件所提供的指标模型选用并创建指标，也可根据所分析的案例独立构建新指标体系。

图 8-14　财务管理诊断指标构建

查看指标模板，以此模板创建指标。点击"财务管理"，选择【模型构建指标】或【构建新指标】。

目标层	维度层	子因素层
		流动资金的竞争性
	营运资金管理	营运资金管理的计划性
		营运资金的流动性
	投资管理	投资回报的情况
		投资目标的明确性
		管理的执行情况
	成本管理	成本费用的合理性
		制度的健全性
		筹资计划的科学性
财务管理	筹资管理	筹资计划的完成情况
		筹资计划的合理性
		资产收益变动的合理性
		营运能力在行业的地位
	财务状况	销售增长率的稳定性
		资产周转率的优势
		资产变现能力
		财务人员比例的合理性
	财务基础管理	财务管理的组织适应性
		财务制度的健全性
		财务人员的工作绩效

图 8-15　财务管理诊断指标模板

按照逻辑关系添加指标，点击【添加模块】或者【添加直线】，双击模块编辑指标名称，利用直线联系指标间的关系，完成后点击【保存】。

指标默认创建后，新创建的指标会覆盖之前的指标。若用户已创建指标，可通过"构建新指标"查看当前的指标。

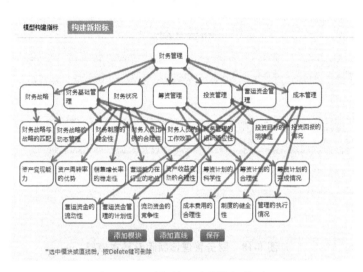

图 8-16　财务管理诊断指标模型

2. 问卷设计

根据构建的财务管理诊断指标模型，设计调查问卷，以便确定各项指标的数值和相关指标的量化关系。

（1）选择"问卷设计"，学生可以根据模板创建适合相关案例的调查问卷。

图 8-17　财务管理诊断问卷设计

（2）查看问卷模板，以此模板设计新问卷。

编辑问卷基本信息，点击【保存】。

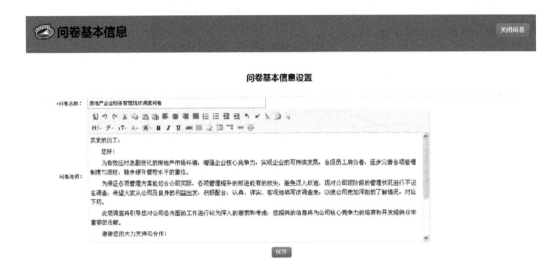

图 8-18　财务管理诊断问卷基本信息

（3）添加问卷问题。问题类型分为单选题、多选题、量表题与开放式题，根据需要添加各类型的问题，也可直接编辑现有题目。

图 8-19　财务管理诊断问卷编辑

（4）在页面右侧点击【基本信息】，可以重新编辑问卷说明。

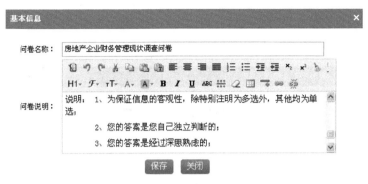

图 8-20　财务管理诊断问卷说明

（5）点击【设置指标】，可以设置问题指标，最多可设置十个。每个指标名称编辑完成后，按回车键确认，全部指标添加完成后，点击【保存】。

（6）如图 8-16 所示指标构建步骤，学生已创建指标，则此处显示指标模型的第二层即维度层。学生亦可根据需要修改，但修改不影响前面的指标模型。

图 8-21　财务管理诊断问卷与指标的关联

（7）接下来将添加的指标与题目绑定。

图 8-22　财务管理诊断问卷与指标的绑定

（8）问卷题目和指标设置完成后，切记要点击页面上方的【保存问卷】。保存后，可以进行预览。

图 8-23　财务管理诊断问卷的生成

（9）在"我的问卷"中，一个案例只能设计一份问卷，再次设计的问卷会覆盖已设计的问卷。

图 8-24　财务管理诊断问卷的保存

3. 量化诊断

选择"量化诊断"。

（1）点击【设计问卷】，可返回问卷设计部分，对问卷进行修改，如无修改需要，可点击"发布问卷"。

图 8-25　财务管理诊断问卷的保存

（2）点击【发布问卷】，则所发布的问卷发送到问卷库中，实验中的其他学生在问卷库中可以看见。其他学生根据对所读同一个案例的各自理解和分析，填写问卷，这是一个社会调查的过程。

（3）点击【填写问卷】，是根据对自己所读案例的理解和分析，填写自己所发布的问卷。

图 8-26　财务管理诊断问卷的发布与填写

（4）填写完所有问题后，点击问卷右上角的【提交问卷】。

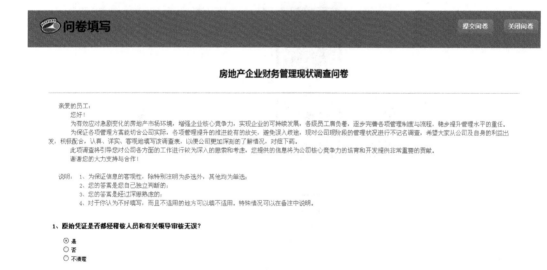

图 8-27　财务管理诊断问卷的提交

（5）点击【回收问卷】，问卷回收后不在问卷库显示，其他同学无法填写。若需要收集多份答卷，请确认其他同学完成问卷填写后再回收。

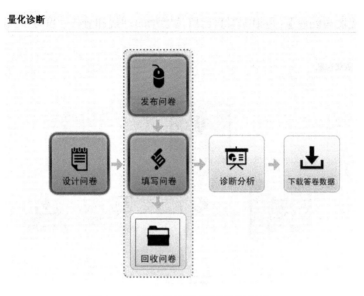

图 8-28　财务管理诊断问卷的回收

（6）问卷填写完并进行回收后，开始进行诊断分析。

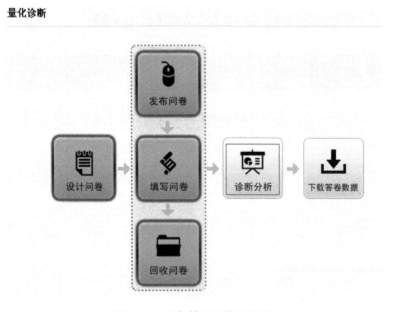

图 8-29　财务管理问卷的诊断

（7）系统提供三类自动统计：单题统计、分类统计与汇总统计。

点击【单题统计】，可以查看每道题的回答情况。

单题统计　分类统计　汇总统计

第1题：原始凭证是否都经稽核人员和有关领导审核无误？

本题平均分：1.71分

选项	小计	比例
是	5	71.43%
否	2	28.57%
不清楚	0	0%

📊 条形图　📊 柱状图　🕐 饼形图

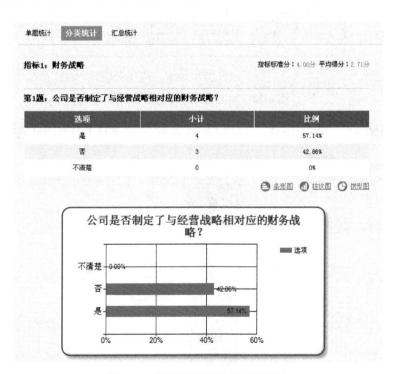

图 8-30　财务管理问卷的单题统计

（8）点击【分类统计】，可查看同一指标下各个问题的答题情况。

单题统计　**分类统计**　汇总统计

指标1：财务战略

指标标准分：4.00分　平均得分：2.71分

第1题：公司是否制定了与经营战略相对应的财务战略？

选项	小计	比例
是	4	57.14%
否	3	42.86%
不清楚	0	0%

📊 条形图　📊 柱状图　🕐 饼形图

图 8-31　财务管理问卷的分类统计

（9）选择“汇总统计”，查看问卷汇总统计表，学生也可下载统计报告进行查看。

单题统计　分类统计　汇总统计

汇总统计表　　下载统计报告

指标	标准得分	平均得分	比例
财务战略	4.00	2.71	67.75%
财务基础管理	10.00	9.00	90%
财务状况	9.00	6.14	68.22%
筹资管理	4.00	3.00	75%
投资管理	7.00	5.71	81.57%
成本管理	8.00	5.29	66.12%
营运资金管理	5.00	3.86	77.2%

条形图　柱状图

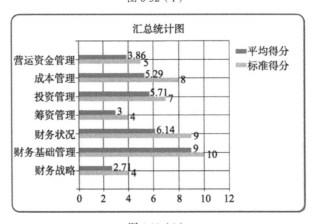

图 6-32（1）

图 6-32（2）

图 8-32　财务管理问卷的汇总统计

（10）用户也可下载答卷数据，使用 Excel 或 SPSS 等统计工具对问卷进行二次统计。

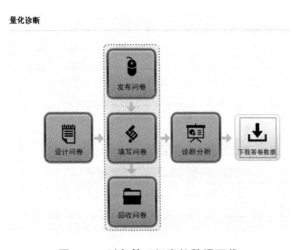

图 8-33　财务管理问卷的数据下载

三、企业财务管理决策实验操作

（一）财务管理存在问题分析

点击【对策措施】，选择【存在问题】，根据调查数据和图表，分析该企业人力资源战略所存在的问题，填写案例中企业存在的问题，完成后点击【保存】。

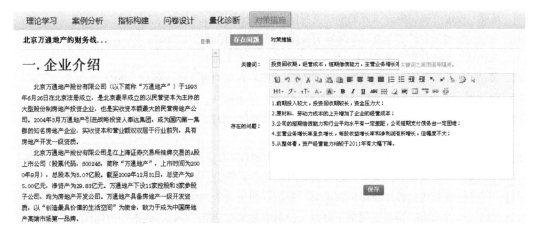

图 8-34　财务管理存在问题诊断

（二）财务管理决策

根据案例提供的材料以及上述分析，针对该企业存在的问题，填写解决问题的对策措施，完成后点击【保存】。

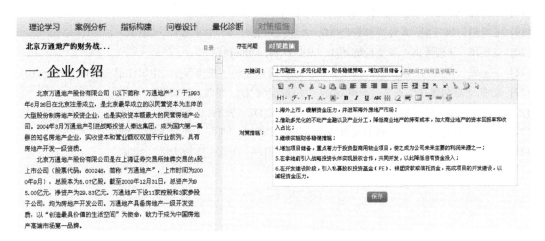

图 8-35　财务管理存在问题的对策措施

参 考 文 献

[1] 安索夫. 战略管理[M]. 北京：机械工业出版社，2010.

[2] 程灏. 生产运作管理[M]. 北京：经济科学出版社，2009.

[3] 陈蕾. 锁定"美国模式"万通成功变身[J]. 中国投资，2005 年(11).

[4] 封品. 华泰证券经纪业务发展战略研究[D]. 湘潭：湘潭大学，2013.

[5] 郭国庆. 市场营销学通论[M]. 北京：中国人民大学出版社，2014.

[6] 黄洁. 企业经营决策与管理综合实训[M]. 成都：西南财经大学出版社，2011.

[7] 何建国，黄金曦. 财务管理[M]. 北京：清华大学出版社，2014.

[8] 何耀琴. 从组织管理视角看华为公司的成长及其启示[J]. 北京市经济管理干部学院学报，2011 年 3 期.

[9] 赖景和，周运森. 决策支持系统在企业管理中的应用[J]. 现代管理科学，2004(6).

[10] 李浩然. 华泰证券客户关系管理系统应用及完善对策[J]. 中国集体经济，2010(24).

[11] 李祥龙. 管理咨询程序及评价方法[D]. 成都：四川大学，2004.

[12] 陆正华，陈娟娟. 逆经济周期下房地产公司财务策略分析——以万通地产为例[J]. 财会通讯，2011(5).

[13] 马强. 管理咨询方法论——"望闻问切"[J]. 企业改革与管理，2015(5).

[14] 马恩兵. 无锡尚德：领军中国新能源[J]. 企业研究，2006(5).

[15] 苏超. 华为战略导向下的组织结构设计[J]. 科技创业月刊，2011(8).

[16] 斯蒂芬·P. 罗宾斯. 管理学[M]. 北京：中国人民大学出版社，2012.

[17] 吴金椿，张明. 生产运作管理仿真综合实习教程[M]. 北京：经济科学出版社，2010.

[18] 王俊逸. 尚德："光明使者"再上台阶[J]. 上海经济，2008(9).

[19] 王克勤，姚月娟. 人力资源管理[M]. 大连：东北财经大学出版社，2010.

[20] 王致用. 管理咨询业务流程概述[J]. 财会月刊，2006(8).

[21] 王志成，童丽丽. 谈谈会计师事务所管理咨询业务的一般流程[J]. 中国注册会计师，2005(10).

[22] 晓娜. "易初莲花"易名"卜蜂莲花"，凤凰涅槃?[J]. 潮商，2008(5).

[23] 于小琳. 用友软件股份有限公司竞争战略研究[D]. 济南：山东大学，2009.

[24] 朱宝. 易初莲花大型综超中国市场竞争战略分析[D]. 西安：西北大学，2006.

[25] 朱振彬. 华泰证券经纪业务营销体系构建研究[D]. 南京：东南大学，2006.

教学支持说明

尊敬的老师：

　　您好！感谢您选用清华大学出版社的教材！为更好地服务教学，我们为采用本书作为教材的老师提供教学辅助资源。该部分资源仅提供给授课教师使用，请您直接用手机扫描下方二维码完成认证及申请。

任课教师扫描二维码
可获取教学辅助资源

　　为方便教师选用教材，我们为您提供免费赠送样书服务。授课教师扫描下方二维码即可获取清华大学出版社教材电子书目。在线填写个人信息，经审核认证后即可获取所选教材。我们会第一时间为您寄送样书。

任课教师扫描二维码
可获取教材电子书目

 清华大学出版社

E-mail: tupfuwu@163.com
电话：010-83470332 / 83470142
地址：北京市海淀区双清路学研大厦B座509室
网址：http://www.tup.com.cn/
传真：8610-83470107
邮编：100084